教育部　财政部职业院校教师素质提高计划成果系列丛书
教育部　财政部职业院校教师素质提高计划职教师资开发项目
《市场营销》专业职教师资培养资源开发（VTNE071）(负责人：周游)

促销管理实务

主　编　徐惠坚
副主编　田淑波　向艳智

科学出版社
北　京

内 容 简 介

《促销管理实务》从狭义的促销的角度进行写作，采用任务驱动教学的教材结构，试图帮助营销专业中职师资储备的学生解决促销实践和教学能力等问题。本书在分析促销工作过程的基础上，具体讲述优惠券、折价、赠品、样品、竞赛、抽奖、演示、主题促销及针对中间商的通路促销和针对企业销售人员的内部促销等促销形式的主要流程。

《促销管理实务》的编写兼顾了理论知识和专业教学法，教材可以作为职教师资培养基地教学用教材，也可以作为市场营销专业学生学习促销管理课程的参考用书。

图书在版编目(CIP)数据

促销管理实务 / 徐惠坚主编. —北京：科学出版社，2017.10
(教育部财政部职业院校教师素质提高计划成果系列丛书)
ISBN 978-7-03-054600-5

Ⅰ. ①促… Ⅱ. ①徐… Ⅲ. ①促销-高等职业教育-教材 Ⅳ. ①F713.3

中国版本图书馆 CIP 数据核字(2017)第 236418 号

责任编辑：张 宁 王京苏 / 责任校对：彭珍珍
责任印制：赵 博 / 封面设计：蓝正设计

科 学 出 版 社 出版
北京东黄城根北街 16 号
邮政编码：100717
http://www.sciencep.com
北京凌奇印刷有限责任公司印刷
科学出版社发行 各地新华书店经销
*
2017 年 10 月第 一 版 开本：787×1092 1/16
2024 年 7 月第七次印刷 印张：16
字数：380 000

定价：48.00 元

(如有印装质量问题，我社负责调换)

教育部　财政部职业院校教师素质提高计划
职教师资培养资源开发项目专家指导委员会

出版说明

《国家中长期教育改革和发展规划纲要（2010—2020年）》颁布实施以来，我国职业教育进入到加快构建现代职业教育体系、全面提高技能型人才培养质量的新阶段。加快发展现代职业教育，实现职业教育改革发展新跨越，对职业学校“双师型”教师队伍建设提出了更高的要求。为此，教育部明确提出，要以推动教师专业化为引领，以加强“双师型”教师队伍建设为重点，以创新制度和机制为动力，以完善培养培训体系为保障，以实施素质提高计划为抓手，统筹规划，突出重点，改革创新，狠抓落实，切实提升职业院校教师队伍整体素质和建设水平，加快建成一支师德高尚、素质优良、技艺精湛、结构合理、专兼结合的高素质专业化的“双师型”教师队伍，为建设具有中国特色、世界水平的现代职业教育体系提供强有力的师资保障。

目前，我国共有60余所高校正在开展职教师资培养，但由于教师培养标准的缺失和培养课程资源的匮乏，制约了“双师型”教师培养质量的提高。为完善教师培养标准和课程体系，教育部、财政部在“职业院校教师素质提高计划”框架内专门设置了职教师资培养资源开发项目，中央财政划拨1.5亿元，系统开发用于本科专业职教师资培养标准、培养方案、核心课程和特色教材等系列资源。其中，包括88个专业项目，12个资格考试制度开发等公共项目。该项目由42家开设职业技术师范专业的高等学校牵头，组织近千家科研院所、职业学校、行业企业共同研发，一大批专家学者、优秀校长、一线教师、企业工程技术人员参与其中。

经过三年的努力，培养资源开发项目取得了丰硕成果。一是开发了中等职业学校88个专业（类）职教师资本科培养资源项目，内容包括专业教师标准、专业教师培养标准、评价方案，以及一系列专业课程大纲、主干课程教材及数字化资源；二是取得了6项公共基础研究成果，内容包括职教师资培养模式、国际职教师资培养、教育理论课程、质量保障体系、教学资源中心建设和学习平台开发等；三是完成了18个专业大类职教师资资格标准及认证考试标准开发。上述成果，共计800多本正式出版物。总体来说，培养资源开发项目实现了高效益：形成了一大批资源，填补了相关标准和资源的空白；凝聚了一支研发队伍，强化了教师培养的“校—企—校”协同；引领了一批高校的教学改革，带动了“双师型”教师的专业化培养。职教师资培养资源开发项目是支撑专业化培养的一项系统化、基础性工程，是加强职教教师培养培训一体化建设的关键环节，也是对职教师资培养培训基地教师专业化培养实践、教师教育研究能力的系统检阅。

自2013年项目立项开题以来，各项目承担单位、项目负责人及全体开发人员做了大量深入细致的工作，结合职教教师培养实践，研发出很多填补空白、体现科学性和前瞻性的成果，有力推进了“双师型”教师专门化培养向更深层次发展。同时，专家指导委员会的各位专家以及项目管理办公室的各位同志，克服了许多困难，按照两部对项目开发工作的总体要求，为实施项目管理、研发、检查等投入了大量时间和心血，也为各个项目提供了专业的咨询和指导，有力地保障了项目实施和成果质量。在此，我们一并表示衷心的感谢。

教育部　财政部职业院校教师素质
提高计划成果系列丛书编写委员会
2016年3月

前　言

《促销管理实务》是哈尔滨商业大学周游教授主持的教育部、财政部职业院校教师素质提高计划，本科专业职教师资培养资源开发项目市场营销开发包的重要成果之一。

一、教材思路及内容

由于促销工作是高度依赖情境、根据对象不同来开展的，这和工科专业的机械式、标准化的程序相比，更要求随机应变、因人而异，因此，情境模拟就成为极其重要的教学方法。另外，依据中职市场营销专业教学过程，既要考虑其具有的一般教学过程的基本规律，还要考虑其独特的地方，如更强调以学生为中心，注重学生的情感、兴趣和需求，注重综合性、完整性的学习任务等。根据以上特点教材设计开发了情境学习法、实训模拟学习等。

教材主要参考了高等职业教育研究中心主任姜大源研究员的工作过程系统化理论，设定不同的学习情境，在每个情境中不断学习工作过程的各种知识和技能，从简单到复杂，从局部到全体。在教材中设计三大项目：促销工作过程分析、针对消费者的促销、针对中间商和企业内部的促销。其中，项目一是促销管理的基础，项目二和项目三是促销管理的具体实现形式，在每个任务部分加入实训内容，提高学生的实际操作能力。

教材从促销工作过程分析入手，针对不同促销对象——终端消费者、中间商和企业内部的销售人员——设定学习情境，学习情境的载体为促销形式。其中，项目二的任务一至任务七为基本的单一促销形式，项目二的任务八为复合促销形式（可以理解为单一促销形式的组合）；项目三的任务一和任务二为针对中间商的通路促销形式；项目三的任务三为针对企业销售人员的内部促销形式。

每个任务为一个子单元，体现“目标—任务—准备—行动—汇报讲评”五步教学法的思路，具体设计为“学习目标”“任务导入”“任务分析”“相关知识”“完成任务”“知识拓展”等学习步骤。另外，考虑教材的师范性，在每个任务的最后增加“角色转换”环节，让学生思考如果做中职教师应该如何组织教学。

二、教材特点

（1）采用以任务驱动教学的教材结构。在每个项目每个任务的编写中，首先明确本任务的学习目标，然后导入一个任务情景，并借助提问的方式进行任务描述，在任务分析和相关知识教学的基础上，让学生进行实训并完成任务。

（2）注重实践操作，突出职业教育和营销专业特点。教材的每个任务都以较大篇幅详细分析任务的操作流程，绝大部分相关知识点都配有简单明确又贴近实际的案例，使学生通过培训，不仅能比较容易地掌握销售促进的实践技能、增强灵活应变和创新能力，而且可将此教学方法直接运用到职业教育教学中。

（3）注重实践能力拓展。在企业促销实践中，存在各种各样的实践困境问题。教材的配套资源在每个项目任务中都设置了案例和实训部分。学生通过实践能力拓展训练，可以提高分析和解决促销实践中疑难问题的能力，从而使专业实践和教学能力达到更高水平。

本书由徐惠坚提出编写大纲，金明华、袁慎祥、易加斌、尚慧丽、张颖南、田淑波、向艳智、张蔚钦、孙晓燕等参加了大纲讨论。徐惠坚、向艳智、田淑波、张蔚钦等参加了编写。作者分工如下：徐惠坚编写导论、项目一、项目二的任务一和任务八、项目三的任务三；田淑波编写项目二的任务二和任务三；向艳智编写项目二的任务四至任务六；张蔚钦编写项目二的任务七、项目三的任务一和任务二；由徐惠坚进行统稿。在编写过程中，山东商业职业技术学院工商管理学院副院长孙晓燕教授、深圳职业技术学院夏维朝教授、佛山市李伟强职业技术学校尧勇校长等提供了实践指导，在此一并表示衷心感谢。

编　者

2016 年 11 月

目　录

导　　论

一、促销与市场营销

市场营销（marketing）的本质是创造、传播和交换价值，即为消费者创造价值，向消费者传播价值，与消费者交换价值。市场营销的基本策略包括产品（product）策略、价格（price）策略、分销（place）策略和促销（promotion）策略，简称4P营销策略组合。在4P营销策略组合中，产品为消费者创造价值，价格向消费者表现产品的价值，分销向消费者传递产品的价值，促销则向消费者传播产品的价值。4P营销策略组合是价值创造、表现、传递和传播的组合关系，是一个紧密的策略整体。

在营销理论中，作为4P营销策略组合之一的促销策略，最为经典的常规手段包括广告、公关、人员推销和营业推广（或称销售促进）四种，随着市场营销的发展，事件营销、口碑营销等手段也被运用到促销中来。这些手段的主要目的和作用是向消费者传播产品价值，实现与消费者的价值沟通，因此促销策略的本质是沟通，促销策略又被称为"沟通策略"或者"促销沟通策略"。在营销理论与营销实践中，营销概念和名称还存在一些差异。营销理论中的营业推广或促销，在营销实战中更多地被称为促销活动，简称为促销。本书中的促销管理指的是营销实战中的促销。

促销是为直接促进产品销售的启动或销量的提升而采取的短期性与刺激性活动措施。促销活动是人员销售、广告和公关之外的可以直接刺激产品销售的方法，可根据顾客心理和市场营销环境等因素选用。

促销是企业最常用的基础性营销手段，也是企业调整最多、最快的营销手段，促销的调整速度和频次比广告和公关等营销沟通调整要快得多，是一种更能直接见效、更快见效的实效手段。

在企业的整体市场营销中，促销具有以下五个方面的特性。

（1）促销通常是作短程考虑，是为了立即反应而设计的，所以常常有限定的时间和空间。

（2）促销注重的是行动，要求消费者或经销商亲自参与，行动导向的目标是立即销售。

（3）促销工具具有多样性，促销由刺激和强化市场需求的花样繁多的各种促销工具组成。现今的促销活动已比以往的折扣，如商店内示范样品、赠券、竞赛、抽奖、以赞助为目的的专门性音乐会、交易会、购买点陈列等方式，有了更加丰富多彩的内容，还出现了联合促销、服务促销、满意促销等。

（4）促销在特定事件提供给购买者一个激励，以诱使其购买某一特定产品。通常，刺激或为金钱，或为商品，或为一项附加的服务，这成为购买者购买行为的直接诱因。

（5）促销见效快，销售效果立竿见影，增加了销售的实质价值。

总之，促销的最大特征在于它主要是战术性的营销工具，而非战略性的营销工具。通常，它提供的是短期刺激，会导致消费者直接的购买行为。

二、促销分类

（一）按照促销主体分类

按照促销活动发起者和组织者的不同，促销活动有以下几种类型。

（1）制造商促销。这是由制造商发起和组织的促销活动，以解决制造商面临的市场销售问题。

（2）经销商促销。这是由经销商发起和组织的促销活动，以解决经销商面临的市场销售问题。在中国市场上，一些快速成长起来的商贸流通企业或在制造商的指导和支持下，或自主组织一些区域性的促销活动。经销商的促销对象一般是其下一级批发商或者零售商，以构建或巩固其分销网络，促进其经销产品市场的开拓和销量的提高。经销商促销的手段主要是价格折扣、搭赠、返利、奖励等物质利益刺激。

（3）零售商促销。这是由零售商发起和组织的针对终端消费者的促销活动，因此，零售商促销是消费者最为熟悉的促销活动。零售商之间的促销竞争非常激烈．零售促销手段也五花八门不断翻新，新商场开业促销、周年店庆促销、节假日促销、换季促销、会员积分促销、折扣促销、特价促销、买赠促销、游戏促销、有奖促销等不一而足。

（二）按照促销对象分类

按照促销活动针对的目标对象不同，促销活动有以下几种类型。

（1）终端促销。这是针对最终消费者开展的促销活动，可以促进新顾客尝试使用，鼓励老顾客继续使用，引导竞争企业的顾客改变购买习惯，转而选购本企业产品。终端促销一般在零售终端和电商平台上开展。制造商和零售商是开展终端促销最多的两大主体，B2C（business-to-customer）类型的电子商务企业也是终端促销越来越重要的主体。

（2）通路促销。通路促销一般是制造商发起和主办的针对经销商的促销活动，通过鼓励经销商第一次进货来构建分销网络，通过促销激励经销商持续巩固分销网络，通过促销刺激经销商大量进货扩大经营规模和市场份额，有时也通过通路促销加快老产品去库存，实现营销策略调整。在本书中将这类促销称为通路促销。

（3）内部促销。内部促销是针对企业内部销售人员开展的促销活动，目的是鼓励销售人员积极推广新产品或处理某些老产品，或促使他们积极开拓新市场。制造商、经销商和零售商均可以采用内部促销手段来促进产品销售。

（三）按照促销手段分类

促销手段或称促销形式、促销方式、促销工具，花样繁多，但基本上可以分为以下四类。

（1）免费类促销。主要用于新产品的终端消费者促销，常用快消品的样品派发、免费品尝或免费使用，耐用品的免费试用等手段，可以通过免费体验方式促使终端消费者对这类新产品进行接触了解，并进而实现尝试性购买，实现新产品销售的启动。

（2）优惠类促销。包括打折、买赠、抽奖等各种与购买单价或总价相比优惠省钱的促销方式。这是最为广泛的促销活动形式，可以针对各种产品使用，可以针对经销商和终端消费者促销使用，可以降低新产品购买的风险从而促进新产品销售的启动，可以降低成熟产品大量购买和持续购买的成本从而促进其销售量的提升。

（3）竞赛类促销。生产企业经常采用经销商竞赛、销售人员销售竞赛等方式激发经销商和销售人员的斗志与士气，促进产品销售。生产企业和零售企业还可以通过开展消费者主题竞赛等方式传播品牌理念，制造沟通话题，促进产品销售。

（4）组合类促销。包括同时组合或者先后组合上述三类促销手段的促销活动，甚至是组合促销活动与广告、公关、人员销售等方式的整合促销活动。

（四）按照促销时间分类

促销活动总有开展的时间背景和时间节点要素。销售淡季为提振销售需要开展促销，销售旺季为了提升市场份额需要开展促销，节假日需要抓住时机开展促销，从而形成了淡季促销、旺季促销和节假日促销等促销活动类型。

（五）按照促销区域分类

活动区域是促销活动的市场空间要素，每场促销活动都必须明确活动区域。在中国市场上，全国性企业的促销活动，可以是全国性促销活动，也可以是区域性促销活动。全国性促销活动一般由企业总部策划全国各地统一执行，区域性促销活动一般由区域性营销分支机构策划执行。

本书从分析促销工作过程入手，以促销手段为基本框架进行编写。全书共 3 个项目 14 个任务。第一个项目包括 3 个任务，主要介绍促销策划、促销执行与控制、促销评价等基本促销工作过程。第二个项目包括 8 个任务，介绍针对消费者的主要促销形式。第三个项目包括 3 个任务，介绍针对中间商的通路促销和企业内部促销。

三、促销工作岗位分析

一般来说，促销工作岗位分为两个层次：促销管理类岗位和促销执行类岗位。

（一）促销管理类岗位

促销管理类岗位主要包括促销主管、活动方案设计和活动监督三种岗位。

促销主管主要负责年度、季度、月度等促销计划的制订，促销策划和具体方案的审查与决定，活动预算的审查和上报，活动的组织实施，活动效果的评估等。但是，在很多中小企业，促销主管同时还承担了具体活动方案的设计、活动监督等工作。有些企业甚至没有设置促销主管一职，上述工作由企划部主任或地区业务经理承担。

（二）促销执行类岗位

促销执行类岗位一般分为相对固定的长期的促销专员（在企业实践中称之为促销专员）和临时性促销员两种。

1. 促销专员

促销专员是指企业需要长期从事促销活动所雇佣招聘的促销员，负责产品的各项促销活动的沟通、联络、执行等工作。在销售过程中，促销专员是顾客能接触到的企业人员。顾客在没有深入了解产品之前，他对企业的感知直接来自促销专员给他的感觉和印象。所以，促销专员良好的服务可以为企业培养大批忠诚的顾客，并且可以培育潜在市场。也就是说，促销专员实际上扮演了多种角色，他们的素质能力和工作态度不仅决定着每一次促销活动的效果，而且在一定程度上影响到了企业和品牌的形象。

作为一名渠道终端的促销专员，在企业有重大专项的促销活动时，其主要工作就是协助零售商有效执行企业的促销计划。而其日常工作的内容却比较繁杂，主要是协助零售商做好售点广告的布置、产品陈列、导购员培训等，有些专门负责大型零售商促销工作的促销专员甚至亲自参与产品的理货、导购和售点广告的设计与布置。

2. 临时性促销员

很多企业在促销活动之前都喜欢从大中专学校招聘临时性促销员，因为招聘大中专学生费用较低，而且大中专学生的素质较高、易于管理，对新产品、新知识的领悟能力强，只要稍微进行培训即可上岗。当然，也有一些企业是从企业内部其他部门临时抽调人员从事促销活动的。

具体活动岗位因每次活动所采用促销技术不同或者促销的主题不同而相差很大。有的岗位可能需要若干人，而有些岗位由一人兼职即可。具体举例如下。

在抽奖促销活动中，需要设置的具体工作岗位有：奖券发放员（通常由收银员兼任）、抽奖监督员、现场秩序维护员、抽奖主持员、奖品兑换员、售点广告设计及布置员、产品导购员、理货员、补货员等。

在折价促销活动中，需要设置的具体工作岗位有：折价标签粘贴员、售点广告设计及布置员、产品导购员、理货员、补货员等。

在随商品销售的买赠品促销活动中，需要设置的具体工作岗位有：售点广告设计及布置员、产品导购员、产品理货员、产品和赠品补货员、赠品理货和发放员等。

四、促销主管和专员的岗位职责分析

由于具体的促销活动岗位具有临时性，与具体的促销技术及主题相对应，复杂多样，所以不便论述他们的岗位职责，这里仅对促销主管和相对固定的促销专员的岗位职责进行分析。

（一）促销主管的岗位职责

促销主管在上级经理的领导下，主要负责促销计划的制订，活动方案的创意策划、组织实施、控制和效果评价，以及对促销专员、临时性促销员的招聘和管理等工作。促销主管的岗位职责如下。

（1）制订促销计划。根据企业整体规划，制订企业各季度、月份及节日的促销计划；根据各区域促销需求和分析结果，制订区域性市场促销计划。

（2）策划和组织实施促销活动方案。收集各种市场信息及其他资料；组织策划各种具体的促销方案；组织实施各种促销活动方案。

（3）控制促销活动。监督、检查、协调和指导促销活动，确保促销计划目标的实现；评估促销的效果，总结经验和教训。

（4）编制预算和控制促销费用。根据计划编制各季度、月份及每次促销的费用预算，并提交上级审批；依据预算控制促销费用的使用。

（5）促销人员管理。负责促销人员的招聘、调配工作；负责对促销人员开展产品知识、促销基础知识、促销活动注意事项等的培训工作；监督、指导现场促销人员的各种行为。

（6）其他职责。协调与企业内部其他相关部门的关系，协调与区域渠道成员的关系，争取各方支持；完成上级交办的其他任务。

（二）促销专员的岗位职责

促销专员除了做好日常的产品宣传、终端导购、产品展示、售点广告、收集和向企业相关部门反馈信息、维护渠道关系等工作外，还负责执行上级下达的专场促销活动方案。促销专员的岗位职责如下。

（1）日常性促销工作。①产品宣传：在终端向消费者宣传企业产品和企业形象，派发各种宣传资料和促销品。②终端导购：指导店员导购甚至亲自导购。③产品展示：规范产品和促销品的陈列，使陈列生动化；演示或指导店员演示产品。④售点广告：设计和布置售点广告。⑤收集和向企业相关部门反馈信息：消费者对促销活动的反应、对企业及产品的意见和要求；竞争者的各种促销信息；零售商和批发商对促销的意见与要求；产品销售、库存等情况。⑥维护渠道关系：维护好与零售商、店长、店员等的关系，获得最佳的宣传和促销支持。

（2）执行上级下达的专场促销活动方案。①正确领会促销方案的目的、目标和具体内容。②根据需要，招聘、培训和调配临时促销员；准备好促销品和其他各种工具。③协调好各方关系，组织布置现场。④管理控制好促销活动的过程，及时有效处理所出现的各种问题。⑤评估活动效果，总结经验教训，并向主管汇报。

（3）其他。完成主管交办的其他各项任务。

项目一

促销工作过程分析

任务一 促销策划

□学习目标

知识目标

1. 了解促销方案的制订步骤。
2. 学会撰写促销策划方案。

能力目标

1. 能根据具体的促销活动制订促销方案。
2. 会根据不同的促销情况或目标合理地撰写促销策划方案。

□任务导入

百年老街上的维纳斯婚纱摄影店促销策划

中央大街是哈尔滨的百年老街，现已发展成全市最为繁华的商业街，其特有的方石路、欧式保护建筑与现代商业巧妙融合，成为哈尔滨市一道亮丽的风景线。中央大街上汇集了哈尔滨市几家知名的婚纱摄影店，婚纱摄影行业总体上还处于成长上升期，因为除了结婚时拍婚纱照已成了年轻人的必备节目外，中老年人补照结婚照的也越来越多，并且呈现出向“全家福”“夕阳红（老人艺术照）”“快乐天使（小孩艺术照）”“青春美少女（少女艺术照）”等外延式发展的趋势。由于可挑选的余地大，消费者越来越注重性价比的比较，婚纱摄影产品的总体价格呈现明显下降的趋势。店铺间的竞争手段层出不穷，促销活动隔三岔五就有一次，万变不离其宗的就是均以价格优惠为法宝。

刘冰是维纳斯婚纱摄影店的运营主管，主要负责店铺的日常管理和业务拓展工作。维纳斯婚纱摄影是哈尔滨市较早成立的一家规模、档次较高的婚纱摄影店，一直以来都有着较好的顾客口碑。“五一”将至，刘冰计划策划一次出色的促销活动。

在与老板初步沟通之后，老板表示同意搞一次促销活动，并说“凡事预则立，不预则废”。让她在近期提交一份促销活动策划方案，并认真地问了她几个问题：①这次促销活动能达到一个什么样的目标呢？②促销活动的主题是什么？③消费者众多，活动主要针对哪个消费主体呢？④活动采用什么促销形式……

□任务分析

一、分析促销原因

促销的终极目的是提高商品的销售量，但在发起促销活动的原因上却可能各不相同，归纳起来通常如下。

（1）新店开张或新品上市，吸引消费者。

（2）处理库存或滞销品，及时回笼资金。

案例 1-1-1

许多超市在到晚上八点左右，蔬菜、果品、熟食区都会进行商品打折。熟食和叶菜类打折幅度最大。

超市在打烊前需要利用促销手段处理掉易腐烂变质的食品的库存，而“打烊一族”通过在超市的打折时段购买也获得了实惠，可谓皆大欢喜。

（3）提升销量，冲击销售任务指标。

（4）主动与对手展开竞争，争夺客户；或被动应付竞争对手发起的促销攻势，防止客户流失。

（5）以点（个别商品）带面（全店商品）提升总体销售额。

（6）削峰平谷，消化淡季或闲时资源过剩的压力。

（7）提升品牌认知度及美誉度。

二、分析促销背景

在策划一次促销活动之前，先要进行较充分的促销背景分析，为后面的促销策划目标提供决策依据。

一般来说，促销背景分析的内容如下。

1. 市场状况分析

市场状况分析主要包括对宏观环境、行业发展状况、市场销售状况、供应链状况等方面进行分析。

2. 消费者分析

消费者分析主要包括对消费者的构成、需求状况、消费水平、消费心理、消费习惯和偏好、消费决策程序等方面进行分析。从中找到促销活动的目标顾客，把握目标顾客群体的消费态度，摸准顾客心理，才能有效地提出促销活动的重点。

概括地说，促销活动目标顾客分析包括以下基本内容：①促销活动的目标顾客是哪部分人（顾客是谁）；②目标顾客的关注点；③目标顾客的消费水平；④目标顾客对产品的态度；⑤目标顾客对活动的态度。

3. 竞争分析

竞争分析主要包括对竞争者构成、竞争者能力、竞争者战略、竞争者目标和手段、竞争者资源状况等方面进行分析。通常运用 SWOT 分析法进行汇总。

需要指出的是，在进行促销分析时，并不一定要对以上内容逐一全部进行分析，而要视促销活动的规模大小、复杂性、决策者的偏好和意图等因素进行灵活取舍。另外，还要注意定性和定量分析方法的灵活运用，对一些较大型或新颖的促销活动，最好能列举一些具体的数据进行定量分析，则更具科学性。

案例示范 1-1-1

背景资料

根据经验，“五一”是上半年婚纱摄影的“黄金假期”，一场看不见硝烟的战斗很快就会在各婚纱摄影店间打起。刘冰认为自己的店铺必须在即将到来的“五一”劳动节举办一场大型促销活动，因而有必要制订一份完整科学的策划方案，当然，只有在递交给老板的策划报告中列举出充分足够的理由，才能让老板批准实施，也就是说，刘冰必须对促销背景进行认真分析和归纳阐述。

实训指导

进行背景分析可以从很多不同的角度进行，也可以有所侧重，但基本的思路还是大体一致的。对于刘冰来说，她想要策划一次“五一”促销活动，就要先提炼出策划这次促销活动的理由，并为后面的促销目标和方案找到充分的依据，也就是进行相应的背景分析，以说服老板接受这个促销方案。

刘冰可以从以下方面着手提出策划“五一”促销活动的依据。

1. 市场状况分析

婚纱摄影总体上处于市场成长期，青年人结婚照产品为主要利润点，由于受工作时间所限等客观原因，上半年大多数情侣选择在“五一”期间结婚。因而，“五一”的业务状况很大程度上决定了上半年的店铺业绩。

2. 消费者分析

青年人结婚相对舍得花钱，注重摄影店档次、场景造型的浪漫（青年情侣的特点）和一站式优质服务（时间紧）。希望留念补照的中老年夫妻一般收入稳定，有着较好的生活品位，会货比三家，注重性价比，看重幸福温馨和睦等主题。外延式产品的消费者一般是比较热爱生活、追求时尚的人士，需要通过某种刺激手段才能触发消费。

3. 竞争分析

（1）优势分析。有较高的知名度及美誉度，通过主题策划和价格优惠等促销活动能引起相当部分的目标顾客的注意。

（2）劣势分析。同档次产品的促销活动较多，相比之下，自己店铺的促销策划力度、经验和能力没有明显优势。

（3）机会分析。在以往促销活动中，只注重利诱，还未有针对服务质量和感情沟通的促销活动；自己店铺在老顾客资源上具备优势，以往促销活动只注重吸引新顾客，没有注意拉动老顾客的再次消费。

（4）威胁分析。竞争对手素质高、数量多，“五一”是上半年的重头戏，其他竞争公司肯定也有新的活动推出，其他店铺可能还会用重磅促销活动来抢夺客户资源，如果不加以应对就会被竞争对手蚕食掉相当一部分市场份额。

当然，如果有必要，刘冰也可搜集列举一些具体的数据（如历年“五一”的销售额占总销售额的比重、消费者的分析数据等）进行定量分析说明。

三、明确促销目标

（一）设立促销目标的作用

1. 认识促销目标

促销目标是指在一次促销活动结束时要实现的目的，它是活动策划者和促销实施者进行促销活动的行动指南，是进行决策、效率评价、协调和考核的基本依据。

2. 促销目标的作用

（1）促销目标是店铺策划促销活动的基本依据和出发点。促销目标指明了促销活动的努力方向，体现了策划者和管理者的具体期望，表明了促销活动要达到的目的，是促销策划中安排各项工作计划的基础和灵魂。

（2）促销目标是店铺实施促销活动的指导方针。在促销实施中，必须以促销目标为方针和指导依据，对各项资源、条件、环节进行最优调配，减少浪费和冲突，提高实施工作的有效性。

（3）促销目标是促销活动控制的评价标准。促销实施过程中，由于主客观原因，总是会发生一些偏差，这些偏差的评价及其修正是以促销目标为衡量标准和准绳的。

（4）促销目标为促销活动策划和参与者提供了激励动力。一次促销活动的总目标必然会层层分解为各阶段的具体实施目标，并体现为阶段性任务和具体定额，参与者围绕着这些具体目标开展促销活动，并建立各种奖惩制度以监督和鞭策成员的行动，可以激发成员的积极性。

（5）促销目标是衡量促销活动成效的标准。一次促销活动的成效如何，是否成功，关键是看最后完成的结果与之前的预期目标相吻合的程度。通过衡量检验，可以检验策划者、实施者的能力，验证促销手段的效果，为以后的工作提供借鉴。

（二）设立促销目标的程序

要想使一次促销活动达到预期目的，就有必要科学地设立促销目标，为此有必要做好以下工作。

1. 圈定目标顾客

促销的终极目的是促进产品的销售，所以任何一次促销活动，都希望参与促销活动的消费者，能是消费店铺产品的潜在顾客，只有与这些潜在顾客进行沟通与互动，才有可能真正拉动销售。

在确定促销目标之前进行调研是非常有必要的。在调研过程中，必须清楚地分析店铺的顾客状况，对顾客进行细分，并分析谁最有可能购买店铺的产品，以便锁定目标顾客，做到有的放矢。

2. 分析目标顾客

确认了目标顾客后，接着就要对目标顾客进行具体调研分析：①谁是产品的使用者、购买者、决策者；②目标顾客的购买力情况（收入等）；③目标顾客的特点及对产品的性质、功能的理解；④目标顾客的消费习惯及爱好。

3. 分析促销实施场所状况

分析了顾客之后，接着分析促销实施场所的情况：①店铺优缺点；②店铺近期的经营目标；③店铺以往和以后促销活动策略；④店铺资源情况。

4. 分析竞争状况

竞争对手根据促销主体不同，分析的内容略有差异。当促销主体为制造商时，竞争对手为同类的制造商，当促销主体为中间商（主要是零售商）时，竞争对手为同类的中间商。竞争对手的促销情况主要考虑以下几方面：①主要竞争对手的优缺点；②竞争对手的经营目标；③竞争对手以往和以后促销活动策略；④竞争对手的资源情况；⑤竞争者干涉情况（如竞争者对促销进行攻击，从而误导消费者；过度承诺；欺骗消费者等）。

在认真分析了上述情况后，策划者就可以在此基础上确定该次促销活动的目标。需要指出的是，在很多时候，虽然促销背景调研分析是解决“为什么要搞促销活动”的问题，但对促销目标的分析经常是和促销背景调研一起进行的，在策划报告中往往将其合二为一进行论述。

（三）对促销目标的要求

促销是“聪明而智慧”的，设定促销目标应符合SMART法则。

（1）必须是具体的（specific）。促销目标通常要切中特定的工作指标（如销量、销售额、市场占有率等），不能笼统。

（2）必须是可以衡量的（measurable）。促销目标可以是定性或定量的描述，但如果可能，通常应该是能量化的，验证量化的指标通常有销售额、市场占有率、毛利率、对比日期、增长率、重复购买率、促销广告的参与率、到达率等。

（3）必须是可以达到的（attainable）。在付出努力的情况下促销目标应可以实现，避免设立过高或过低的目标。

（4）必须是现实的（realistic）。促销目标是实实在在的、与销售工作相关联的。

（5）必须具有明确的截止期限（time-based）。促销活动结束时间往往也就是达成促销目标的截止期限。

案例示范 1-1-2

背景资料

如前所述，维纳斯婚纱摄影的刘冰着手策划“五一”促销方案的时候，必须首先明确这次促销方案的目的，并给这次促销活动设定一个奋斗的目标，这样才可能让老板批准方案。

实训指导

活动的目的是促销活动的根本所在，在作促销策划时，一定要明确这个根本：是新品上市、提升销量、打击或抗衡对手、处理库存、增加市场占有率、调节供需状况（削峰平谷），还是提升品牌认知度及美誉度。只有确认目的才能把握整个活动的方向。

对于刘冰来说，“五一”促销活动的主要目的有两个：抗衡对手和提升销量。

促销目的明确之后，还必须给活动提出衡量标准，也就是要确定整个活动的目标，这个目标的确定只有符合 SMART 原则才是科学的。

促销活动的目标必须有量化的指标，才能达到考核、控制、计划的目的。

对于第一个目的——抗衡对手，维纳斯婚纱摄影的总体目标可以有以下选择（表 1-1-1）。

表 1-1-1　总体促销目标设定

总体促销目标	适用情境
少输当赢	竞争对手超级强大，自己在竞争中尽量输得少一些
攻城略地或大获全胜	比竞争对手强大
稳住阵脚	自己相比竞争对手处于明显下风
平分秋色或稳中求进	和竞争对手势力相当

无论选择何种总体目标，均需要将其具体化，如刘冰评估自己店铺的实力可以稳中求进，定下的目标是：“五一”促销活动结束的当月，维纳斯婚纱摄影的市场占有率从之前的 18%提高到 20%。

对于第二个目的——提升销量，维纳斯婚纱摄影根据以往几年“五一”劳动节的销量数据发展趋势，预测出今年“五一”劳动节的销售数据，然后根据自己的市场份额及价格变动等情况，最后提出今年“五一”活动的目标，如“五一”促销活动期间，维纳斯婚纱摄影的销售额力争达到 50 万元。

四、提炼促销主题

（一）促销主题的重要性

在确定了促销目标之后，就要开始围绕目标提炼促销主题，以尽可能多地让目标顾客注意到自己的促销活动，记住传播的诉求特点，产生购买冲动，直到真正购买产品。总的来说，促销主题的重要性可以概括如下。

（1）是整个促销活动的核心“卖点”。促销主题是通过营销策划人的想象力、创造力产生“锦上添花”作用的点睛之笔，它让促销活动具备前所未有、别出心裁或与众不同的特色或特点，并能在短时间内传播给消费者能够接受、认同的利益和效用，以便达到顾客盈门、产品旺销的目的。

（2）可以满足目标顾客的需求点。一个好的促销策划，就应该分析研究目标顾客的需求点，并将之提炼成促销活动的主题，然后与目标顾客进行有效的沟通对接，从而吸引目标顾客参与并促成购买。

（3）与竞争对手形成一种对比和区别。在促销活动中，每个促销主题都希望能高效醒目地向目标顾客展示出自己的独到之处或独特诉求，以向顾客显示自身的优势，并与竞争对手相区别，实现这些愿望的最有效的办法就是通过提炼促销主题来达成。

（4）成为可以体现活动宗旨的宣传标语。促销宗旨往往通过主题标语来表达，标语既有公文语体准确、简洁的特点，又有政论语体严谨性、鼓动性的特点，既能在理智上启发顾客，又能在情感上打动顾客，对顾客的购买行为起着不可忽视的刺激和导向作用。

（5）成为实施促销行动的广告口号。促销主题往往以广告口号形式呈现，它是带有纲领性和鼓动作用的简短句子，以表现促销的精神、理念、特性为自己的内容，在促销主体与目标顾客之间建立起认知桥梁，并发挥引导和鼓动顾客进行购买的作用。

（二）提炼促销主题的思路和方法

1. 提炼促销主题的思路

要做好一场促销活动，活动的主题策划既是始发点，也是最难点。策划促销活动主题，无外乎两种思路：借势和造势。学会了借势和造势，促销活动策划的难题在很大程度上就可以迎刃而解了。

1）借势

所谓借势，就是借助外部环境的势能和力量，使其为我所用。通常的借势方法可以从“四日”入手。

（1）借节假日。主要是国家法定节假日或传统节日，如“五一”、端午、中秋、元宵、父亲节、母亲节、“十一”、元旦、春节等。

（2）借纪念日。店面开业日、店面周年庆、厂家品牌周年日及其他值得纪念的日子，都是策划促销主题的好的选材。

（3）借热点日。主要借助世界、国家、城市范围内的大型活动、赛事和社会上流行的潮流与热点等，热点日可能是一天，也可能是一段时间，如奥运会、亚运会、世界杯、世博会、电影节等。

（4）借事件日。主要是借助一些突发新闻事件给顾客制造了话题热点，如不可抗力导致的自然灾害、品牌质量问题、战争等事件。

2）造势

能借势是上策，在不能借势的情况下，策划促销活动就要考虑自己造势了。造势的途径通常有以下几方面。

（1）造事件。通过策划和制造一些能被媒体和消费者关注、能成为热点和亮点、能有行业影响力和社会影响力的大事件或活动，为店铺招徕顾客进而增加销量。

（2）造概念。所谓造概念，是指店铺在市场调研和预测的基础上，将产品或服务的特点加以提炼，创造出某一具有核心价值理念的概念，通过这一概念向目标顾客传播产品或服务所包含的功能取向、情感倾诉、价值理念、文化内涵、时尚观念、科技知识等，从而激发目标顾客的心理共鸣，最终促使其购买的一种促销新理念。

（3）造节日。没有节日可以造节日，如文化节、艺术节、鉴赏节、服装节等。

（4）造体验。顾客对一些新奇的活动和新鲜的事物往往有强烈的亲身体验冲动，可以利用顾客的这种心理，通过创造一些创意比赛或选秀活动，吸引顾客参与，往往可以博得场内、场外很多眼球的关注。

（5）造联盟。联合优惠，相互合作，共同促销。通过大家的联合，可以发挥集聚效应，以制造更大的声势，获取更多的目标顾客和销量，或占有更大的市场份额。

2. 提炼促销主题的方法

（1）抽象法。抽象法就是从众多的事物中抽取出共同的、本质性的特征，而舍弃其非本质的特征。这种方法引导人们从深层次上去思考，会在眼前浮现出熠熠闪烁的时尚美景，给人以遐想的空间。

（2）夸张法。夸张法是指为了启发目标顾客的想象力和加强所要表达意思的力量，在不违背相关法规和不会引起顾客反感的情况下，用夸大的话语来进行宣传。需要注意的是，要考虑活动之后的日常销售及品牌形象。极端夸张的促销主题可能影响消费者对品牌的信任，因而高端品牌不宜使用。如商业街每天可见的“挥泪大甩卖”“商品 1 折起”等。

（3）好奇法。每个人都有好奇心，利用人们普遍具有好奇心的心理特征，以悬念抓人，吸引消费者关注，紧紧抓住受众的好奇心提炼主题，能达到事半功倍的效果。悬念可以来自产品特性、活动内容或各种反常规做法，赢得消费者关注。

（4）比喻法。比喻就是用跟甲事物有相似之处的乙事物来描写或说明甲事物，通过人们熟知的一些事情、名词、概念等加以辅佐相连，或加以对比，让主题鲜明。

（5）谐音法。这是促销类活动常用的主题提炼方法之一，谐音就是使用读音相同，但是字体不同的字来代替本来的字，并寓意谐音字的含义。如摩托车店铺的“恨不相逢未驾时”促销活动。

（6）直白法。最简单的方法往往也是最有效的。开门见山、直截了当的表达虽然没有多少深度，但如果将核心利益点表达出来，有时效果也很好。

（7）排他法。这种方法是基于消费者自身的地位及店铺产品的独特价值、地位来确定的，用以向消费者告知自己的市场地位。

（8）卖点法。这种方法是从店铺产品的核心卖点切入，寻找提炼主题的思路，最终锤炼出主题。如钻石店的“个性定制钻戒，成就你的专属”促销活动。

（9）物理法。物理法就是从产品的颜色、色泽、体积、厚度、重量、硬度、强度等物理属性方面入手来提炼主题。如某服装店的“超厚防寒羽绒服”促销活动等。

（10）节庆法。逢年过节及行业性节日是销售的黄金时期，也是促销的契机。节庆法就是借助节日这个由头，深入挖掘节日的内涵，顺势提炼主题。如某店铺的 “庆祝三八妇女节，特别的爱给特别的你”促销活动。

（11）区域法。结合促销内容，借助目标顾客所在区域名称可增加亲和力。如某超市的“情系哈西　感恩有你”（哈西是哈尔滨市一个新开发区域的名称）促销活动。

（12）情感法。情感主题触动消费者内心，形成共鸣，既有利于提升品牌忠诚度，又有良好的促销效果。如“清华圆梦计划……”等。

（13）事件法。事件法即紧扣品牌事件营销、时代与社会焦点热点事件、企业热点事件，借势导出促销主题，如“哈尔滨百盛 10 周年店庆”“奥运倒计时”等。

（14）行动法。带有寻找、互动、召集等参与行动的主题也很能吸引顾客。如康师傅曾经做过“寻找苏有朋的女朋友”的促销活动。

（15）逆向法。为避免促销主题扎堆和撞车，避免没有特点而被淹没，可运用逆向思维，制定一个有别于一般的活动主题。

除了以上列出的提炼主题的方法之外，还可以在实践中探索更多的方法，但要注意的是，提炼促销主题的最终目的是能更好地吸引和打动消费者，切记不要为了哗众取宠而忽略了这一目的。

（三）提炼促销主题的注意事项

总的来说，店铺提炼促销主题时，需要了解消费者的需求特征，然后反复推敲文字，要能撩起目标顾客的购买欲望，传播时再从字形、色彩、版面上撩起受众的强烈兴趣和购买欲望，吸引其仔细看下去。

1. 了解消费者需求

必须知道消费者需要什么，以及如何使消费者乐于参与店铺的活动。一个真正让消费者感兴趣的主题促销活动的重要组成部分是“消费”（站在消费者角度）而不是“销售”（站在店铺角度），只有消费者乐于“消费”，且在消费的过程中找到乐趣，才能使促销达成目标。

一个好的主题必须跟消费者关心的事物有关，如“身心健康”“容颜美丽”“省钱实惠”等，必须让消费者觉得物有所值，物有所用才行，并尽量将新颖性、趣味性、实用性等元素融入其中。

2. 与品牌定位一致

一个成功的主题促销活动其实就是一个利益导向的完成，这个导向分为两个阶段，即短期利益导向阶段和长期利益导向阶段。这个利益导向的完成，既提升了企业或品牌的美誉度和知名度，又均衡了盈利点，这就是主题促销活动的真正意义。所以，一个好的主题促销活动必须与自己的品牌定位一致，有选择地突出自己品牌的特点或经营宗旨，不能为了追求短期利益而牺牲长远利益。

3. 主题健康，适合传播

主题促销活动除了让人觉得新颖、有时代感、积极上进、充满活力和值得品味之外，还应具有一定的新闻价值，能够吸引媒体的眼球，让媒体愿意为店铺做宣传。

主题活动如果能具有一定的社会意义，如与公益事业相关的“安全”“环保”“低碳”“励志进取”“助孤扶残”等，就可以吸引媒体的眼光，此时媒体的报道实际上就是软广告，可以取得正面的、产品广告所无法比拟的广告效应，并提升企业的美誉度和品牌知名度。

4. 主题简洁大气，有冲击力和吸引力

主题是促销活动中要表达的重点和核心，最好是简明扼要、文字精练、句法工整、布局大方、书写美观、色彩鲜艳、易识别、易记忆、能激发消费者共鸣，这样可以让促销活动得到有效传播，有利于店铺促销活动的宣传。

案例示范 1-1-3

背景资料

维纳斯婚纱摄影的刘冰这几天正在为策划“五一”促销方案发愁，她日思夜想反复推敲，希望能锤炼出一个响亮的主题来。

实训指导

在前面的内容中，刘冰已经明确了“五一”促销活动的目标。在锤炼“五一”促销主题时，可以运用借势和造势两种思路来进行，并运用相关方法，围绕促销目标锤炼出一个响亮的主题来。具体如表 1-1-2 所示。

表 1-1-2　维纳斯婚纱摄影“五一”促销主题的提炼

思路	方法	提炼主题举例
借势	抽象法	如“拴住青春的翅膀”，让受众联想到韶华易逝，定格今天的美丽作为以后的留念
	夸张法	如“美到你心跳加倍”，向受众充分表达店铺在时尚外景之美、化妆造型之美、摄影技术之美方面的专业质量

续表

思路	方法	提炼主题举例
借势	比喻法	如“牛郎织女，圆梦五一”，将恋人比成牛郎织女，足见其爱情之真挚，凸显其幸福圆满，让受众产生美好向往的愿景
	谐音法	如“媚力相约，给力五一”，将女人的“媚”和男人的“力”相结合，回味无穷
	直白法	如“红五月，八折大酬宾”，将此次促销活动的价格优惠直白地告诉目标顾客，吸引其注意力
	节庆法	如“牵手五一劳动节，共建美好家园”，巧妙地将“五一”劳动节的“劳动”和“建设”内涵联系起来，让人既憧憬又有所悟
	物理法	如“全天然实景拍摄，五一美丽相约”，突出介绍产品的物理特征，并与其他产品相区别
造势	卖点法	如“个性化一次性婚纱，留住你的独特美丽”，突出产品的个性化一次性这个卖点，形成对顾客的诱惑力
	区域法	如“十年感恩，五月相约美丽冰城”，突出促销对象的来源地域，增强亲和力
	情感法	如“激情五月，美丽相伴”，运用煽情的方式，充分激发目标顾客的情感
	排他法	如“特邀国内顶级摄影师专业为您服务”，亮出此次促销活动的“撒手锏”，凸显店铺此次促销活动的“法宝”
	事件法	如“十周年店庆暨欢庆五一节大酬宾”，将店庆这个事件和庆祝“五一”劳动节结合起来
	好奇法	如“美的神秘浪漫之旅”，给受众制造一个悬念，充分激发目标顾客的好奇心
	行动法	如“寻找第 1000 对爱侣”，让受众产生参与意识
	逆向法	如“五月拍婚照，婚礼送花轿”，出其不意，与其他店铺的思路迥然不同

五、选择促销形式

（一）常用促销形式及特点

促销形式是针对不同消费者的消费心理及消费习惯展开的一系列影响、刺激消费者消费行为的手段和方法，良好的促销形式可以最大限度地吸引消费者。

促销最常见的几种促销形式有折价、优惠券、赠品、样品、竞赛、抽奖、积分、会员制、路演、现场展示等。

当然，在实际应用时，往往是多种促销形式联合起来使用，如现场展示与有奖及游戏组合、折价与现场展示组合、会员制与降价组合等。促销的形式与手段也是一个不断发展的过程，也要与时俱进。因此，随着时代的发展，市场化程度的提高，竞争的加剧及科学技术的发展，更多更好的促销形式和手段必将层出不穷。

（二）店铺促销形式的选择

促销形式和手段不但花样繁多，而且层出不穷。那么，在策划促销活动时，应如何选择促销形式呢?

促销形式的选择除了受到促销时机、促销目的、产品类别、商品价格特性、购买者特性、生产企业广告情况、组合促销效果、时效性、资金预算、组织活动能力等几个因素影响外，最重要的是具体的促销形式必须能够有利于达到所制定的促销目标。

案例示范 1-1-4

背景资料

维纳斯婚纱摄影的刘冰正在紧锣密鼓地策划“五一”促销方案，她在已经锤炼出促销主题的情况下，应该认真策划选择何种促销形式或手段了。

实训指导

刘冰在策划“五一”促销活动形式的时候，应该对自身情况进行认真分析，先确定大致可以选用哪些促销形式，然后仔细斟酌应如何组合这些促销形式以达到促销目的。

对维纳斯婚纱摄影来说，如果对影响其促销形式的选择过程进行简单描述，就是：维纳斯婚纱摄影是专业摄影店；促销时机是旺季促销；促销主要目的是提升销量和抗衡对手；产品市场特性是典型的服务产品兼具一点奢侈品特征；产品是高溢价能力产品，大多数购买者为新婚年轻人，也就是大多购买者与使用者一致；没有过多的广告支持；促销时效性中等，注重中短期业绩但不能伤及品牌；资金预算量小；店铺由于人手较紧，组织大型活动的能力较弱；可考虑选用组合促销效果增强的多种促销形式相结合的方式。

基于以上几个要素分析，可以考虑给维纳斯婚纱摄影在小型展示、直效广告、折价、专业服务、小型有奖、小赠品、团批、联合、心理促销等促销形式中选择一些组合，如“直效广告+折价+小赠品+专业服务促销”或“小型展示+专业服务+团批+联合促销”等。

六、制订促销方案

（一）促销方案的定义

促销方案就是进行促销工作的具体计划或对整个促销活动制订的规划，是促销策划人员结合实际情况，对整个促销活动所做的带有全局性的、周密、详细、具体的工作指导和安排，是店铺工作人员在执行促销活动时的具体行动指南。促销方案一般应包含促销目的、促销对象、促销主题、促销形式、促销时间和地点、广告宣传、前期准备、中期操作、后期延续、费用预算、意外防范、效果评估等要素。

（二）制订促销活动方案的原则

1. 法制性原则

在制订促销活动方案时，要认真依照《中华人民共和国广告法》《中华人民共和国反不正当竞争法》《中华人民共和国反垄断法》《中华人民共和国消费者权益保护法》《中华人民共和国商标法》《价格违法行为行政处罚规定》《零售商促销行为管理办法》等法律法规促销，要杜绝各种价格欺诈和虚假促销行为，严禁虚构原价打折、使用误导性标价形式或价格手段，欺骗、诱导消费者，不得降低促销商品（包括有奖销售的奖品、赠品）的售后服务水平，不得以促销为由拒绝退换货或者为消费者退换货设置障碍，不得以保留最终解释权为由，损害消费者的合法权益。在策划过程中，要牢固树立经营安全意识，完善相应的安全管理措施，制定安全应急预案，确保有能力提供安全的购物场所，卖场环境、营销设施设备、附属设施均应符合安全要求，保证消费者安全便捷购物，杜绝发生人身伤害事故。

2. 目标性原则

在促销方案的制订中，一定要明确促销目的，并且所有环节都要围绕它来进行。就像写一篇文章，一定要围绕中心思想来写，否则就会离题，最后结局就必然是促销失败。

3. 科学性原则

在促销同质化日益突出的市场，促销必须谋求创新，没有创新，一次促销活动肯定不会取得理想的效果。提高促销活动的系统性与流程本身的科学性，就为创新性促销提供了一个新平台。

很多店铺策划的促销活动往往是临时的、间断的、不连续的甚至是盲目的，都不同程度地存在结构松散、连续性与系统性差、目的不够明确等诸多问题，因而必须加强促销活动策划的科学性与系统性，应从整合营销的整体进行考虑与布局。

在策划促销方案时，一定要仔细研究顾客、产品、环境、竞争对手、内部员工、供应商、运输物流及场地等各方面情况，对每一个环节都要反复推算和演练，有条件的还要进行模拟实验或彩排，这样才能及时发现策划过程中存在的问题，及时找到应对之策。

要提高促销流程和实施的科学化、标准化意识，千万不要认为促销策划和实施过程中一些小事无所谓，细节决定成败，如果思虑不周，在策划中不将一些看似很小的细节予以标准化，提高促销的执行力度就是一句空话。

4. 系统性原则

促销活动是一个系统工程，是一个连贯的市场推广行为。只有目标明确、策划严密、主题清晰、连贯性强的促销推广才可以真正推动产品的旺销。任何一个促销活动都强调独特的主张和利益，但是仅有这一利益点是无法使活动取得成功的，不管促销活动规模大小，都必须事先进行整体的周密组织和策划。一般来讲，制订促销方案时要进行以下几个方面的考虑。

1）政策宣传

一次促销活动的策划与实施，首先要注意在店铺内部做好政策宣传工作，需要统筹安排做好促销前的培训工作，以免导致各种各样问题的出现。促销设计人员与一线人员在职业素养、经历经验上都有差别，因此，促销方案应对促销流程和政策进行严谨和具体的描述，并安排相关部门和人员对一线员工进行细致、全面的促销培训后，促销活动才能够导入并执行。

2）活动前期的预热

促销方案应考虑到如何事先发布促销信息进行活动预热的问题，就算让利和优惠再多，如果顾客不知晓而没有人来，一切也都是空谈。

预热可采用的形式有：活动前几日在当地主流消费者关注的晚报等媒体上刊播专栏广告，进行直邮广告，发短信或电子邮件，散发单页广告，橱窗广告、横幅标语展示等。

3）促销活动的详细流程和执行细则

促销活动的管理和运作如果没有一套体系化、具体化的流程加以规范，就会导致员工缺乏遵循的依据，工作就会多以个人经验为标准，因而随意性很大；相关部门的权责与角色不明确或界定模糊，部门与部门之间或员工与员工之间的职责内容与合作方式缺乏统一的规范，导致工作质量和效率低下，从而容易和顾客发生各种矛盾和纠纷；就会造成纵向信息采集处理和使用的效率低下，横向信息沟通不畅，供应商、分销商、市场和销售信息不能实时提供，供应链上的各个环节的配合就会出现问题，严重影响促销效果。

4）促销活动的后勤保障

促销的后勤工作是一项综合性的工作，涉及促销门店行政内务的管理和后勤保障的服务，是相当繁杂、辛苦且十分重要的一项工作。但是，它的内涵绝不是纯粹的管理，而是要将管理寓于服务之中，在促销活动中，要做到日常管理到位，管理责任到位，管理制度规定落实到位，这样才能给促销活动的顺利进行提供保障。

每次进行促销活动时，后勤保障是要责任到位的。比如，活动期间货物的采购、物品的保管、门店的防损、场地的布局、水电和设备的安装与管理、秩序的维护、外设赠品的安全、物品的搬运配送等，都要既分工到位并责任明确，又发挥团队协同作战精神，一切工作都围绕门店销售这个中心来展开，不能有任何疏漏。

5）促销人员的专业化

专业化的促销人员不管从语言内容上还是推荐技巧上，都让人感觉有一种愉快的购买冲动。统一促销人员的服装和服务规范，提升其工作技能，充分调动和发挥促销一线人员的积极性，激励一线员工以饱满的热情投入促销工作，可以提升促销效果。

5. 可执行性原则

“三分策划，七分执行。”执行不到位，再好的策划也是无用的。

在做促销时，可执行性主要体现在以下几方面：一是促销活动不能承载太多职能；二是促销方案要考虑到市场的实际情况；三是执行环节不能过于繁杂；四是促销细节必须考虑到位；五是资源配置要跟上；六是执行团队要有完成任务的能力；七是要注意不使执行团队产生抵触情绪；八是促销方案的制订者要对促销方案的结果负责。

（三）如何撰写促销方案

一份较完善的促销活动方案一般应包括以下 13 个部分的内容[①]。

1. 促销背景

这部分内容主要简明扼要地阐述要进行促销活动的原因和所面临的环境特征。

2. 活动目的

这部分主要是对活动目的和目标进行阐述。

3. 活动对象

这部分内容主要包括：活动针对的是目标市场的每一个人还是某一特定群体，活动控制在多大范围内，哪些人是促销的主要目标，哪些人是促销的次要目标。活动对象选择的正确与否会直接影响促销的最终效果。

4. 活动主题和促销形式

这是促销活动方案策划的核心部分，应该力求创新，使活动具有震撼力和排他性。

（1）提炼活动主题。

（2）包装活动主题。在提炼了主题之后要尽可能艺术化地进行包装，淡化促销的商业目的，使活动更接近于消费者，更能打动消费者。

（3）选择促销形式和手段。可选择降价、价格折扣、赠品、抽奖、礼券、服务促销、演示促销、消费信用和其他促销工具等。

5. 活动时间和地点

促销活动的时间和地点选择得当会事半功倍，选择不当则会费力不讨好。在时间上尽量让消费者有空闲参与，在地点上也要让消费者方便，而且要事前与城管、工商等部门沟通好。不仅开展促销活动的时机和地点很重要，持续多长时间效果会最好也要深入分析。持续时间过短会导致在这一时间内无法实现重复购买，很多应获得的利益不能实现；持续时间过长，又会引起费用过高而且市场形不成热度，并降低在顾客心目中的身价。

6. 活动内容

这部分主要阐述活动开展的具体方式。要详细对以下两个重点内容进行清晰的描述，以规范和告知促销方及顾客游戏规则。

（1）活动流程。

（2）活动细则。

---

① 游昌乔. 如何撰写促销活动方案. http://www.emkt.com.cn/article/94/9455.html [2003-02-13].

7. 广告配合方式

一个成功的促销活动，需要适当的广告配合。选择什么样的广告创意及表现手法，选择什么样的媒介炒作都意味着不同的受众抵达率和费用投入。

8. 前期准备

（1）人员安排。在人员安排方面要“人人有事做，事事有人管”，无空白点，也无交叉点。谁负责与政府、媒体的沟通，谁负责文案写作，谁负责现场管理，谁负责礼品发放，谁负责顾客投诉，各个环节都考虑清楚，否则就会顾此失彼。

（2）物资准备。在物资准备方面，要事无巨细，大到车辆和促销商品，小到后勤的一个话筒或横幅标语，都要罗列出来，然后按单清点，确保万无一失，否则必然导致现场的忙乱。

（3）试验方案。尤为重要的是，由于活动方案是在经验的基础上确定的，有必要进行试验来判断促销工具的选择是否正确，刺激程度是否合适，现有的途径是否理想。试验方式可以是询问消费者、填调查表或在特定的区域试行方案等。

9. 中期操作

中期操作主要是活动纪律和现场控制。

纪律是战斗力的保证，是方案得到完美执行的先决条件，在方案中应对参与活动人员各方面纪律做出细致的规定。

现场控制主要是把各个环节安排清楚，要做到忙而不乱，有条有理。

同时，在实施方案过程中，应及时对促销范围、强度、额度和重点进行调整，保持对促销方案的控制。

10. 后期延续

后期延续主要是媒体宣传的问题，对这次活动将采取何种方式在哪些媒体进行后续宣传，以争取尽可能提高店铺的知名度和美誉度。

11. 费用预算

一个好的促销活动，仅靠一个好的点子是不够的，必须有一定的财力、物力作为支撑，因而，应对促销活动的费用投入和产出做出预算。许多促销活动以失败告终的原因就在于没有在费用方面进行预算，直到活动开展后，才发现店铺根本没有财力支撑促销计划，最终只能失败收场。

12. 防范意外

每次活动都有可能出现一些意外。比如，政府部门的干预、消费者的投诉甚至天气突变导致户外的促销活动无法继续进行等。必须对各个可能出现的意外事件作必要的人力、物力、财力方面的准备。

13. 效果预估

预测这次活动会达到什么样的效果，以利于活动结束后与实际情况进行比较，从刺激程度、促销时机、促销媒介等各方面总结成功点和失败点。

以上 13 个部分是促销活动方案的一个较完整的框架。当然，在实际操作中可能也会根据促销活动的大小和复杂程度而有所取舍。只有一份有说服力和操作性强的促销方案，才能让高层批准，也才能确保促销活动得到完美执行，以实现最佳效益。

□相关知识

促销活动效果不佳，有促销活动执行的问题，也有促销活动策划的问题。促销活动需要从策划的源头上保证不陷入误区。从策略和实战两个方面来看，促销活动策划需要防范五个常见误区。

一、营销问题诊断处理失误

企业在日常市场营销过程中不注重品牌建设与市场建设，直到市场或销售出现问题时，才想起用促销活动的方式去解决，往往不能从根本上解决问题，这属于“看错病，下错药”式的营销诊断处理失误。

销售量下降的根本原因通常主要在于品牌、产品、通路、价格管理等重要因素方面，通过促销活动去解决销量下降问题往往是治标而不治本的。而且，强行促销所获得的销售与效益增长往往还不及为此所花去的费用！利润率一天天下降，成本一天天上升，销售一天比一天困难。当消费者习惯于某一品牌只有优惠刺激才购买时，该企业便无法实现正常销售，更无法建立真正意义上的品牌，这样的企业必然会陷入穷途末路。

二、促销目标定位选择失误

由于促销观念的落后、习惯做法的惯性，在促销活动策划过程中，对于促销目标的定位选择通常存在两大失误：一是仅将促销活动当成刺激销售的手段，仅将促销活动的目标定位于销售，而不考虑品牌形象和品牌价值的传播；二是只有单次促销活动的销售任务目标而没有系统的营销任务目标和营销整体规划安排。第一个失误的根源主要在于促销活动伤害品牌的传统观念，没有主动将促销活动作为品牌形象建设和品牌价值传播的手段来使用，结果单一销售目标的促销活动越做越多，对品牌的伤害越积越深、越来越大，最后几乎丧失了品牌影响力。第二个失误的根源主要在于目光短浅，每次促销活动的销售目标定位都只考虑本次的问题和任务而不系统地考虑对整体营销、对下一步营销的影响，头痛医头、脚痛医脚，只见树木、不见森林，结果销售问题频出，经常忙于促销应付，而不能从营销根本上解决问题。

品牌导向的促销活动策划，倡导按照品牌建设和品牌价值传播的需要开展促销活动，倡导按照整合营销的思维开展促销活动，而不是简单地将促销活动当成单纯解决销售问题的“救生员”或“消防员”。

三、促销对象定位选择失误

促销对象定位选择失误在终端促销中最为常见，在通路促销和内部促销中，因为目标对象明确而熟悉，失误相对少一些。在消费者终端促销活动中，往往会出现目标促销对象与实际参与对象的错位现象，真正要促销沟通的目标顾客基本没来参加促销活动，而参与活动的对象恰恰又不是产品的目标顾客。这种现象可以形象地称为“看错人、拉错手”。

“看错人、拉错手”还表现在被“黄牛”利用上。大量频繁的促销活动培养了一批“黄牛”，他们将厂商开展的促销活动当作自包发财的机会，打听促销活动，参与促销活动，答题抽奖，领取礼品、赠品或产品。从市场的角度上来讲，他们并不是最终的目标消费者，但他们的确在促销活动中扮演着积极参与者的角色。表面上促销活动搞得轰轰烈烈，参与人数众多，实际上销售效果很差。

四、促销手段选择运用失误

如果促销活动策划前期对促销对象、促销认知和促销偏好的调研不够深入，对竞争对手促销手段实际效果的调研分析不够准确，就会经常在促销手段策划运用上出现失误。而这方面的失误也是终端促销多于通路促销和内部促销。很多促销策划错误地判断了消费者购买决策影响因素，经常“看错棋、出错招”。

（1）滥用打折。价格无疑是消费者购买产品时考虑的一个重要因素，但也不是唯一的决定性因素。当企业不得不越来越依赖降价打折取悦消费者时，他们又陷入了一个可怕的“价格误区”。其实，“便宜”往往与低档次、积压、过时、质量差等联系在一起。而产品频繁地打折、降价，往往同时意味着品牌形象的贬值和掉价。

（2）滥用知名度，不要美誉度。知名度确实是产品销售的基本前提，但不是唯一因素，更不是决定性因素。产品价值越高，消费者购买时越理性，知名度越不是决定性因素。但是不少品牌不惜损害美誉度去创造知名度的做法实在不可取。比如，一元钱卖空调、五角钱卖微波炉、论斤[①]卖彩电等。

（3）盲目跟进，东施效颦。看到别的品牌、别的产品，尤其是竞争对手开展了某个看似很有效果的促销活动，以为自己也可以移植、也可以跟进，但结果往往完全是两回事。忽视产品差异、行业差异、市场差异、品牌差异、企业能力与实力差异，促销跟风往往就跟进了“促销陷阱”。比如，某去皱化妆品看到某洗发水在搞小包赠送效果不错，盲目跟进。结果忽视了产品的差异，去皱产品需要较长使用时间才会有效果，不像洗发

① 1斤=0.5千克。

水用一两次就有感觉。当消费者用完赠品时，去皱效果还没有显现出来，自然得不到消费者的认同。

五、促销费用预算管理失误

促销的费用预算及管理对促销活动效果有着相当重要的影响，预算不合理，管理不当，常常会“算错账、花错钱”。通路促销和内部促销的费用项目较少，主要是促销奖励费用，相对来说比较好测算，也比较好控制。但是终端促销的费用项目比较多，既有促销激励费用又有促销传播费用，促销激励和促销传播的力度不太容易测算和控制，因此费用预算和控制难度大很多，终端促销活动的利益刺激力度要适当，促销活动的传播告知力度要适当，这样才能控制参与活动的顾客人数规模。为防止活动冷场失败，多数促销活动会扩大刺激和传播力度，所以经常能听到“某某品牌搞促销，在某一时间去某一商场，凭广告即可换领赠品一件”之类的促销活动。结果当天有成千上万人去领赠品，但往往只有少数人领到了。现场秩序混乱不堪，甚至损坏了设施、挤伤了人。消费者怨声不断，媒体也纷纷做负面报道。这一方面有欺骗消费者之嫌，另一方面也反映了在活动预算及管理上的失控。

□完成任务

背景：学校周围的美发店或餐饮店一定不少，竞争也很激烈，新学期开始，其中一家店铺想要通过策划一次主题促销活动来争夺学生顾客，请你担任策划员。

任务：以 4～5 位同学为一组，每组完成一份促销策划报告。

<table>
<tr><th colspan="6">任务单</th></tr>
<tr><td>任务</td><td colspan="5">促销策划</td></tr>
<tr><td>任务描述</td><td colspan="5">1. 根据背景资料确定策划的内容
2. 策划报告以书面形式完成
3. 选派组内代表上台汇报任务完成情况</td></tr>
<tr><td>执行团队</td><td></td><td>时间</td><td></td><td>地点</td><td></td></tr>
<tr><td>成员出勤情况记录</td><td colspan="5"></td></tr>
<tr><td>任务执行情况记录</td><td colspan="5"></td></tr>
<tr><td>任务汇报情况记录</td><td colspan="5"></td></tr>
<tr><td>指导教师点评</td><td colspan="5"></td></tr>
<tr><td>任务完成情况总结</td><td colspan="5"></td></tr>
<tr><th colspan="6">组内互评成绩</th></tr>
<tr><td>姓名</td><td>成绩</td><td>姓名</td><td>成绩</td><td>姓名</td><td>成绩</td></tr>
<tr><td></td><td></td><td></td><td></td><td></td><td></td></tr>
<tr><td></td><td></td><td></td><td></td><td></td><td></td></tr>
<tr><td colspan="4">组长签字：</td><td colspan="2">日期：</td></tr>
<tr><td colspan="4">指导老师签字：</td><td colspan="2">日期：</td></tr>
</table>

□知识拓展

拓展 1　促销活动策划要解决的问题——6W2H

一、Why——为何要推行促销活动

搞促销活动的根本原因是什么？任何一次促销活动必须有正当的理由，不然会给消费者留下“低价甩卖”“产品销售不畅”等印象，因为在许多消费者心目中存在“便宜没好货”的观念，若促销没有正当的理由，不但不能取得应有的效果，而且会影响产品形象及公司形象。利用节假日、纪念日、新品上市等作为活动的理由是常用方法，如“新品上市”“迎新春”“周年店庆”等。活动名称要有吸引力，易于传播，如某米酒厂家在酒店推广产品的加热饮用，促销命名为“青梅煮酒论英雄”；在超市销售的雀巢咖啡的促销活动名称叫“红杯欢乐送（颂）”，其实就是送一只红颜色的杯子。

二、What——促销什么

顾客的基本需求是能买到价格合适的能满足需要的商品，所选定促销商品的品项、价格是否具有吸引力决定着促销活动的成败。无论选择何种商品作为促销品都应牢记三个基本要点：一是选择消费者真正需要的商品；二是能给消费者增添实际的利益；三是选择大品牌或促销力度大的商品。一般来说促销商品有以下四种选择。

（1）节令性商品。连锁企业必须根据季节的变换适时地调整促销商品的种类。有时，看一个店铺经营业绩的好坏，从其是否能够适时换季促销也能看出一些端倪。经营好的店铺会经常调整店内的布局，根据季节和时间的变换适时调整促销的商品类别、氛围和装饰等。节令性商品并不是到了某个节气才开始上架销售，而是提前一两个月就开始了。节令性促销商品的选择一般有四个时间点：节令之前、正当时、快过季、反季促销。四个时间点的选择目的是不一样的，选择节令之前是为了营造氛围，选择正当节令之时是为了增加销售，选择快过季时是为了清理库存，选择反季销售既可以清理库存，同时也可以扩大销售，甚至有些企业的反季销售额占总销售额的比例还相当高。因此，当看到许多企业在夏季售卖冬天的皮衣时也就不会奇怪了。

（2）敏感性商品。一般来说，生活必需品的价格弹性较低，但也有些必需品具有较强的价格敏感性，采用这些商品作为促销品可以有效拉动人气。敏感性商品的特征是价格透明。人们对价格非常敏感，价格弹性大于 1，即该商品销量的变化幅度要大于价格的变化幅度。人们对该类商品的价格相当熟悉，所以消费者极易感受到价格的变化，如鸡蛋、大米。选择这类商品作为促销商品，在定价上不妨稍低于市面价格。人们经常看到超市门口有人排队买鸡蛋，鸡蛋的价格比市场价低了 0.1 元，每人限购 10 斤，实际上顾客最多只能得到 1 元的优惠，但是仍然有不少人排半小时的队就为了买上几斤鸡蛋。同时，人们注意到，这些人在排队买了鸡蛋之后，还会再捎带着购买一些其他商品。人

们对这类商品的用量大且较为稳定，因此，选择正确的敏感性商品促销对于拉动人气，促进销售有着非常重要的意义。

（3）高知名度商品。即品牌知名度高、价格透明、市面上随处可见的商品，如某些化妆品、保健品、饮料、啤酒、儿童食品等。选择此类商品作为促销商品需要供应商的大力支持，可以树立连锁企业优质低价的形象，容易使顾客产生物美价廉的印象。

（4）特殊商品。这是指人们具有某种特殊偏好的商品。选择该类商品促销可以准确地指向和吸引某一类特定的消费群，顾客对商品价格非常熟悉，容易批量购买。如果一个特殊品形成的市场规模过小，也可以同时选择几种特殊品进行促销，以形成有效市场。该类商品价格的制定应当与市场价拉开距离，以对顾客产生足够的吸引力。

三、When——什么时间执行

促销日期的选定要考虑以下几方面的内容。

1. 促销活动的延续时间

一般延续时间在 1 个月以上的促销活动称为长期促销活动，其目的是希望塑造连锁企业的差异化优势，增强顾客对卖场的向心力，以确保顾客长期来店购物。另一类是短期促销活动，通常是 3～7 天，其目的是希望在有限的时间内通过特定的主题活动增加来店的顾客数量，以达成预期的营业目标。长期性促销活动应持之以恒，从开始到结束应始终如一地树立稳定的良好形象；而短期性促销活动则不宜将时间拉得太长，否则会使顾客缺乏新鲜感而影响促销效果。

2. 促销活动所处的季节

在不同的季节、气候、温度，顾客的行为习惯和需求会有很大的差异，一个良好的促销计划应与季节、月份、日期、节令、天气、温度、事件等相互配合。

（1）季节。促销活动应根据季节不同选择促销品项。在四季不太分明的地方，将一年分为两季，暖季为 5～10 月，以清凉性商品为促销重点，寒季为 11 月至下一年 4 月，可以多考虑一些保暖性的商品。四季分明的地方，按照季节变换做促销活动。

（2）月份。商品销售有淡、旺季之分，一般而言，3 月、5 月、11 月是超市经营淡季，在淡季做好促销工作是非常重要的。为使淡季不淡必须有创新的促销点子，不能一味地依靠特价来促销。如果不能有效激发消费需求动机，再便宜的商品也不一定能卖出去。有一点必须要引起重视的是，月份里有没有黄金周跟促销的淡旺季有着比较大的关系。国内有大小黄金周之分，“十一”国庆节和春节人们可以享受 7 天假期，属于大黄金周，清明节、“五一”劳动节、端午节、中秋节和元旦则属于小黄金周。黄金周影响到了人们的出行计划和生活方式，也影响到了人们的购物方式，黄金周对于连锁企业而言也是黄金收割季节，对于连锁的餐饮、酒店、商场、超市等更是如此，最重要的促销策划往往也是围绕着这些黄金周进行的。

（3）日期。一般而言，由于发薪、购买习惯等因素，月初的购买力比月底强。而周末、周日的购买力又比平日强，所以促销活动的实施也应与日期配合。连锁企业促销策划要考虑到消费者资金宽裕和时间充沛两个因素，效果会更好。

（4）节令。节令是促销计划中重要的考虑因素。节日分为法定节假日类，如元旦、春节、妇女节、清明节、劳动节、儿童节、端午节、中秋节、教师节、国庆节等；非法定假日，如情人节、母亲节、父亲节、圣诞节等。商业企业发现，国外的洋节尤其是情人节、圣诞节更能激起年轻消费者的共鸣，因此，针对这些节日策划就非常重要。同时，商业企业要对中国传统节日策划，深入挖掘其文化内涵，与促销主题建立紧密联系，使年青一代回归到传统文化的氛围中，达到占有市场的目的，也许这是连锁企业应当重视的地方之一。总之，对连锁企业来说，有节日要重点策划，没有节日就创造节日来促销。

（5）天气。天气会影响人潮，而人潮就是钱潮，可以说卖场是看天吃饭的行业，一旦遇到坏天气，来客就少，生意往往会减少 5%～10%。因此，天气不好时，如何向顾客提供价格合理、质量良好的商品及舒适的购物环境（如免费的伞、伞套、伞架、外送服务、防滑垫、干爽的卖场等），也是促销计划中应考虑的因素。

（6）温度。人需要适应环境，气温一高，饮料、冰品类商品的销售量就会立即升高；温度低时，火锅、冷冻食品类的销售量会明显上升。掌握温度高低变化及其趋势，推出适合的促销商品及活动，就能收到较好的促销效果，如某企业在酷热天气举办喝啤酒比赛等。

（7）事件。事件是指各种社会性的活动，如重大政策法令出台、学校旅行、放假、考试、运动会、停电、停水、停煤气等，这些活动或事件最好能事前掌握，以便安排促销活动。如多数企业会利用“3・15”消费者权益保护日大做文章。再如，2008 年 8 月 1 日是《反垄断法》实施的第一天，有不少汽车 4S 店打着迎接《反垄断法》的幌子降价促销。

四、Where——在什么地方举行

在选择场地时应注意以下几个方面。

（1）选择合适的连锁店。连锁企业不同的店铺位于不同的商圈，每次促销活动，既可以所有店铺同时参加，也可以选择其中一家或者几家同时促销。卖场的定位、促销产品的定位、超市商圈顾客群的定位及本次活动的目标应保持一致。

（2）选择人流量大的场地。促销产品应放置在人流量大、形象好的位置，一般为堆头和端架位置较好，有些促销活动也放在店门口，还可以为促销产品设立专门的场地或专柜。

（3）选择理想的货架。一般认为，眼睛可以平视的货架位置为最好；这只是针对成人而言的，对儿童来说，底层货架显然具有更大的优势。

（4）设计合理的顾客行走路线。好的促销位置的设计应当服务于促销目标，有经验的促销设计人员完全可以利用促销商品的摆放位置来引导顾客的视线和脚步，促使顾客从一个促销品走向另一个促销品，达到销售最大化的目的。

（5）强调促销空间的充分合理利用。与供应商进行有效的沟通，争取他们最大力度的支持，强调“双赢”，促使厂方产生强烈的合作意愿，配合卖场促销活动，在备货、陈列、让利、宣传、定价、促销人员培训、店内广播电视、POP（point of purchase）海报张贴等方面统筹安排。

五、Who——谁来负责执行

在人员组织管理上应注意以下几个方面。

（1）促销主管。对促销活动的日常工作进行必要的检查、监督，主要是对促销人员的服务态度和备货等进行检查。例如，促销人员有无迟到、早退的现象；对顾客是否热情；是否按规定送赠品；货架上的备货是否充足，有无及时补货；发现问题有没有及时解决，不能解决的问题有没有及时上报等。对日常活动的有效监督是促销活动健康有序进行的必要条件。

（2）现场促销人员。促销员是促销活动的主角，促销员服务的优劣直接关系到促销活动的成功与否。促销人员应遵守卖场规章制度，举止行为必须符合企业形象；严格管理赠品，防止赠品误送、滥送、少送；理货人员应及时补货；服务态度好，熟悉促销的产品，有耐心和销售技巧。

（3）做好活动的统计，把握活动的进程。促销人员必须每天上报销量，及时上报并解决促销中存在的问题。

六、Whom——促销活动对象是谁

确定促销活动目标顾客，了解目标顾客的主要信息和顾客的购买模式，最有代表性的是刺激-反应模式。

具体地说，选择促销对象时可用以下方法。

（1）调查可能的顾客范围。连锁企业在设计促销活动时首先要考虑购买者，可对现有购买者与潜在购买者进行调查；其次是走访中间商或销售人员，利用企业内部资料来确认可能的对象范围。对每类顾客进行分析，从中选择出最有利于本次活动的目标顾客群。

（2）研究连锁企业可以利用的优势资源。

（3）设定促销目标。促销目标的设定应具体、明确、数量化，以便进行有效的考核。

（4）确定促销信息传递的路径。

（5）估计利润和成本预算。估计目标顾客的潜在规模与企业潜在利润，并对本次促销活动的预算做出较为准确的估计。

（6）估计风险。充分估计促销时可能会产生的经营风险，考察竞争对手的促销行为，以便进行差异化设计，使己方处于竞争的有利地位。

（7）确定最合适的主要促销活动对象。促销对象的确定非常重要，因为里面隐含了许多不确定的风险，例如，老年人可能腿脚不便，地板要防滑设计；避免拥挤，人流量过大产生拥挤时容易互相推搡、踩踏，对老人、孩子和妇女的危害可能更大；电梯前要竖立好警示牌，要求孩子必须在家长陪护下乘电梯；如果促销对象是一家三口的年轻家庭，就要考虑设置一个儿童免费玩耍的地方，还要考虑设立让不爱逛的爸爸可以休息的椅子及免费的报纸杂志架等；卖场内所有的货架不应有尖锐的突起，以免顾客不小心撞上去。因为卖场内出现的任何有关顾客的安全问题，最终总是要求卖场来承担相应的责任，只有全面周到的设计才能提升卖场形象，提高顾客满意度。

七、How——用什么方法执行

（1）自制广告宣传品。设计风格要与卖场形象相一致，POP 的设计要简单、醒目、活泼。应减少过多的文字叙述，重点词语用醒目的颜色写，字体要活泼、生动，切忌用草字，能让顾客在短时间内看完全部内容并对活动留下较深的印象。如果促销活动赠品不足，宣传品务必写上“赠品有限，赠完为止”的字样。自制广告还包括传单、海报、店内广播、门店显示屏、短信等，不管采用哪种形式，让顾客乐于接受是最重要的。

（2）媒体宣传。媒体宣传的表现形式多样，包括电视广告、网络广告、报纸广告、软文广告等不一而足。营销人员应该结合区域市场特点及公司的实际投入制定最有效的媒体宣传组合，在不同的阶段采用不同的传播方案，形成立体交叉的告知模式，达到事半功倍的效果。

（3）选择赠送或免费品尝等方式。赠品的选择原则有实惠的原则与时尚的原则。尽可能是价值感较强、采购成本较低又比较新颖的常见用品，使消费者一看就喜欢。与目标消费群的心理特点及品牌定位相符，如运动饮料赠奥运小纪念品；赠品价值占产品价值的 5%～20%，过低没有促销效果，过高会起负面作用。对于保质期短且快到期的商品，可以加大赠品力度。还可以适当刺激消费心理，“晚来一步就没有赠品”的感觉会大大促进购买欲。

（4）策划活动。如奥运会或重大体育赛事期间，开展投篮、射门、颠球、踢毽子、跳绳、飞镖、射击比赛等，中秋节可以来些猜谜类的智力游戏，春节可以以团圆为主题搞些活动等。

八、How much——支出多少

促销预算分为促销总预算和个别预算。促销总预算是指一定时期（通常是 1 年）内所有促销费用总额。个别预算是指某项促销活动的费用。确定促销预算的基本原则是：因促销而增加的收益大于促销费用和支出。

拓展 2　如何策划节假日促销

节假日的促销活动设计跟平时的促销活动设计有什么不同？作为品牌推广人员，在设计节假日促销活动的时候，应该着重考虑哪些问题？

从分析消费者行为入手，消费者在节假日拥有强烈的“我要 Shopping，我要花钱”的潜意识，当然还有其他意识，但是主要的意识是前者，因此厂家要充分考虑这一点，要顺势而为，才能收到节假日想要的提升生意表现的结果。同时，厂家还要分析零售商的需求，零售商期待每一个节假日的到来，为什么？零售商对客流量的追求是无止境的，中国大部分大卖场日常容纳的顾客流量都是以万为单位的，节假日还会增加20%～50%。因此，市场人员在设计节假日促销活动时需要认真分析零售商的需求，以争取更多的终端支持。

市场人员应该明确促销活动的各要素，然后从这些要素中找出在节假日促销设计中要特别注意的事项。①

一、节假日的促销目的以提升销售量为优

节假日期间，零售商知道顾客会蜂拥而来，他们更关注的是让消费者购买更多的商品，让消费者购买一车商品，而不是一篮商品；让消费者购买大包装商品，而不是小包装商品。

从这一点来看，以提升销售量为目的的促销活动能够实现双赢。

结合以上促销要素，你是否已经判断出以下哪些是提升销售量的促销活动？

（1）卫生巾（卷纸）买二赠一。

（2）凡购买 P 品牌的产品满 38 元者，能够获得电影票一张；满 68 元者，能够获得电影票 2 张（连座）。

（3）凡订购旧包装 A 产品的分销商可以享受买一赠一优惠。

（4）购买 B 产品可参与现场咨询，并获赠 B 品牌新产品婴儿纸尿片一包。

（5）凡陈列 A 品牌 5 个规格产品的零售店有机会参加母亲节礼盒装促销及免费体检活动。

（6）P 品牌洗发水 400 毫升买一赠一。

二、目标产品选择大包装产品或混合品类为优

从提升销量的目的出发，选择大包装规格的目标产品比较好，可以吸引消费者一次购买更多。大包装规格有很多种形式，单品规格较大，超过常规的购买周期的使用量，如 2 千克装洗衣粉，900 克装婴幼儿奶粉，大支可乐 2 瓶装。还有就是混合多种产品，如在春节前推出厨房清洁混合装产品，在黄金周假期前推出旅游套装产品，在中秋节前推出礼盒装产品。考虑节假日期间消费者有可能发生的大事件，通过产品组合，再加上助销工具，向消费者销售解决方案，能够一次卖得更多。

混合组合的产品是节假日促销的目标产品选择的方向，因为如果选择大包装产品给

① 林艳芬. 节假日如何做促销活动设计. 新营销，2008，（4）：20-22.

予消费者优惠，很容易给消费者留下低价印象，而混合组合则可以向消费者提供解决方案为充分理由进行销售促进，也避免给消费者留下单品低价印象。而这种混合组合最理想的方式就是把小包装的产品进行组合，简单易行。

三、锁定准确的活动对象

每个品牌或产品在出厂时都会有针对特定目标消费者的描述，例如，S 品牌护肤品，其目标消费者是年龄在 18～35 岁、收入在 5000 元以上的年轻职业女性。或者更加简单直接的描述，A 品牌卫生巾、X 品牌牙膏、P 品牌护肤品等的目标消费者就是 S 品牌的目标消费者，寻找这些目标消费者最简单的办法就是品牌联合促销，即 A+S 的促销装产品，如激爽沐浴露和劲浪口香糖组合在一起销售。

除此以外，是否还有其他办法可以辨别呢？仅凭肉眼直觉是不行的，去翻看消费者的购物车、购物篮更不可行。如果能够获得消费者结账后的购物小票清单，那是最准确不过了，厂家可以由此找到活动对象。因此，如果 S 品牌能够通过这种办法找到 A、X、P 品牌的消费者，开展相关性的品牌互动、品牌激活活动，如试用或促进购买就很理想了，恐怕还可以增大促进力度，因为这是目标消费者的开发和维护。这种技术在国外早就流行了，目前国内已经有类似的服务商可以提供相关服务。

四、活动方式注重促销活动过程的所有细节

零售就是细节。很多市场人员一提起促销活动马上就会从优惠力度方面去思考问题，在优惠力度方面考虑是投入 10%，还是投入 15%。这个优惠力度跟销量目标呈相关关系，如果要维持同样的毛利率水平，则必须实现销量增长。但是实现销量增长不是单靠优惠力度就可以做到的。这说明市场人员非常不理解消费者的购买心理，他们认为消费者都是贪小便宜的人。

应该在活动形式上多花费些心思。如果是混合产品，那么怎样才能给消费者提供更高的混合产品购买价值？请看一看 B 集团的产品组合：用整理箱把产品装到一起。如果 B 集团的产品组合旁边是另外一组产品组合（用普通的包装纸装，把一组产品装到一起），那么从现场来看促销效果是非常明显的，B 集团的产品组合需要经常补货。这种促销活动形式非常适合在节假日进行销售促进，因为整理箱属于家庭必备用品。

活动时间从什么时候开始比较合适？例如，“十一”黄金周的促销活动至少应该从假期前一周开始，因为没有人会在“十一”黄金周期间购买旅游套装用品，消费者都是早早就做好了准备。如果是圣诞节假期，促销活动应该提前得更早。

综上所述，节假日的促销活动设计，关键是在选择目标产品、选择促销活动对象、选择促销活动方式方面，要多从消费者为什么要在节假日到大卖场购买商品这一问题上下功夫。而很多市场人员通常会忽视一点，购物是一项家庭娱乐活动，它早就不再是家庭妇女的家务活，而是一项家庭节目，是一项娱乐活动。你可是在跟消费者做生意，而

且不允许你到现场和消费者进行沟通及谈判，你的生意完全来自消费者心甘情愿。从这一点出发，投入更多的智慧，考虑如何打动消费者，让他们购买你的产品，认可你的品牌。

拓展 3　产品生命周期各阶段的促销策划

产品生命周期各阶段的营销目标大不相同，如何发挥促销工具在产品各时期的最大作用呢？①

一、市场导入期促销策略

为使产品尽快进入市场，产品的营销沟通除提升知名度的品牌广告或公关活动外，开展针对消费者或通路的促销是十分必要的。采取的促销形式主要有通路激励、免费试用、附送赠品、退费优待等。

（一）通路激励

产品通路的强弱将直接影响其他策略的制定和最终结果，对通路中间商策略性乃至战略性的激励与合作是产品营销要素之一。为了增加产品与消费者见面的机会，制造商必须激励和管理好通路上的每个中间商，而对消费者的促销更需各级成员的积极响应与支持方能取得成功。

1. 经销商的促销激励

经销商的促销激励手段名目繁多，各不相同，大致分为以下几种：一是长期年度销售目标奖励。厂商设定一个销售目标，如果经销商在规定的期限达到了这个目标则按约定的奖励给予兑现；也可设定多个等级的销售目标，其奖励额度也逐级递增，激励经销商向更高销售目标冲刺。经销商的奖励最好不要以现金或货物等方式，以避免出现低价倾销或冲货等扰乱市场行为的发生。二是短期阶段性促销奖励。厂商为提高某一阶段的销量或其他营销目标而开展一些阶段性促销奖励。相对于长期目标奖励，短期促销更有诱惑力，更能激发经销商的积极性。三是非销量目标促销奖励。除具有针对性的销量促销奖励外，开展如产品专项经营奖励、铺货奖励、陈列竞赛等一些营销目标奖励也是十分必要的。例如，华润啤酒公司、百事可乐公司的产品专项经营奖励，在一定程度上将竞品排挤在经销商的大门之外。

对经销商的促销必须注意两点：一是经销商为达到目标，取得额外利益采取低价倾销或串货，为此奖励额度不宜过大，避免奖励现金或同类产品；二是促销期间大量囤货，一旦无力快速出货，待促销结束就会闲置一段时间才能进货。

---

① 关皓天. 产品各阶段促销策略的运用. http://www.emkt.com.cn/article/100/10019.html [2003-04-07].

2. 终端促销激励

新产品要快速进入市场，终端是不可逾越的门户。此时促销工作的重点是提高产品铺货率和卖场生动化建设方面，开展产品进货奖励、陈列奖励等活动。

3. 通路各成员及消费者的整合促销

消费者购买产品是通过通路实现的，对消费者的促销也离不开通路的支持。例如，宏宝莱公司开展的主题为“掀起你的盖头来”有奖促销，消费者只要凭印有“奖一瓶”字样的瓶盖，可向零售商兑换 1 瓶宏宝莱饮料；零售商凭借 18 个“奖一瓶”瓶盖向经销商兑换一件宏宝莱饮料（24 瓶）；经销商 20 个“奖一瓶”瓶盖向厂家兑换一件宏宝莱饮料（24 瓶）。

此类促销将通路成员利益全部贯通起来，渠道变得顺畅，增强了产品在市场中的竞争力，使消费者促销活动能够顺利开展。同时它也使通路成本上升，中间商的要求增多。在做此类促销活动时应注意评估中间商促销的投资回报率、评估业务员的执行促销能力等方面，对零售商的最佳奖励方式最好是现金。

通路促销是企业进行市场营销运作的重要组成部分，任何绕开通路去实现市场目标的做法都将是徒劳的。

（二）免费试用

免费试用就是将产品或其试用装免费赠送给消费者，供其免费使用的一种方法，常见的方式主要有以下几种。

（1）居民区或直接派发入户，就是组织专人将免费产品在居民区内派发或直接入户送到消费者手中。这种方式的最大的好处是消费者尝试率极高，注意率更高，如果产品确实不错会赢得尝试，甚至消费者会重复购买，成为该品牌的忠诚消费者。例如，宏宝莱公司在吉林市选定 30 个居民区进行“宏宝莱花生露”免费品尝活动。不但在极短的时间提高了花生露的品牌知名度，更提高了品牌的美誉度，培养了一大批忠诚的消费群体。

（2）户外样品派送，就是在零售店、购物中心、重要街口等人流量较大的地方进行派送。在做户外派送的同时辅以相应的售卖活动效果会更佳。例如，皇宝鞋油在购物中心免费试用；康师傅 3+2 新品上市时，在大型超市外免费品尝。

免费试用促销策略能够提高产品入市速度，是夺取其他品牌忠诚消费者的最佳方式之一。同时由于活动费用高、操作难度大，做此类活动必须掌握两点：一是掌握好成本费用，即赠品成本费用、派发费用、活动费用、宣传费用等；二是掌握好活动时机，旺季来临前，市场铺货率应达 60%以上，并确定派送对象能够接受的时间、地点。

免费试用促销活动有着显著的“三高”特点，即高试用率、高品牌转换率、高成本开支。因此，企业在制定此类促销时必须做好详尽计划，并请富有专业经验、信誉度高的人员组织管理，这样会收到事半功倍的效果。

二、市场成长期的促销策略

当产品进入成长期，品牌广告和公关活动担负着提升品牌形象的任务，此时销售促进应以建立品牌偏好为主。主要的促销策略有公关赞助、竞技、联合促销、抽奖、有奖竞赛等。

（一）公关赞助促销策略

公关赞助就是通过赞助某一社会活动或体育运动并围绕活动开展的一系列营销宣传。借助赞助项目的良好社会效应提高企业品牌知名度和品牌形象营造良好的生存发展空间。它主要分为体育赛事赞助、公益活动赞助、文艺活动赞助三种。

1. 体育赛事赞助

体育赛事在给人们带来娱乐和刺激的同时还能激起人们对运动员的崇拜追逐心理。企业通过赞助活动向受众传达的是一种品牌精神。体育赛事赞助一般可分为三种：媒体栏目赞助、球队赞助、赛事赞助。

（1）媒体栏目赞助。电视转播或点评节目以品牌冠名特约播出，节目背景为大幅品牌标识宣传。报纸媒体的形式多为“金牌榜、特约刊登”等冠以品牌名。例如，2002年世界杯期间金士百啤酒集团在长春《城市晚报》冠名的“顺牌啤酒龙虎榜”。

（2）球队赞助。各种球类运动的比赛长期以来备受人们的喜爱和关注，企业通过冠名球队达到提升知名度和美誉度的目的。例如，风靡全国的甲A联赛、中国大学生篮球联赛中的各支球队都引得企业争相赞助。

（3）赛事赞助。企业通过赞助赛事来获得比赛冠名权进而塑造、提升企业形象。例如，百事可乐通过冠名赞助足球甲A联赛使其品牌资产得以快速提升，无数球迷成为其忠诚的消费者。

2. 公益活动赞助

公益活动体现了企业关心社会、关心人类、回报社会的经营理念，企业通过赞助来提升品牌亲和力，塑造了良好的品牌形象。国内饮用水的知名品牌农夫山泉就很好地运用了公益活动赞助策略。

3. 文艺活动赞助

企业冠名赞助目标消费群关注的文艺类活动拉近与消费者之间的距离，达到互动沟通的目的。例如，健特公司冠名赞助脑白金杯模特大赛。

公关赞助类活动的最大优点就是能迅速提高品牌知名度，塑造良好的品牌形象，创意独特，组织完善的公关赞助活动更胜过一些投资巨大而收获甚微的广告，它是企业进行品牌积累的一条捷径。同时它更有利于促进产品的销售，能给企业带来名利双收的效果。但这类活动需特定的机会，企业必须善于抓住机会，甚至能够创造机会。同时活动所需费用较大，活动的组织者要做好事前的调研准备工作。

（二）抽奖促销策略

抽奖促销就是利用人的侥幸和追求刺激“以小赢大”的心理，通过抽奖赢取现金或商品强化购买产品的欲望。抽奖主要凭个人运气，不需学识和才华，参与的人较多。抽奖活动方式主要分为回寄式抽奖、即开即中式抽奖、多重连环抽奖、抽奖与其他促销模式的组合运用。

（1）回寄式抽奖。消费者将消费凭证及个人的姓名、地址等资料寄至指定地点即可参加抽奖活动。例如，宏宝莱公司冷饮事业部在长春市举行主题为“缤纷大礼，等着你”的回寄式抽奖促销活动，消费者只要将宏宝莱凉橙沙冰系列雪糕的外包装袋邮寄回总部即有机会中奖。此次活动极大地激发了消费者的参与热情，促进了产品销量快速增长。

（2）即开即中式抽奖。举办者事先确定并公布中奖的内容，将其印在刮刮卡或产品包装上的特定地方，消费者在现场刮开核对是否中奖。例如，宏宝莱果汁系列饮料“开盖开心，赢取现金”的即开即中促销活动促进了更多消费者的参与，使产品在激烈的竞争中占据了一席之地。

（3）多重连环抽奖。举办者为提高消费者中奖概率和购买积极性，吸引更多的人参与，在抽奖促销的基础上，又设计推出了多重连环抽奖。如果第一次抽奖不中，将自然循环到后面的中奖环节中去。例如，康师傅面霸 120 现金 5000 元连环中的多重促销就极具魅力。

（4）抽奖与其他促销模式的组合运用。例如，抽奖与优惠券组合，消费者参与抽奖活动没有中奖，可以将抽奖凭证作为下次消费的优惠券。抽奖与集点换物组合，为弥补消费者未得奖的遗憾，增加活动的吸引力，可将未中奖的凭证累积到一定数量换取奖品。长春百事公司在推广“七喜”过程中开展的“玩得起，爽到底”的促销活动就非常成功。抽奖与赠品组合，此类活动将抽奖由主角转换成配角，赠品变成活动的主角，这种活动也是为增强活动的参与性和吸引力。

抽奖活动的最大优势就是最大限度地满足更多目标消费群的需求，同时能直接促进销量的提升。炫目的产品广告加上令人心动的“抽奖活动”，使消费者更加关注商品，刺激吸引新老消费者尝试或重复购买。但它也有一些不足的地方，事先难于预估参加人数、活动的成效，宣传的费用也较高。因此，奖品的设计也特别关键，它直接影响人们的参与度。活动操作流程也需要仔细安排，并且要控制好促销的成本预算。

三、产品成熟期的促销策略

产品步入成熟期，企业经营策略应努力使产品生命周期出现再循环的局面。此时的营销沟通应以销售促进和人员推广为主，使企业获取更大的利润空间。此时的促销方式有集点换物、促销游戏等。

1. 集点换物

集点换物又称积分优待，消费者只要收集产品的购买凭证，达到活动规定数量，即可换取不同的奖励，它一般分为以下几种方式。

（1）时限较长的集点换物。消费者有时间、有机会收集足够的分数换取高档奖励。例如，1999 年玉兰油产品的“积分换大奖”，不但让消费者放心积分，高档的礼品更牵动人心。

（2）时限较短的集点换物。消费者在规定的期限内达到规定数量的积分即可兑换奖品。例如，2000 年金士百啤酒公司“做集盖高手”的促销活动吸引了无数消费者参与，产品销量骤增。这种方式的好处是消费者在短期内增加购买次数或购买金额，企业容易控制活动的预算。同时它也要求事先必须做好宣传，参加的难度不要大。

（3）集点换物与抽奖促销的组合。这种组合方式因吸引力大、娱乐性强而经常被厂商使用。

集点换物促销的优势在于可以建立顾客多次购买行为，有利于培养消费者的品牌忠诚度，提高产品的防御竞争力。它的不足之处是兑换的难度直接降低消费者的参与热情，同时吸引新顾客试用效果差。因此，做好此类促销应注意几点：奖品是活动成败的关键因素，奖品的选定、设置一定要吸引、刺激目标消费群踊跃参加。奖品兑换数量的设计本着先易后难的原则，以增加消费者的信心。兑奖地点、时间的选择应以消费者方便为主。集点换物促销活动的作用在于鼓励消费者重复消费，强势品牌最适合开展此类活动。

2. 促销游戏

对于枯燥简单的商业促销活动，通过游戏的方式使其变得妙趣横生，提高活动的娱乐性参与性。

（1）拼字游戏。即将品牌或其他文字与游戏结合起来，加强消费者对品牌印象的一种促销活动。例如，宏宝莱公司开展的“爱拼才会赢”拼字游戏吸引了众多群体的参加。

（2）幸运组合游戏。按规定将两个或两个以上的文字、数字或图形组合在一起，即可得到相应的奖项。2002 年世界杯期间百事公司的“球王争霸赛”和以 F4 代言的“超级星阵营”幸运组合促销活动都取得了非常好的效果。

游戏促销不易说明，消费者难以理解。宣传时须将游戏规则等内容以醒目的图形说明，让人一目了然。游戏促销营造了产品广告的差异化，促使消费者反复购买，加深对品牌的记忆。

3. 同质性高的产品促销策略

同质性高的产品应注重品牌形象建设，营造品牌差异化。同时采用适当的销售促进增加消费者的购买量、频次，培养消费习性，使消费者成为产品的忠诚爱用者。此类产品的促销策略有凭证优惠促销、会员营销等。

（1）凭证优惠促销。消费者需依据某种凭证方可享受到购买商品时的优惠。可以采取的形式有直接分送的优惠券、媒体式的优惠券、商品自身附送优惠券或赠品、折旧换新优惠等。凭证优惠促销有利于建立消费者对品牌的偏好度，使其成为品牌的忠诚者。但也应注意费用成本，包括优惠额度、广告费用、通路费用、人员费用等。活动的时间最好是旺季来临前。同时优惠券的制作力求精美、可信，这有利于品牌推广。凭证优惠促销比较适用于品牌知名度高、产品形象好的企业。

（2）会员营销。会员营销又称俱乐部营销，是指企业以某项利益或服务为主题将人们组成一个团体，开展宣传、销售、促销的营销活动。会员营销充分利用人们虚荣、从众的心理，满足人们对品牌的渴望。最终产生对品牌的拥有感和归属感。依据人员的组成，会员营销可分为消费者俱乐部营销和终端店俱乐部营销。

消费者俱乐部营销是以消费者为基本单位组成，大型零售企业多采用此种方式，如沃尔玛、大润发等。终端店俱乐部营销是将零售店吸纳为会员，如百事可乐的会员店。会员营销的基本手段为价格优惠、方便购物、情感交流等。

企业采用上述两种手段的目的在于直接达成销售，而情感交流是以培养消费者的品牌忠诚度，树立企业形象为目的开展的，它提供的是知识、信息，传播的是一种文化。例如，百事俱乐部经常将终端会员召集到一起，进行多方位的沟通交流。在俱乐部的努力下“百事”已成了熟悉可亲又可信赖的朋友，整个俱乐部没有“急欲售卖”的推销，处处传递着真切的关心，它赢得了会员的心。俱乐部营销不易被竞争对手发觉，达到暗中取胜，能够提高企业的营销竞争力，培养消费者的品牌忠诚度。但它也有回报慢、费用高、效果难预测等缺点。因此，开展俱乐部营销应事先设定清晰的目标及所能提供的服务项目和费用的预算。同时系统、持续、周期性地与会员进行沟通交流，将会员紧紧团结在身边。

四、产品衰退期的促销策略

产品衰退期会出现生产能力过剩、产品降价和利润侵蚀等问题。随着销售与利润的降低，一些公司会退出市场，留下来的公司可能会减少产品数量，从较小的细分市场和较弱的销售渠道中退出，或者削减促销预算和进一步降低价格。在此阶段，可以根据退出市场的时间进度和轻重缓急程度，分别或同时针对中间商、销售人员和消费者展开。针对中间商的促销活动方式有买断销售和特价销售，针对销售人员的促销活动方式有老品销售竞赛，针对消费者的促销活动方式有特价销售和怀旧销售等。

拓展 4　促销活动策划书的撰写

前文中介绍的促销策划的内容是策划书正文的主要内容，在这里主要针对促销活动策划书的撰写结构进行分析。

促销活动策划书是对整体活动的前期调研、策略制定、活动形式和内容、执行方案及费用预算等的规划书。在撰写时主要遵循以下原则。

（1）程序思维原则。促销活动策划的目的在于解决企业营销中的问题，必须按“提出问题—分析问题—解决问题—执行方案—效果评估”的构思来编制策划书。首先，陈述情况，提出问题，交代策划的背景，然后由大到小，由宏观到微观，层层推进，把策划中心点明。其次，分析问题产生的根源，提出解决问题的策略和具体方案。再次，为执行提供方案，如组织及人员的保证、促销策划周期的阶段执行、促销预算费用的保证等。最后，对促销策划的执行情况进行评估并载入档案。

（2）简洁朴实原则。策划书在编制中应注意重点突出，对于所要解决的核心问题，深入分析，提出可行的对策。编制策划书时，文字朴实，多用流程图、表格等工具来表现内容。策划书不必长篇大论，问题说清即可。

（3）形象化原则。策划书要形象有趣，才能吸引更多的人参与和支持。要引人入胜地描绘策划主题，使其对读者充满吸引力。策划书的内容尽量用各种图表、实物照片来表示，给读者直观的印象。策划书的读者首先是上级领导，需要审核批准后才能进入执行程序，所以，策划书首先要能说服领导者。

（4）可操作原则。策划书是促销活动的蓝图、指南。把促销活动策划作为一个整体，注意处理各子系统及各具体环节的关系，活动中要考虑设备、人员、经费、材料等的限制。

促销活动策划书没有一成不变的格式，从促销活动策划的一般规律来看，其中有些要素是共同的。这里提出的是策划书编制的基本格式。

（1）封面。策划书的封面可提供以下信息：策划书的名称、策划机构或策划人的名字、策划书完成的日期、策划书的编号。此外，还可增加一些有煽动性和诱惑力的文字，这些文字要能一针见血地说明策划项目的价值。

（2）目录。目录是策划书的简要提纲，看目录能了解策划的全貌。

（3）前言。前言是把策划书所讲的概要加以整理，内容简明扼要，最好不超过 500 字。前言简要说明制定本策划书的原因及意义，或点出企业的处境和面临的问题，希望通过策划解决什么问题。

（4）主体内容。这是策划书中最重要的部分。

第一，促销背景。主要对市场状况、竞争品牌销售状况、竞争品牌促销状况、产品生命周期、与其竞争品牌的资源比较等内容进行分析。

第二，促销目标。包括促销的沟通目标和销售目标，可以按时间或区域进行设定。

第三，促销规划。是促销方案的细则规划，包括促销主题、促销时机和持续时间、促销地点（区域）、目标对象、促销产品、促销方法、促销媒介等方面的详细说明。

第四，促销预算。主要包括预算计划及资金费用来源。

第五，效果评估。针对促销的事前、事中、事后成效进行评估。

（5）策划进度表。把策划活动起讫全部过程拟成时间表，标示清楚何年何月何日要做什么，方便检查。进度表最好在一张纸上拟出，以做一览表之用。

（6）促销组织。促销小组人员组成包括负责人和成员。制定工作任务分配单，任何一件事都应有一个具体的人负责。

（7）策划活动所需的物品及场地。对场地进行必要的布置。

（8）策划的相关资料。这部分可附也可不附，只是给策划者提供决策参考，资料不能太多，择其要点而附之。

□角色转换

如果你是一名中职院校的教师，你将如何向学生讲授这部分内容？请思考以下问题：

1. 如何展开本任务的课堂教学和实践教学？
2. 在本任务的教学中，哪些教学方法比较有效？

任务二　促销执行与控制

□学习目标

知识目标

1. 理解企业促销执行的主要内容。
2. 了解如何提升企业促销活动的控制能力。

能力目标

1. 能根据促销执行的内容来提高企业促销执行的水平。
2. 会根据不同促销控制手段有效控制促销活动的执行。

□任务导入

黑天鹅“鹅有喜事”促销

黑天鹅家电商场是黑龙江省本土家电企业，2015 年 7 月，黑天鹅 24 周年庆，举办“鹅有喜事”促销活动。方案终于在各部门的努力下敲定，在此次“鹅有喜事”活动中，黑天鹅将针对老顾客及会员进行特别的回馈活动。对于会员，特别推出了会员积分换现金卡活动。会员积分抵现额度大幅提高，是正常抵现幅度的 3 倍多，会员可凭借积分换取面额为 100 元、800 元、500 元、1000 元的现金卡。正值夏季，家电市场上家装及新婚人群对成套家电的需求日渐增多，针对这部分消费者，在此次活动中也专门设计了套餐优惠活动。据了解，此次针对套购一定金额送现金卡的活动是在套购“成交价”的基础上实施的，打破了以往家电卖场举行返现等优惠活动时以“标价”或“厂家指导价”为基础的原则，这无疑是对消费者的实在让利。

请问：黑天鹅家电商场应如何宣传此次促销活动呢？

任务分析

促销活动在执行阶段可以按照时间顺序分为活动前准备、活动现场执行、活动后总结等几个阶段。在这几个阶段中又应该重点注意现场布展、活动宣传、意外事件防范等方面的问题。我们先按照时间顺序介绍促销活动的执行过程，再介绍执行中的几个重要问题。现场布展在本任务中不作详细分析。

一、促销活动前的准备

（一）选择合适的卖场

随着零售市场的逐步放开，原有的带有明显中国特色的传统零售市场格局正在发生裂变，并产生了非同寻常的效果。整个零售市场的格局已显现了这样一种态势：外国零售资本不断涌入，国际化的零售品牌正以独资或合资的方式占据不同区域的终端市场。产品通过终端市场进行销售，卖场选择的参考条件如下。

（1）产品销售量大。

（2）有合适的促销场地。

（3）人流量大，卖场形象好、影响力大。

（4）卖场的消费群与产品的定位、目标消费者一致。

（5）卖场有强烈的配合意愿，在后勤支持、陈列、让利、定价、宣传等方面可以积极配合。

确定了卖场，就要与卖场协商促销场地、后勤服务、保安措施、宣传配合、费用预算、陈列支持、人员配合等相关事宜。

（二）组织和安排相关人员

结合市场人员、经销商及促销人员，制定相关的工作职责，进行定位管理，让每个参与人员明确各自的权责范围。

（三）对相关人员进行培训

项目推进人员必须将准备工作细分，落实到人，规定相关准备事项的完成时间，检查人员应确认促销前的准备工作进度；促销计划的策划人员对相关的执行人员以口头、书面、图示和现场演示等方式充分说明方案内容；制作相关人员的通讯录和卖场主要联系人的通讯录，保证联系的方便和出现问题时可以及时处理。

（四）准备相关物品

充足的货源是促销活动顺利进行的保证，一定要根据活动的规模确定促销产品的库存，营销人员要落实相关订单；产品陈列、理货、价签的摆放必须在活动前完成；主要的道具、宣传品、促销品等必须在促销活动前布置到位；办理相关手续，协调相关部门及人员，如工商、城管、交警等。

（五）安排时间

对现场的促销时间进行细分，合理把握恰当的促销时机。

（六）制定促销管理表格和促销管理制度

制定促销管理表格和促销管理制度，各岗位、各环节建立规范的管理流程，并明确各种人员的职责，做到各司其职，保证活动的正常运转。

常见的促销管理表格有促销人员工作日报表、促销管理日报表、促销效果检核表、促销成本评估表，如表 1-2-1～表 1-2-4 所示。

表 1-2-1　促销人员工作日报表

系统/门店名称：　　日期范围：　　促销员姓名：

品牌	品项	规格	周初库存	周一	周二	周三	周四	周五	周六	周日	周末库存	销量合计
				销量	销量	销量	销量	销量	销量	销量		

表 1-2-2　促销管理日报表

日期	商品名称	单价	销售量	销售额
销售金额合计				
备注				

销售主管：　　填表人：

表 1-2-3　促销效果检核表

活动主题：	
活动日期：	活动效果：□显著　□一般　□没影响
对销售的影响：	
顾客的反应：	
卖场的反应：	
经销商的反应：	
执行中存在的问题：	
对竞争商品的影响：	
建议：	

填表人：　　日期：

表 1-2-4 促销成本评估表

地区： 日期：

促销方式	
促销方式说明	
促销时间	
估计费用	
成本收益分析	
评价及建议	

裁决： 审核： 分析：

常见的促销管理制度有岗位职责、考核体系和日常管理制度等。

二、促销活动的现场执行

（一）抢占最好的促销位置

大型促销活动要提前和卖场确定最合适的促销位置，也可以多处设立促销点和宣传点，吸引更多人的注意。

对于常规性促销活动，促销人员在当天要提前到达卖场，抢占最佳位置和较大的场地，最好是顾客的必经之地。

（二）提前布置好促销现场，准备好促销物品

在卖场正式营业前做好现场布置工作；完成 DM（direct mail）、POP、促销台等物品的摆放工作。

（三）抓住黄金时段，制造现场气氛

促销黄金时段一般集中在节假日全天、平日的下班时间到晚上 9 点左右。促销人员要抓住促销黄金时段，制造现场气氛，以达到促销的目的。

（四）保证促销信息传播的最大化

促销信息内容要清楚明了，要有醒目的标题；促销物品要配套齐全，多点摆放，醒目突出（店外的 POP 立牌、货架上的 POP 广告、堆头上的插卡等）；拦截消费者，促销人员派发 DM 单页等，宣讲产品和活动信息，吸引消费者。

（五）对促销活动进行检查监督

促销主管对活动的检查监督内容包括促销人员的服务态度、工作纪律、现场秩序和

产品销售情况等。另外，促销人员还要注意收集消费者信息，建立消费者档案，保留深度沟通的机会。

三、促销活动的过程控制

如果促销活动的计划与实施有偏差，或在促销活动执行过程中出现了不良状况，促销负责人应该和区域主管及时对促销活动进行调整。

（一）改进促销活动的方式、方法等

在促销过程中，可能会出现一些状况，如现场冷场，若在室外促销，可以调整现场布置烘托气氛，以拱门、升空气球、条幅、海报、彩旗、喷绘、舞台背景等多种形式营造一种热烈、欢快的氛围；派发资料和宣传单，进一步向观众传达产品知识和优惠措施，减少参与的障碍；调整音响效果，激发现场观众的热情；主持人调动现场观众的情绪，吸引更多的人积极参与；增加游戏节目，或者安排抽奖、派发赠品等。

（二）调整人员执行差异

促销场面如果过于热烈，则会造成一些不良的后果。例如，场面混乱，促销主体被淹没在人群之中；人员复杂，使得真正想消费的顾客因感到不便而离去，留下的只是一些凑热闹的人；很难控制促销赠品的发放情况，造成促销赠品的浪费。这些都会直接削弱促销的效果。所以针对这种情况，要调配人员，进行专人管理。

（三）有效控制费用

促销过程中要控制成本开支，主要是对物料的控制。例如，在促销活动现场，由于参加的人数比较多，并且有些人只是为了赠品而来，所以对促销赠品的发放必须进行控制，否则可能会错发、误发、重发、漏发，甚至发生哄抢。

对促销赠品的发放进行控制时，要注意以下几点。

（1）专人管理，对大批量的赠品进出进行登记。

（2）对于价值较高的赠品，应要求领取的顾客登记相关信息，以免重发。

（3）有些赠品是针对某些顾客赠送的，应事先造册，在领取时进行登记，以免漏发。

（4）当领取赠品的人数急剧增多时，应暂停发放，要求现场顾客排好队，等秩序恢复后再进行发放。

（5）赠品应尽量与广告宣传一致，以免使顾客认为自己上当受骗。

四、促销活动的总结

促销活动的总结主要围绕销售目标的达成情况、目标未达成的主要原因、促销过程

中遇到的问题及解决情况、后期销量的跟踪情况、促销所耗费用等方面进行。可以从下述切入点进行总结。

（一）促销成本统计

促销成本统计的指标如下。

（1）人力成本。相关人员包括参与促销的管理人员、策划人员、后勤人员、销售人员，还包括临时聘请的促销员等。人力成本以人员工资量化计算。

（2）促销品成本。促销品包括所使用的促销赠品、配送品、试用品等，在促销结束后按数量及单价统计促销品成本。

（3）资金。是指直接投入的资金，如媒体费用、差旅费、运费、堆头费等直接支付的费用。

（4）时间成本。时间成本是促销成本当中唯一难以用费用量化统计的成本，但所耗时间长短应与促销效果成正比。

（5）其他资源。是指促销活动所占用的企业其他资源，如车辆、其他设备等。

（二）促销效果统计

促销效果统计的参考指标如下。

（1）现场销量。是指现场促销或通路促销的销量。

（2）销量跟踪。了解促销的影响力带来的销量增长，记录促销结束后的销量变化。

（3）参与人数。包括现场促销的到场人数、参加抽奖人数、参加竞赛人数、购买人数等。

（4）通路促销的客户参与数。是指通路促销中代理商、二级批发商、终端商等参与的数量。

（5）产品知名度提高程度。为提高产品知名度的促销，在促销前后做知名度的调查对比。

（6）促销目的的达成情况。例如，为打击竞争对手的促销中竞争对手的销量前后对比情况，推广新品促销中的新品的销量跟踪，改变库存结构促销中的库存量等。

（三）信息反馈

企业可以通过如下方式来收集反馈信息。

（1）面谈。根据促销的对象、消费者、终端商、批发商、代理商等对促销活动的意见，进行面谈并做好记录，了解其满意度、参与兴趣和建议等。

（2）问卷。根据促销目的及内容设计调查问卷，了解促销效果，并汇总统计出结果。

（3）员工总结。要求在促销活动中站在第一线面对促销对象的员工、促销员、业务员等写出关于本次促销活动的心得体会，并召开总结会议。

五、促销常用的宣传途径和方式

在发动促销宣传攻势活动中，特别注重的就是对目标顾客的有效传播攻势，如果能将宣传推广的目的隐藏于一系列活动之中，将店铺和促销活动的推广融入一个消费者喜闻乐见的环境里，编织一张有形加无形的传播大网对目标顾客进行全方位传播，极力争夺和吸引住消费者，就有可能对潜在目标客户形成较大的诱惑力，吸引其最终参与活动。

编织有形大网进行传播，其具体表现就是通过媒体进行造势的过程；而编织无形大网进行传播，其具体表现就是借助各种外力的宣传过程。

（一）造势

现在的传播媒体很多，除了传统的电视、报纸、电台、传单、海报等，互联网、手机、楼宇 LED（light emitting diode）等新兴媒体也是层出不穷，不断地被广泛应用。当然，在做促销活动时可能用不到那么多媒体，但是媒体的不断丰富也给策划者提供了更多的造势选择机会。

常用的宣传造势途径和方式可以分为促销活动的外围宣传和内围宣传两部分。

1. 外围部分

（1）户外活动场地。促销活动场地有时选择在户外，有时在店内，很多时候活动场地本身就是一个很好的宣传媒体，尤其是在户外做活动的时候，如某市区广场、小区公共场所、公园或旅游点，这些地方本身资源就很稀缺，抢占了这些位置，就抢到了黄金地段，起到“近水楼台先得月”的效果。要想得到这些位置，关键是要取得相关管理部门的批准，还要注意维护好秩序和公共安全。

（2）传单。传单的成本低且覆盖面比较广，相对电视、报纸广告来说针对性更强，告知作用明显且便于信息的保留，派发简单易行，派发方式很多，如邮寄、上街派发、一对一派发、自取等。

（3）海报。相比其他广告，海报具有画面大、内容广泛、艺术表现力丰富、远视效果强烈、信息可保存的特点。可张贴于重点小区户外、电梯、临街墙面等。海报中通常要写清楚活动的性质，以及活动的主办单位、时间、地点等内容，语言要求简明扼要，形式要做到新颖美观。

（4）条幅。条幅具有投入低、速度快、广告到达目标消费者面广、冲击力度大、针对性强、持续时间长、具体发布位置较灵活、能营造良好的店铺宣传氛围等特点，可临街悬挂、小区悬挂、店内悬挂等。一般用来表达促销最核心的主题内容，要求语言特别精练、有冲击力。

（5）宣传车。租用宣传车进行城内交通干道巡回，有条件的还可配扩音器。最大的优点是可以流动，但要注意防止扰民。

（6）短信。通过各种途径收集顾客手机号码（尤其要注重对老客户手机号码的整理）以建立号码数据库，然后将活动内容编辑成短信，利用短信群发工具进行群发，既精准便宜，又针对性强。

（7）报纸、直邮、夹报。直接在报纸上做广告或软文，也可以自己编辑小报或海报直接投递派送或者夹在报纸中附送。在报纸上做广告以文字和图画为主要刺激手段，内容可以反复阅读，便于保存，但成本相对较高。

（8）户外广告牌。户外广告牌视觉冲击力强，广告的到达率高，持续时段长。可以在交通站牌、灯杆挂牌、户外广告位等处安放。

（9）电视。电视广告综合运用文字、图像、色彩、声音和活动等丰富多彩的艺术表现手法，形象生动，说服力强；覆盖面广，单位接触成本低；传播迅速，时空性强。但也有信息短暂、广告费用高、针对性不强的缺点。店铺鉴于受众地域范围和成本的考虑，一般可以用地方电视台的短视频形式，也可用字幕飞播形式等手段来发布信息。

（10）广播。广播传播速度快，具有较高的灵活性。广告内容以声音陈述为主，可长可短，形式多样，制作简便，任何用声音来表达的广告内容都可以通过广播来传播。但广告信息易逝且创意受到一定的局限。店铺可利用公交、出租车、广场及自己架设的广播来发布信息。

（11）电话。可以用电话回访老客户的形式将活动信息告知对方，或邀请其捧场且有礼品相送。要注意不要引起客户反感。

（12）人员推广。用促销人员在店铺周边、卖场各入口等进行招徕和引导。

（13）网络推广。利用当地门户网站、小区网站、团购网站、论坛、贴吧、QQ群、微博、微信等网络工具进行宣传推广。特点是针对性强、成本低。

（14）联盟渠道。可将宣传资料或样品放到联盟店面内进行延伸宣传。

（15）外包装、门票、名片、信封、便笺、礼品等。可以将促销活动信息印在上面以扩大宣传。

（16）其他。利用氢气球、滑翔伞、广告衫、帐篷、道旗、太阳伞、电子屏幕等其他工具进行宣传。

2. 内围部分

（1）舞台或橱窗。利用舞台搭建、背景布布置、礼品堆码、橱窗陈列等进行信息传播，费用低、现场感强、效果突出。

（2）拱门。在活动现场或店前布置拱门，可以有效吸引眼球并烘托活动氛围。

（3）空飘、吊旗。主要有空中彩色飘带、柜台上方仿真植物或装饰等。

（4）条幅。主要有拱门横幅、悬挂竖幅、门上横幅等。

（5）LED屏。在店面显眼位置用LED屏播放促销内容。

（6）现场视频。主要是在店面内或墙壁上装设电视，反复播放企业品牌宣传片、客户案例、活动信息或产品宣传片等。

（7）单页。将单页广告摆放在洽谈区、迎宾台、座椅等处。

（8）POP海报。布置到门口、橱窗、玻璃门、过道、电梯、墙壁等。

（9）价格牌。主要有产品活动价格牌、标签等。

（10）KT板、X展架。用来公布活动内容、执行细则、老客户案例等。

（11）地贴、红地毯。引导顾客、宣传活动内容及营造气氛等。

（12）音频。主要有企业品牌介绍、活动介绍、现场音乐等。

（13）着装。店铺工作人员统一穿着醒目、精神、干练的工作衣服，可适当印上促销主题标语等。

（14）其他。主要有花篮、舞狮、乐队、喜庆锣鼓等一些宣传造势工具。

（二）借势

卓越的管理者都懂得“好风凭借力，送我上青云”的道理，善于借助身外的事和物，用较少的资源投入来获得较大的宣传效应。

从促销宣传的角度而言，通常有以下具体借势思路。

（1）借地理区位或典型地标的势（如在城市中心广场举办活动）。

（2）借著名店铺或品牌的势（如和毗邻的著名店铺一起宣传）。

（3）借潮流之势（如举办某种时兴活动）。

（4）借明星和名人效应之势（如某明星莅临现场等）。

（5）借热点事件之势（如将店铺促销活动与时下热点事件进行有效对接等）。

（6）借天时地利之势（如节假日活动及酷暑、寒冬等自然事件）。

（7）借人流汇聚之势（如趁着上下班高峰期等）。

（8）借店铺经营活动之势（如借店铺招聘、店铺装修等活动）。

（9）借网络话题之势[如利用热门微博、热门 BBS（bulletin board system）、QQ 群等工具]。

（10）借店铺人员和商品之势（如利用巨型商品陈列、着新奇服装的员工等）

店铺借势宣传的方法和手段远不止这些，每个促销策划人员都应该在实践中不断丰富和创新。

六、宣传造势的注意事项

（一）做好人员培训工作

促销活动的政策、主题、内容、流程、执行细则和分工安排等一定要先在活动参与人员内部进行集中培训并统一口径，保证工作人员传播出去的是一个基调的声音，否则顾客一旦细问起来，活动参与人员一问三不知，不但可能会带来和顾客冲突的麻烦，而且严重影响活动的传播效果和可信度。

（二）合理安排预热时间

在实务工作中，活动信息的传播又称为“预热”，累积有意向客户的过程又称为“蓄水”，显然，“预热”的过程也必然是“蓄水”的过程。无论是“预热”还是“蓄水”，时间起始点的掌控都非常重要：起始时间点太接近促销日期，宣传时间过短，预热不充分，有意向的客户累积量就可能不足；起始时间点提前得太早，又可能因距离活动日期时间太长，造成顾客淡忘，甚至会因等不及而流失等。

（三）正确把握宣传广告内容

（1）在发布户外广告时，户外广告发布单位应当履行完备的审批手续。

（2）广告内容要符合法律法规规定，广告中不得含有虚假的内容，不得欺骗和误导消费者，不能使用绝对化语言，如全市最低价、全国最低价等字样。

（3）广告应当符合社会主义精神文明建设要求和广告语言管理规定，不得出现有悖于社会主义核心价值体系的内容，不得在广告中使用内容低俗的用语和图像，不得以“炫富”为噱头哗众取宠，不得使用生造的词语和滥用繁体字，不得利用重大政治事件和言论作为广告创意元素。

（4）广告中使用的数据、统计资料、调查结果、文摘、引用语应当真实、准确并标明出处。

（5）广告中对价格有明显表示的，应当清楚表示为实际销售价格，并明示价格的有效期，还应当标明忠告语“本广告仅作参考，具体内容以促销现场为准”等。

（四）科学投入广告费用

如果店铺投入的广告费用过多，会造成广告费用的无端浪费，店铺也难以承受；如果投入的广告费用太少，就无法吸引足够的顾客光顾，市场反应会出现不冷不热的尴尬状态，促销目的往往不容易达到。

对于新品种、新市场，广告投入的估算大体可以分为七个步骤来进行。

第一步，估算目标市场目标人群数量大小。

第二步，估算市场容量大小。

第三步，估算总市场份额大小。

第四步，估算年总销售额。

第五步，估算广告年投放总金额。

第六步，估算促销活动的销售额。

第七步，估算促销活动广告投放额。

至此，促销活动的广告费用投放数量大体得到了一个预计数字。但是，具体如何分配运用这笔资金，还要考虑到以下因素。

（1）店铺或产品生命周期的阶段。产品处于不同阶段，广告费用投放的比例不尽相同。比如，在导入期应该集中使用更多的广告强攻市场，以争取快速启动市场，占领市场份额。

（2）市场媒体的效率。在广告投放之前一定要对所在市场的所有可利用媒体进行充分调研，将对该产品传播有效或者高效的媒体有机整合起来，使同样多的广告费发挥最大的广告效益。

（3）广告的广度。只有广告广度（有效覆盖率）全面影响目标人群，广告费才会有效发挥作用。因此，当确定了广告可支配费用之后，就要考虑启动可全面覆盖目标市场的媒体。

（4）广告的深度。广告投入的持续性或持久性也会影响店铺的销售，因而需将广告费合理地投放，充分兼顾短期和长期效果。

（5）广告诉求的准确度。广告创意独特，卖点清晰，诉求准确，品牌形象突出，会让所宣传的品种在有限的广告费用支持下发挥更强的宣传效果。

（6）竞争对手广告投入力度。竞争对手的广告投入力度可以为策划者提供广告投放的借鉴依据，最关键的是在研究对手的投放战略战术之后，合理、科学地安排广告投入的额度和时机，以强大的广告攻势压制对手的广告进攻。

（7）产品的利润空间。有多少钱，才能干多大的事。在制订广告投放计划的同时，要研究产品的利润空间，以决定究竟能从可支配的利润里面拿出多大比例去运作广告宣传。

七、促销控制的主要内容

（一）计划控制

主要由企业的高层管理人员进行控制。

督察促销实施中的实际情况是否与促销方案中的计划吻合，实施目标管理。

（二）费用控制

由财务管理人员进行控制。

要求严格执行预算管理和财务制度，加强费用审核。建立完善审批流程，加强授权审批控制；建立书面的审批权限表；建立管理人员签字样本，防止伪造签字；建立规范的凭证与表单；建立相互监督和举报制度；加强比对分析。

（三）效果控制

由销售人员进行控制。

制定科学的激励机制并严格执行，鼓励多劳多得和团队合作。

（四）过程控制

由运营及策划管理人员进行控制。

科学制定促销工作中的流程及规章制度，防止出现政策漏洞，严格监督执行。

（五）财物控制

由中高层管理人员进行控制。

制定严格的财物采购、经手、验收、保管、领取、发放、审批、处理制度，建立员工相互监督机制，防止权力集中和一人兼管多个工作流程的情况。

（六）人员控制

由中高层管理人员进行控制。

对员工工作任务科学分工，明确其责任、权限和利益，制定员工工作手册，做到员工责、权、利相称，严格考勤管理、形象管理、思想行为管理和绩效考核。

八、促销控制的措施

（一）事前预防，实施制度化管理

1. 制订合理的企业发展规划

企业应该在充分考虑宏观、微观和竞争环境的基础上，结合自身情况因地制宜地制订合理的发展规划。在制订过程中，应把握以下两条原则：第一，业务发展层面应该首先拓展和守卫核心业务层，培植自己的核心竞争力，以其创造的现金去培养新兴业务层，最终转换为有生命力的候选业务层。第二，盈利获得的顺序应该是主要通过核心业务来获得利润，并在此基础上开发其他新业务。

2. 设计科学的促销方案

每次举办促销活动，要充分论证方案的目标性、可行性、经济性、实效性，以确保调研充分和避免失误。在论证基础上，要形成一份全局性、指导性、具体性的促销实施方案，以确保实施时的分工协作和目的明确。

3. 实施有效的预算管理和费用稽核管理

第一，严格审核策划人员提出的促销预算；第二，认真做好费用支出的审核和统计；第三，及时寻找偏离预算的原因。

4. 提供标准化服务

服务营销学认为，服务质量取决于很多因素，其中之一就是与服务过程有关。在面对面服务过程中，顾客不仅会关心所得到的服务，而且会关心是怎样获得这些服务的，尤其是当同类型或同档次的企业提供的产品大同小异的时候，怎样提供服务将成为顾客选择的重要标准。显然，这时怎样提供服务就为企业提供了广阔的竞争空间。

标准化服务是指在标准意识的指导下，根据规范化的管理制度、统一的服务标准、操作流程和预设目标，向顾客提供统一的、可追溯和可检验的服务。倡导标准化服务是企业规范管理的需要，也是服务质量得以保证的基础，更是企业发展壮大的必然步骤。企业实施标准化服务将有助于对服务过程的管理。

5. 正确进行业绩评价，建立公平的激励与约束机制

只有建立起科学的激励与约束机制和业绩考核制度，才能创造健康向上的工作环境，才能提高员工的工作积极性。才能让员工充分发挥自己的能力，才能激发员工的创造力，才能保证店铺促销活动得以高效运行。

（二）事中控制，加强监督与检查

在促销实施中，要以促销方案的要求为依据，进行走动管理，督促各部门和员工在实际操作时达到标准，发现工作中存在的问题并及时纠偏。

首先，应该根据企业管理制度和促销方案的要求设立监督、检查的项目与标准；其次，要制定严格的检查制度和工作规范，让监督有依据，检查有规程；再次，不能让监督工作有漏洞，要让“人人受监督、事事受监控”在制度和行动上落到实处；最后，要选用合适的督察方法，制订具体的督察计划。

在检查工作中，各级管理人员要运用走动管理方式，定期利用时间前往自己分管的领域走动，以获得更丰富、更直接的员工工作问题，并及时了解所属员工工作困境。

在走动的过程中，各级管理人员必须敏锐地观察到工作的情境与人员及其所透露出的信息；同时也通过询问、回答、肢体语言等，对信息做出及时的回应，力争防患于未然。

（三）事后反馈，在学习中前进

事后反馈是当问题偏差发生之后，采取控制程序，改正问题，因此又称为反馈控制。

事前预防、事中控制与事后反馈是针对促销发展的不同阶段所采取的两种截然不同的态度和行为措施。事前预防、事中控制是企业管理者对促销方案的落实过程不断进行监督、管理、引导，不断对其可能出现的结果进行预测，并采取必要的措施适时校正，使其朝着既定的目标发展，避免出现事与愿违的结果。而事后反馈则是在不良结果出现后，对其采取的补救措施。事前预防、事中控制是一种主动行为，而事后反馈则是被动之举。

在促销控制中，事前预防效果最好，事半功倍，成本最低，但需要科学的管理艺术、严密的制度、有力的执行、及时且准确的信息、对未来的精准估计才能奏效；事中控制可以让活动程序规范化，防止目标偏离方向和行动失控，但需要扎实的督察、准确的判断、迅速的行动作为后盾。不管事前预防和事中控制如何出色，也不能保证不出现失控问题。一旦出现问题，一是要注意及时采取有力措施，阻止损失扩大；二是要注重事后反馈，查找责任原因，分清责任归属，总结经验教训，从教训中学习，在教训中成长，防止以后重蹈覆辙。

九、促销活动中防范意外事件的主要措施

（一）事前积极防范

事前防范就是要求促销活动策划者在策划方案时，一定要考虑到各种意外情况，并准备好相应的预案，还要精心设计促销流程和实施细节，防止在执行环节出现制度上的漏洞。

策划方案时，除要遵守《中华人民共和国广告法》《中华人民共和国反不正当竞争法》《中华人民共和国消费者权益保护法》《中华人民共和国产品质量法》《中华人民共和国计量法》《中华人民共和国合同法》《中华人民共和国反垄断法》的相关条款规定外，还要遵守国家行业主管部门制定的政策和规定，比较典型的有商务部等五部委联合发布的《零售商促销行为管理办法》，其中要注意的如下。

1. “保留最终解释权”无效

零售商不得以保留最终解释权为由，损害消费者合法权益。“保留最终解释权”是单方面的格式合同条款，根据《中华人民共和国合同法》的有关规定，该条款无效。

2. 打折降价须记录促销前价格

零售商开展促销活动应建立健全内部价格管理档案，如实、准确、完整记录促销活动前、活动中的价格资料，妥善保存并依法接受监督检查。零售商开展促销活动应明码标价，标价内容须真实明确。

3. 限时抢购促销时段须充足供应

开展限时促销活动的，应保证商品在促销时段内供应充足。

4. 售后服务与普通商品一视同仁

促销商品和普通商品作为商品的属性是相同的，区别在于促销商品是零售商以相对低廉的价格出售，或者提供了额外的其他利益。同样一件商品，无论以什么样的价格出售，商家都要对该商品的质量负责。

另外，还要遵守企业所在地政府制定的相关政策和规定，各地规定不尽相同，企业在举办促销活动前，一定要仔细了解当地政府的规定并认真遵守。

（二）事中及时应对

在实施促销过程中，万一出现意外情况，一要注意及时止损，尽量及时地缩小意外情况可能的牵涉面；二要真诚地与顾客沟通，不要欺骗消费者；三要勇担责任，不推诿自己应该负责的事情。

（三）事后公平处理

无论在促销过程中出现了什么意外情况，企业都应平等地和顾客进行责任和相关赔偿的协商，依据相关法规有理有据地进行处理，千万不能激化矛盾，不到实在无法化解时绝不轻易对簿公堂。

□相关知识

管理者对促销计划的控制有四个选择：一是不采取任何行动；二是采取补救性措施；三是采取预防性措施；四是调整促销的关注焦点。

一、不采取任何行动

如果促销计划执行的结果与预期的目标之间并不存在明显差异，那么，最佳的选择就是不采取任何行动。然而，预期与实际之间通常都会存在一定的差异，我们所需要了解的是这种差异是否在可接受的范围内。如果是，我们也不需要采取任何修正行为。

有时，尽管我们发现实际结果与预期目标之间存在差异，仍不需要采取修正行为。这是因为在促销活动执行过程中，评估与控制系统是个连续的过程，某一项评估结果只是针对某一个特定时刻促销绩效的评估，虽然评估结果的确与预期目标之间存在差异，但如果管理者确定这种差异是暂时的，就不需要采取修正行为。此外，促销计划的某个阶段的费用比例会相对高一些，这必然导致这一阶段的成本比预期目标高，绩效评估结果也可能会差一些，这时也不需要采取修正行为。但如果这种情况持续若干阶段后仍没有改善，就要引起管理者的注意，必须考虑是否应当采取适当的修正措施。

二、采取补救性措施

一旦促销活动在执行过程中出现问题，就应当采取补救性措施。补救性措施是直接针对促销活动中出现问题的部分。例如，有时促销广告的回馈率过低，目标消费者的购买量与预期相差太远，或者参与合作广告津贴活动的经销商数量太少，或是刊登促销广告的报纸印量过小等，都应当采取相应的补救性措施。补救性措施可以针对促销计划中的任何一部分，从目标的重新设定到具体的执行步骤，如重新印制销售宣传册、指派销售代表完成一定量的电话促销任务等。

一般来说，补救性措施适合在实际绩效与预期目标出现了较大的差异时使用。这时，如果不采取补救性措施，实际绩效与预期绩效之间的差异将继续存在并且可能进一步加大。

三、采取预防性措施

一个完整的控制系统里，除了应包含补救性措施之外，还应当有其他内容。例如，有效的控制系统必须保证避免某些严重问题的出现。预防性措施的任务并不是即时指出促销过程中发生了什么问题，而是在问题出现之前发现它。假设我们选择销售量作为某一促销项目的绩效测量指标。如果发现实际销售数量超过了预期的指标，这时我们往往会觉得没有必要采取任何修正行为。然而也许会存在这样一些因素，它们目前可能对销售量没有影响，但将来可能会产生一定的影响。例如，销售量主要是来自现有顾客的重复购买，我们可能会得出这样的结论：顾客目前的满意度将引起未来的购买行为。如果发现目前的顾客满意度出现大幅度的降低，那么我们将预测到未来的销量会有所下降。尽管目前没有任何问题产生，但为了避免潜在的问题发生甚至造成更严重的后果，现在就应当采取一些预防性措施。

一般来说，预防性措施的成本会低于补救性措施的成本。因为一旦要采取补救性措施，它所面临的成本不仅是采取行动所必需的费用，还包括由问题所引起的已经发生的损失，或者是利润方面的机会成本等。

四、调整促销的关注焦点

采取修正行为时，必须明确是针对促销活动的总体，或是针对其中某个特定的环节。

（1）确认促销的总体计划。在执行评估任务时，管理者会确认总体促销努力的程度对收益而言是过高还是过低，或者方向是否正确。对总体促销努力中存在问题的确定可能会导致对促销策略的重大修正。例如，资源的重新配置，或是促销主题的改变等。预算水平的重大变化也会影响营销公司的其他方面，因为一个部门预算的制定往往是基于公司的整体预算。某一部门预算的调整将会导致其他部门预算的相应调整。促销努力的改变意味着预算的调整，进而对整个公司产生影响。

总体促销努力方向的改变将会影响计划中的每一个组成要素。促销计划方向的变化意味着促销计划在整个营销努力中的作用发生了一定的变化。例如，这种变化可能会对营销部门产生重大的影响，在执行之前必须经过反复的验证。

（2）调整促销组合。尽管有时促销计划的安排与方向都是可接受的，但可能需要针对其中某个组成要素采取修正行为，这种修正可能会提高整个促销计划的绩效。例如，虽然总体绩效较好，但可能是促销组合中的某个要素的贡献率大一些，而相对来说，另一些要素的贡献率则可能较低。如果我们提高这些目前较差要素的贡献率，那么总体绩效就会比现有水平更高一些。

促销组合的重新确定是针对促销计划中各组成要素的比例和方向进行修正的行为。一般来说，这些行为将通过各要素安排的平衡协调来实现促销绩效提高的目标。例如，对各促销要素的评估表明人员销售可能因为顾客对产品和公司的陌生而遇到了困难。这时我们就需要调整促销组合，增加对广告的投入以提高受众对产品和公司的认知度。

（3）重新评估预期指标。修正行为常常关注营销努力而忽略了评估标准，有时也需要调整评估标准。例如，发现评估系统中使用的预期指标不适合的时候。这些预期指标可能制定得过高或过低。如果预期指标定得过高，将会导致任务难以完成；如果预期指标定得过低，则会导致公司失去一些本应该把握的机会。

对预期指标的重新评估适合在环境（促销计划与目标的制定正是在这一环境中制定的）发生重大变化时使用，或者有证据显示指标是错误的时使用。前一种情况常常发生在法律、竞争、社会及经济环境发生巨大变化时，而后一种情况的确定则相当难一些，例如，有时实际绩效与预期目标的差异存在了较长的一段时间。

当管理者重新确定促销目标时，还必须回顾之前的促销努力。因此，这时的修正行为不仅是针对总体促销努力，还必须保证修正后的促销努力与重新设定的促销目标相配合。

□完成任务

如前面任务导入中所述，黑天鹅家电商场策划了“鹅有喜事”店庆促销活动。任务要求以 4～5 位同学为一个小组，设计一份促销活动的宣传造势工作的方案。

<table>
<tr><td colspan="6">任务单</td></tr>
<tr><td>任务</td><td colspan="5">促销策划</td></tr>
<tr><td>任务描述</td><td colspan="5">1. 根据背景资料确定宣传造势的内容
2. 方案报告以书面形式完成
3. 选派组内代表上台汇报任务完成情况</td></tr>
<tr><td>执行团队</td><td></td><td>时间</td><td></td><td>地点</td><td></td></tr>
<tr><td>成员出勤情况记录</td><td colspan="5"></td></tr>
<tr><td>任务执行情况记录</td><td colspan="5"></td></tr>
<tr><td>任务汇报情况记录</td><td colspan="5"></td></tr>
<tr><td>指导教师点评</td><td colspan="5"></td></tr>
<tr><td>任务完成情况总结</td><td colspan="5"></td></tr>
<tr><td colspan="6">组内互评成绩</td></tr>
<tr><td>姓名</td><td>成绩</td><td>姓名</td><td>成绩</td><td>姓名</td><td>成绩</td></tr>
<tr><td></td><td></td><td></td><td></td><td></td><td></td></tr>
<tr><td></td><td></td><td></td><td></td><td></td><td></td></tr>
<tr><td colspan="4">组长签字：</td><td colspan="2">日期：</td></tr>
<tr><td colspan="4">指导老师签字：</td><td colspan="2">日期：</td></tr>
</table>

□知识拓展

促销执行中意外防范及处理

促销活动执行过程中常常会遇到意外事件的发生，在这里介绍几种典型意外情况的防范和处理的办法。

一、避免出现拥挤踩踏事件的方法

（一）活动前要充分预估客流量

在策划促销方案时，首先要评估活动对目标顾客的吸引力，预测促销期间的客流量，主要方法是向业内资深人士咨询，也可参考竞争对手的客流动向。

（二）要严格遵守诚信的原则

企业做促销，不应夸大其词进行虚假欺诈宣传，不能无中生有，不能以偏概全或以假充真。例如，明明是小奖品，却谎称是高价赠品；明明是极少部分商品低折扣，却谎称是全场大降价。这样虽然可能会引来一大批顾客，可一旦顾客发现上当受骗，就会在现场与店员发生争执，造成场面混乱。

（三）要选择价值适当的赠品、奖品

做促销，若赠品或奖品的价值太低，则无法吸引顾客，导致促销活动冷冷清清；若赠品价值过高，顾客则会蜂拥而来，造成拥堵，甚至引发事故。

因此，选择赠品或奖品时应注意与其提高赠品或奖品价值，不如增加赠品或奖品数量，这样既可以让更多的顾客得到实惠，又不至于造成“僧多粥少”而形成顾客们激烈争抢赠品的场面。尽量限定只有目标顾客才有获得赠品或奖品的资格，而避免一大堆根本不买商品的闲杂人员聚集。另外，根据各地的消费水平、目标顾客的消费力及偏好情况来设置赠品或奖品，让赠品或奖品保持恰当的吸引力。

（四）要慎重选择限时限量的促销活动

在限时限量的促销活动中，一定要依据当地政府的法规进行，要充分预计到可能引发的人群聚集、天气突变、交通堵塞和事故、秩序混乱、争吵打斗等情况的发生，并要有相应的处置措施和能力。

（五）要制订详尽的方案

企业做促销，提前做好应急预案是最重要的。在预案中要考虑以下因素。

（1）规划客流路线。例如，顾客如何排队，进出路径、交通工具如何安排，客流如何控制，如何对客流进行有效引导，如何防止顾客拥堵，如何及时疏散客流等。

（2）张贴各种标志。进口、出口、排队处、结算处、电梯、厕所、楼层指引、领奖处、领奖规则、交通指示等标志要明显、清晰，让顾客一目了然。

（3）安排专人引导，做好控制店内外客流、维持秩序、咨询业务、引导交通的工作。

（4）检查消防器材是否能正常使用，并做到及时更新，检测店内所有电器、电线、触电保护器是否正常，检查安全环境，以防出现电梯事故、高空抛物、危险设施、火情火灾等。

（5）专人巡查应对混乱。安排资深员工流动巡查，对不守秩序的顾客进行提醒、劝说和教育；对顾客间的吵闹行为要及时调解；对不服从统一管理的行为要严格制止，以防止排队混乱、出现失控的局面。

（6）事先报备当地公安部门。对于大型促销活动，应事先和当地公安部门取得联系，沟通工作，以防紧急状态之需。

二、防范处理偷盗事件的方法

安全保卫工作是保障企业正常运营秩序及财产安全的基础性工作，尽管企业所面临的安全环境日益复杂，但安全事件还是以盗窃为主，偷盗案件高发区主要集中在商品展区、发货处、赠品堆放处、收银台及店外的设备设施等部位。

（一）常见的偷盗作案手法

（1）声东击西。几人合伙，一些人假装购物和销售员讨价还价，引开销售员的注意力，同伙则伺机偷窃。

（2）浑水摸鱼。运用人海战术，多人进入商家内，假装互不认识，两人将店员支开去拿东西，一人则开始偷东西，得手离开后，还有人以问路等借口打掩护，以防店员及早发现而去追击。

（3）买一拿一。先购买一件商品，付款后立即离开店铺，然后将商品交给同伙，再携发票及空的购物袋进入商场，趁销售员不备将同样的商品投入购物袋。

（4）调虎离山。看到店铺人手不多时，一人到店铺随手拿样东西就走，店主去追时，同伙马上实施盗窃。

（5）左顾右盼。先选定目标商品，然后在四周假意挑选商品作长时间徘徊，直至没有人留意时，将商品偷走。

（6）随身夹带。穿着比较宽松的衣服或假扮孕妇，趁无人注意时将商品放置其中夹带离开店铺。

（7）乘虚而入。抓住店外设备设施经常无人照看的时机，实施盗窃。

（8）偷梁换柱。趁销售员不备时用假的、次的商品调换真的、好的商品携出商场，或将高价商品放入低价商品包装中买单离开。

（二）在促销期间发生偷盗事件的主要因素

（1）客户投诉纠纷。客户投诉纠纷处理不当，往往会影响店面正常的经营秩序，同时给犯罪分子以可乘之机。

（2）离岗性操作。销售员由于提货、押款、带顾客交款、个人原因或其他临时性任务而离开岗位。

（3）繁忙。销售员在同时应对多个顾客或应对个别难缠顾客时，会因工作繁忙而失去对部分商品加以看管的警惕性，给小偷带来机会。

（4）各类突发事件。发生停电、火灾、恐吓、抢劫、争吵打架、哄抢、人身意外、闹事、拥挤、恶劣天气、竞争对手的干扰等情况。

（5）人员意识。店铺销售员警觉性和自律性不够，在生意清淡时往往会出现聚众聊天、打私人电话、玩手机游戏、看报纸、睡觉等违规现象，造成空岗。

（三）安全防盗措施

（1）划分重点安全防范区域。主要为财物价值较高、容易携带且盗窃后易于转移的区域。除了防损员加强重点防范外，在这些区域还要形成一个以“柜柜联防”为特色的防御体系。

（2）加强特殊时间段安全防范。主要为中午、晚上吃饭时间，下班、交接班时间，以及营业员提货时间、顾客高峰期间、发生突发事件时间，这时不法分子容易趁乱作案，因此防损员要加强防范。

（3）对存放现金等贵重物品的财务室、收银台、仓库等重要部位在防范区域内的，除防损员和联防员要特别留意观察外，出纳员、收银员、仓管员自身更要有责任意识。

（4）各重点区域销售员在营业前除检查商品数量外，还必须检查商品的各类防盗设施是否完好，如断线报警系统是否开启、展柜是否锁好、展柜钥匙是否随身携带等。

（5）区域负责人如在巡查时发现可疑人员，应立即组织本区域及临近安全区域员工加强对可疑人员的监控，同时向店内安全总负责人汇报，店内有值班保安的应通知保安到现场协助处理。

（6）对视野范围小、营业员少、商品摆放分散、商品种类较多、货架摆放复杂，以及离通道、楼梯较近的柜台，防损员要加强防范，多观察多巡视。

（7）销售员切勿一次取出大批货品供顾客挑选，要及时回收顾客淘汰的商品。

（8）店内个别展柜顾客较多时，临近区域无销售接待任务的，应主动协助该柜台员工加强商品看护。

（9）中午休息或营业员提货期间，禁止同区域工作人员结伴一同离开。下班前所有人员应互相监督，在做好下班前的交接工作并确认无误后方可离岗。

（10）各区域或柜台销售员如需临时离开工作岗位的，如带顾客开票、去仓库提货、其他临时性任务等，应交代临近无销售接待任务的工作人员代为看管，并在短时间内返回工作岗位。离开时间较长的，必须通知区域负责人进行协调。

（11）发生特殊紧急事件时，如投诉纠纷、停电、火灾、恐吓、抢劫、争吵打架、哄抢、人身意外、闹事、拥挤、恶劣天气、竞争对手的干扰等情况，各区域要保持高度的警惕，除负责事件处理的人员外，其他人员不得擅自离开工作岗位，并协助做好视线范围内的安全防范工作。

（12）店外设备设施原则上由店内保安负责日常巡查，但白天店铺无保安的则由物业专员或店长指派人员负责，绝不允许出现无人看管的现象。

（四）实施安全防范的注意事项

（1）要特别注意防范店内有以下特征的人物：长时间在专柜附近逗留而不选购商品；拿起商品左顾右盼，查看是否有人注意，用斜眼看人；眼神闪烁、神情慌张、鬼鬼祟祟；衣着不称，如夏天穿风衣；总是往人群较多的地方挤而不购物；携带购物袋进店铺，特别是空的购物袋；多名男女同时进店，进店后立即分开，但却相对集中在某一区域。

（2）销售员在销售过程中如在店内发现可疑人员，不要惊动对方，擅自盲目行动，应第一时间报告区域负责人或防损员，由区域负责人或防损员处理。

（3）没有足够的证据证明可疑人员作案时，切不可轻举妄动，以免反遭其投诉。应该相互转告，加强防范。

（4）对女性犯罪嫌疑人进行处理时，需有女防损员在场；对未成年犯罪嫌疑人进行处理时，应通知其家长，轻处理，重在教育。

（5）认定偷窃性质，应礼貌动员嫌疑人自己拿出赃物。切勿搜身或殴打，如嫌疑人拒绝合作，晓之以理并明确告之不得存在侥幸心理。嫌疑人承认偷窃后，填写《商品偷窃处理登记表》，由嫌疑人签字。对拒不承认人员交派出所处理。

（6）对确定没有作案的，要对其做到认错快、道歉快、补偿快。

三、处理顾客投诉的基本方法

（一）处理投诉遵循的原则

第一，正确对待。以保障双方利益的心态，不推诿、不搪塞。

第二，重顾客。对顾客意见表示同感，仔细聆听，让顾客心情平静，怒气渐消，并表示道歉。

第三，把握问题核心。无论商品出现的问题是否是质量问题，都要给顾客一个合理的或有建设性的解释。

第四，提出解决方案。提出一个双方都能接受的、平等的解决问题的方案，切忌强行让顾客接受。

第五，妥善处理。在提出解决方案后，要及时处理，切忌拖延。

（二）处理投诉语言规范

语言规范、语气平和是处理投诉的关键，以下是常用的处理投诉的语言。

“好，我帮您换一下，您看换哪一个好呢？”

“没关系，我帮您换一下。”

“请原谅，按规定这是不能退换的。”

“对不起，您这个商品已经使用过了，不属于质量问题，不能再卖给其他顾客了，实在不好给您退换。”

“对不起，由于我们的疏忽给您添麻烦了。”

“这件商品已经超过了包退包换期，按规定只能给您维修，请原谅。”

“先生，您提出的问题很特殊，咱们商量一下好吗？”

（三）处理投诉技巧

首先，应该充分了解现状及形成的原因。充分了解顾客的现状和投诉形成的原因后，判定顾客投诉的理由是否充分，投诉要求是否合理。如果投诉不能成立，即可以用婉转的方式答复顾客，取得顾客的谅解，消除误会。

其次，善用换位思考原则，企业在处理投诉时应站在顾客的角度换位思考其投诉的真正原因，正确处理。

另外，还可以寻求第三方支持。所谓“当局者迷，旁观者清”，跳出寻找第三方有时候可以看清问题的本质。

还有，就是学会真诚而准确地赞扬。善于用势和借势，必要时借助外力。

在处理投诉的过程中还要学会获取非语言信息的能力。顾客的心理活动情况是通过一些外在的特征表现出来的，除了语言信息所表达的情绪外，还有相当一部分是通过非语言信息传递出来的，如面部表情、肢体动作等，所以销售人员要有善于捕捉非语言信息的能力，更好地处理顾客的投诉。而且任何时候都要照顾好顾客的面子。

投诉处理不仅要重视处理的过程，还要充分重视后遗症问题。有机构做了大量的调查后总结出顾客投诉的三大定律，其中之一就是顾客投诉扩散比定律：一个不满意的顾客会把自己不满意的感受向周围至少 12 个人诉说。

当面对情绪激动的顾客时，服务人员要保持心平气和，同时也要掌握一些技巧。当顾客怒气冲冲地大声发泄时，应该闭口不言，保持沉默。千万不要说“请你静一静”“你别叫……”“你别激动……”这样的话。应该学会倾听的技巧，让顾客感受到尊重；要不断地点头，眼神关注顾客，逐步平息、稳定顾客的情绪。

另外，顾客的类型有很多种，有趾高气扬型、挑三拣四型、急躁易怒型、沉默寡言型、过于自信型等。处理投诉应因人而异。比如，挑三拣四型顾客经常挑剔公司或产品，提出种种不合理的要求。这种情况应探询对方不满意的原因，予以详解，用事实来支持自己的论点，并且少谈题外话，以免节外生枝。可以运用职业感判断顾客真实意图。

俗话说：“说得好不如做得好。”顾客只有在利益受到损害时才会投诉，所以在处理投诉时，顾客非常在意自己的利益是否能得到挽回成为解决问题的关键。虽然处理投诉时客服的人员态度很重要，但如果顾客的问题没有得到实质性解决，顾客还是不满意的，问题出现后要用积极的态度去处理，不应只是赔礼道歉。在处理顾客投诉过程中，应让顾客了解每一步进程，争取圆满解决并使最终结果超出顾客的预期，让顾客满意，从而达到在解决投诉的同时抓住下一次商机。争辩是最愚蠢的行为。争辩往往不能解决顾客的抱怨，反而会激化对方的情绪，不利于问题的解决，而且容易让对方产生服务人员推卸责任的感受。

负责处理投诉的工作人员应该掌握一些基本的法律规范，如《中华人民共和国产品质量法》《中华人民共和国消费者权益保护法》《中华人民共和国合同法》等。

□角色转换

如果你是一名中职院校的教师，你将如何向学生讲授这部分内容？请思考以下问题：

1. 如何展开本任务的课堂教学和实践教学？
2. 在本任务的教学中，哪些教学方法比较有效？

任务三 促 销 评 价

□学习目标

知识目标

1. 理解企业促销效果评价指标。
2. 了解如何提高企业促销效果的方法与技巧。

能力目标

1. 能根据促销效果评价指标来提高企业促销管理水平。
2. 会根据不同提高促销效果的方法与技巧提高企业的业绩。

□任务导入

超市店庆促销活动效果评估

2014 年 8 月 27 日～9 月 25 日，某超市举行“六周年店庆”促销活动。活动主题是“邀您共享 6 周年的喜悦”，主要内容包括：购物金额满 66 元可以获得赠送的礼物，购物金额满 666 元可获得 60 元的现金折扣券。

活动结束后，该超市对促销活动效果进行了评估，具体方法为：选取 2014 年 7 月 28 日～8 月 26 日（促销前）、2014 年 8 月 27 日～9 月 25 日（促销中）和 2014 年 9 月 26 日～10 月 25 日（促销后）三个时间段的有关指标进行环比分析；选取 2014 年 8 月 27 日～9 月 11 日（共 16 天）和 2013 年 8 月 21 日～9 月 5 日（2013 年店庆，促销时间为 16 天）的有关指标用于同比分析。选取的指标包括：客流量、成交率、客单价、销售额、毛利额、广告费与销售额的比率、毛利额和客流量增量的比率、价格形象、商品质量形象及服务形象等。

请问：如何对促销活动效果进行评估?

□任务分析

促销效果的评价按照时间顺序分为事前评价和事中事后评价。

一、促销效果的事前评价

促销活动推出之前，进行检查和评估是十分重要的。因为促销活动要投入经费，如果达不到预期目标，就会给企业带来损失。

（一）定性评估法

1. 内部评估法

调查内部员工，策划、活动执行人员要鼓励大家畅所欲言，尽可能从自身角度客观地看待本次活动的成败得失。这实际上是一次预演，在活动开始之前找到可能出现的问题。

2. 消费者体验评估法

找一些消费者作促销测试，征询他们对促销活动的意见，再由其评价促销效果，并提出改进意见。消费者体验评估法主要用于有丰富活动节目内容的户外秀、路演等。也可以在执行策划活动之前，将方案内容分解，分别询问一些顾客，请他们就此做出评价，消费者认可程度高的自然就是好方案。

3. 外脑认知评价法

促销策划方案完成之后，可以邀请一些促销管理方面的专家、学者，请他们从专业的角度谈谈看法，因为他们有着丰富的理论知识，策划实践经验丰富。由于对专业的精深了解，他们掌握着许多本企业所不了解的情况和数据，往往可以提出一些真知灼见。对于重大的促销策划，这种方法可以避免一些失误。

（二）小规模试验法

选定一定地区，在一定时间内对几个备选方案短期试验。可以通过变换规模水平、媒介时间等变量了解消费者的不同反应，确定实施效果最佳的方案。也可以进行小规模的对比试验，通过比较受试人群（对其实施促销）与控制人群（对其不实施促销）的不同反应来评估促销的效果，通过比较不同促销方法下销售量的变化对促销活动的影响进行评估。

（三）综合分析法

影响促销活动成败的因素很多，有策划本身的因素，有促销产品选择的因素，也有促销方式的选择是否恰当、价格是否有竞争力和足够的吸引力、竞争因素、商品供应是否充足、促销计划执行等因素。甚至有时一个看起来微不足道的小问题在某个时刻也会成为影响促销成败的关键因素。因此，在使用综合分析法的时候，应该尽可能全面地探查每一个因素对促销结果的影响。

二、事前评估中应注意的问题

1. 测试时间的确定

一般选择在促销活动全面开始前一个月，以便测试之后有充分的时间调整和准备。促销活动测试的持续时间则根据具体情况确定，但要求能够恰到好处地接触到尽量多的目标消费者，一般情况下为7～15天。

2. 测试地点的确定

促销测试地点应根据不同产品、不同活动进行选择。测试店铺一般在同类型店铺中具代表性，其人气、知名度、周边消费水平等较为典型。

3. 测试人员的确定

测试人员分为促销执行组和调查组。所有测试人员应经过专门训练，有较强的沟通技巧，完全熟悉活动的过程和细节，把握品牌经理的意图，了解自己的使命。

4. 测试流程的确定

测试流程分为调查流程和执行流程两部分。

促销调查的流程是：第一步，熟悉促销方案；第二步，培训调查人员；第三步，确定促销场地；第四步，促销活动全过程调查；第五步，整理分析数据，提交调研报告。

促销执行的基本流程是：第一步，确定促销方案；第二步，培训促销人员；第三步，准备促销用品，布置促销场地；第四步，促销活动执行；第五步，促销活动结束，提交报告。

通过促销效果事前测定，可以规避风险，便于制订最佳促销方案，从而更好地控制促销费用。因此，大规模促销活动前一定要充分准备，在可能的情况下做好促销前的测定与评估。

三、促销效果的事中事后评价方法

促销效果的事中事后评价主要是判断本次活动达到的效果，将预期目标与实际情况进行比较，总结得失成败。

（一）消费者分析法

1. 客流量分析法

主要是对消费者流量进行统计和分析。假设促销活动开始前客流量为日均 1 万人，促销活动开始后客流量明显增加到日均 1.5 万人，客流量增加了 50%。而且随着促销活动深入开展，日均客流量每天都有所增加，这就说明促销活动起到了作用。

2. 顾客购买率分析法

这是对进店的顾客进一步统计分析的方法。客流量大，要形成真实的购买才会为企业带来价值，否则进店的顾客再多，但购买者少，促销活动也不可能获得成功。

例如，在上面的例子中，虽然日均客流量增加到 1.5 万人，但其中真正购买的顾客只有约 3000 人，则顾客购买率约为 20%。而之前的顾客购买率假设为 50%，则只能说明促销活动很吸引人，但吸引来的这些顾客大多是来看热闹的，不是来购物的。这也说明可能促销活动中有一些表演的成分，但真正能刺激顾客掏钱购买的促销活动比较少。同时，大家把时间花在了非购物的时间上，购物的时间相对就大大减少。

3. 客单价分析法

客单价是指商场（超市）每一个顾客平均购买商品的金额，即平均交易金额。

促销活动不仅应当将顾客吸引过来产生购买行为，还应当提升顾客的人均购买量，只有将客流量、顾客购买率和人均购买量同时提升，才能有效提升企业的销售业绩。

4. 消费者调查法

促销活动结束后，针对企业在消费者心目中形象是否提升做调查。通过促销行为，企业的知名度、美誉度等在消费者的心中是否得到提升，尤其是和周边竞争企业比较，消费者心目中的天平是否更倾向于本企业。

（二）销售目标评估法

1. 销售增长判定法

促销的最终目的是销售，因此，评估促销活动前后销量的变化自然是对本次促销效果评价的最好办法。这种方法主要以精确的数据对比为基础，对促销活动前、活动期间和活动后的销售额进行比较分析，根据数据变动来判别，增加的销售额就归功于促销活动的影响。需要分析销售额总量的增长和销售增长率两个因素，还要和竞争对手进行比较分析。

2. 市场份额增长判定法

企业除了要获得销售量外，更重要的是要抢占市场。只有市场份额不断增长，企业才能成为最后的赢家。市场份额是指一个企业的销售量（或销售额）在市场同类产品中所占的比重，直接反映企业所提供的商品和劳务对消费者及用户的满足程度，表明企业在市场上所处的地位。

3. 单位面积销售额增长判定法

假如企业有许多门店，不同门店的营业面积是不一样的。如果两家门店取得了同样的销售额，但一家门店是另一家门店经营面积的 1.5 倍，其经营的成果显然是不一样的。这时可以用平均每平方米营业面积上产生的销售额及其增长率来判定哪家门店的经营成果更好。类似地，还可以计算单位面积产生的净利润等指标。

（三）成本综合分析评估法

1. 千人成本法

千人成本法是指用促销活动投入的全部资金除以促销活动中接触的目标消费者的数目，再乘以 1000，得出的数字即为每吸引一千个目标消费者所需的单位成本。如果低于广告投放的单位成本，则说明该促销优于广告。千人成本法应综合运用，这样效果会更好。若将这一指标与店铺单位面积获得的销售额和利润、平均每一单位面积投入的促销成本等指标结合起来考量，可能得到的结果会更准确，更令人信服。

2. 单位销售额成本法

单位销售额成本法是指每获得单位销售额需要付出的成本代价。假设平日每获得 1 万元的销售额，需要付出的促销成本为 100 元，促销活动中想要获得同样的销售额付出的成本一定会发生变化，通过成本的提升或者降低，来判断本次促销活动的投入产出效率。

3. 单位面积成本法

针对企业不同门店所花费的促销成本，除以经营面积后，就得到了单位面积所付出的成本，这有助于比较不同门店促销费用的效率。

四、事中事后评估中应注意的问题

1. 评估时间的确定

（1）评估开始时间。一般在促销活动全部结束后开始。

（2）评估持续时间。不同类型的企业的产品特性不同，消费者再次购买的时间长短不同，这将影响到单位时间内的销售数据。为了确保评估所得到的销售数据更为准确，针对不同产品促销进行的事后评估持续的时间存在差异。例如，连锁超市、美容院、加油站等的促销活动评价会有较大的差异。

2. 评估地点的确定

包括所有参与促销活动的卖场。

3. 评估参与者的确定

一般情况下，对一个促销活动进行事后评估时，参与者包括促销活动执行者、促销活动监督者（调查组）、供应商及促销卖场。

4. 评估参与者的分工

（1）促销活动执行者负责提供促销活动总结报告，提供的数据包括整个促销活动消耗了多少促销用品（如试用装、礼品）、运用了哪几种促销工具、促销活动的总支出及每个项目的支出、促销活动总共接触到了多少目标消费者、提供了联络方式的目标消费者又有多少等。

（2）促销活动监督者（调查组）负责提供各个时期的目标消费者调查数据及促销点销量变化数据。

（3）供应商负责支持力度，这决定了促销活动的规模。

（4）促销卖场负责提供各个时期促销产品的销量。

5. 促销事后评估流程

促销的流程包括促销调查、策划、执行和信息的反馈，它本身是一个非常复杂的系统。促销活动结束后，应立即对其进行效果评估，以总结经验与教训。评估促销效果是促销活动的重要一环，它对整个市场营销战略的实施具有重要意义，评估促销效果的方法依市场类型的不同而有所差异。

五、促销活动效果评估报告

促销活动效果评估报告是对整个活动开展的总结，其目的是找出活动开展过程中的不足，为今后类似活动的更好开展积累经验，以求完善。报告的具体内容包括：活动准备工作评估、活动执行过程评估、活动费用评估、活动效果评估、活动的不足之处、改进的建议等。六项关键内容缺一不可。

（一）活动准备工作评估

在进行评估前，首先说明准备工作的具体内容，包括：①活动参与人员。包括活动负责人、活动执行人、活动监控人（由谁监管）。②活动准备事项。包括活动地点的确定、需要准备的器材设备和活动记录表等物品、活动接待人员的培训、活动广告设计等，这一切都需要事先与活动品牌及有关部门提前做好联系，以准备妥当。③广告宣传，信息发布。说明宣传方式、信息发布的对象。简单说明准备工作后，即可开始对准备工作进行评估。例如，整个活动的前期准备工作均依据方案于活动开展前准时安排到位，说明人员、物资、广告宣传均已到位等。

（二）活动执行过程评估

首先要说明活动的执行情况，然后进行评估。活动执行情况包括：①人员安排。是指在活动地点安排的导购服务人员情况。②物品配送。活动商品原计划如何安排，特殊情况需另行说明，在实际执行中又是如何安排等。③活动流程。活动中的工作要依据流程执行，如几人负责接待、几人负责准备硬件设备、几人负责记录活动情况等。④活动数据核准。活动结束后由谁负责核对、审核，包括通知情况、顾客数量、销售额等。说明了活动的执行情况后，再对活动执行情况进行评估。评估的内容包括：①活动中出现的任何情况，包括很多细节，是否对活动产生了影响、产生了什么样的影响、顾客的意见如何、有没有造成负面影响；②参加活动的服务人员的服务情况，服务是否给顾客带来了不良的影响或者是特别优质的服务有没有给顾客留下深刻的印象；③正负面影响为后续促销活动效果带来的影响；④总结出整个活动执行过程。

（三）活动费用评估

先制定出各项费用预算，如硬件设施的准备费用、活动主持人员的劳务费、广告宣传费用，以及为方便顾客提前准备的食物、饮水、各种耗材费用等。然后加总各项费用预算，再结合实际费用支出情况进行评估。本着节约的原则，评估哪些方面节约了活动费用，哪些方面浪费了活动费用。必要时附上费用节支表，内容包括费用项目、预算费用、实际费用、节约费用等。

（四）活动效果评估

活动效果评估直接关系到以后的活动能否更好地开展，所以最后的活动效果是企业最关心的问题。从取得的成绩方面来看，活动效果评估的主要内容包括：①影响人数。包括广告影响人数、通知人数、参加人数、实到人数。②影响面。如果是有一定规模的大型活动，那么它对同城同类商场所带来的影响如何；如果是小型活动，那么它对顾客群体的影响如何，对商场内其他品牌的影响又如何，是否达到了活动预期的要求。③品牌提升。通过活动的开展，已经拥有一定市场基础的品牌是否在顾客认知度方面又得到了进一步提升。④促进销售。活动的开展是否扩大了影响面，提高了品牌知名度。

（五）活动的不足之处

总结活动的不足之处时，可从以下几方面进行：①活动方案是否完善。例如，哪里做得好，哪里做得不好；宣传力度是否达到。②对于活动的信息传达有无不妥，是否有欠缺。比如，有没有顾客不知道有促销活动等情况。③执行力的强弱。例如，活动的促销人员欠缺经验，在向顾客提供服务方面效率低，使活动的效果大打折扣。活动结束后要分析问题的原因，可能包括：导购及服务人员开展活动的经验不足；品牌配合度不够，如品牌邀请的讲师水平较低，不能吸引顾客；人员安排不到位。

（六）改进的建议

需要改进的方面包括：如果是活动的方案不够周全、详尽，建议必须在活动正式开展前半个月就完成方案的草稿，以便领导有充足的时间调整修改，同时相关人员也可以完善活动的各项设施及物资；如果是活动宣传做得不够充分，需加强执行力等。

案例 1-3-1

促销活动效果评估报告

一、活动概述

为了进一步有效提升联通品牌在连云港的知名度、提高缴费力及积极推广增值业务，由连云港分公司申请，于 2011 年 4 月 17 日在连云港开展了“凭 1 份《苍梧晚报》可兑换××牌 52 克香瓜子 4 袋”的活动。

二、活动准备工作评估

1. 活动参与人员

①活动责任人：副总监、省区经理。②活动执行人：连云港销售主任及 8 名临时促销人员。③活动监控：市场中心。

2. 活动准备事项

①安排 4 个兑换点：家得福超市、保真超市、新一佳商场、江苏时代商场。②条幅、绶带各 8 条。③经销商提供送货车 1 辆。④××牌 52 克香瓜子 20 000 袋。⑤兑换登记表若干张。⑥促销人员招聘培训。⑦活动广告设计。

3. 报纸刊发

报纸的活动宣传广告于 2011 年 4 月 15 日在《苍梧晚报》A4 版刊出，报纸的发行量为 6 万份。

三、活动执行过程评估

1. 人员安排

此次活动由 8 名促销人员负责兑换，每个兑换点安排 2 人。市场中心人员负责巡检，销售主任负责货物配送和补给。

2. 物品配送

物品的配送原计划是于 2011 年 4 月 16 日活动前一天送到卖场，后由于和卖场没有协商好，配送时间调整为 2011 年 4 月 17 日 8：30 前。实际执行过程中，除江苏时代商场按要求到位之外，其他的 3 个兑换点产品均未及时配送到位。

3. 兑换流程

活动的兑换工作依据流程执行，1 人负责登记，1 人负责兑换。促销人员按要求填写表格。

4. 活动交接

依据活动的开展情况，为了按时完成兑换工作，销售主任负责活动结束后和促销人员进行兑换数量上的核对和报纸广告的回收，整个活动结束时间为19：00。

5. 活动核准

2011年4月18日，市场中心负责整个活动执行的核准工作，包括兑换数量上的核对、表格的审核、报纸广告的回收。

四、活动费用评估

（一）预算的各项费用

（1）报纸刊登费：3300元。

（2）52克香瓜子：20 000袋×0.72元/袋=14 400元。

（3）登记表：250张×0.2元/张=50元。

（4）宣传横幅：4条×20元/条=80元。

（5）人员工资：8人×40元/（天·人）×1天=320元。

（6）绶带：8条×10元/条=80元。

上述各项费用合计为18 230元。

（二）费用节支

为了节约活动费用，横幅和绶带是以往的活动用过的，节省了制作费用，兑换的产品也做到不流失一袋，整个活动的费用节支情况见表1-3-1。

表1-3-1　费用节支一览表　单位：元

费用项目	预算费用	实际费用	节约费用
报纸刊登费	3 300	3 000	300
52克香瓜子	14 400	1 237	13 163
登记表	50	50	
宣传横幅	80	80	
人员工资	320	320	
绶带	80	80	
合计	18 230	4 767	13 463

五、活动效果评估

（一）取得的成绩

1. 影响人数

此次活动参与兑换的消费者为381名，合计兑换52克香瓜子1524袋。其中，男性145人，占38%；女性236人，占62%。假设参与的1个消费者影响3个家人，活动直接影响人数为1143人；根据报纸的发行量为6万份及现场影响人数约2000人，假设1个直接参与的家庭可至少影响1个家庭，合计活动长期间接影响人数为10万人。

2. 影响面

此次活动的宣传媒体为《苍梧晚报》，其发行可覆盖整个连云港地区。同时4个兑换点覆盖了连云港的新浦区、连云区、海州区。整个活动的影响范围较大，达到了活动的要求。

3. 品牌提升

通过此次活动的开展，对于市场基础一直就较好的连云港来说，无论是对于××品牌在当地的品牌提升还是××品牌的维护，都达到了很好的效果。

4. 促进销售

活动的开展扩大了影响面，提高了品牌知名度，这些无疑对销售都起到了很好的促进作用，同时也增强了客户的信心。

（二）活动不足

1. 活动方案欠完善

活动方案欠完善包括活动的前期宣传欠缺、费用预算不合理、人员配给不合理等，这些无疑都影响了活动开展的效果。例如，没有安排展台，导致只能用瓜子箱堆砌，严重损害了品牌形象。

2. 宣传不足

对于活动的信息传达仅在报纸上刊登了1期活动广告，而且版面很小，选择的是价格最便宜的版位。这从传播原理的角度上说，无法给受众留下强烈的印象，同时参与卖场没有活动的宣传海报，使得在活动现场的很多消费者都不知道有这样的活动。

3. 执行力不强

整个活动在执行过程中出现了很多偏差，包括配送延误、兑换点的安排工作不明确、聘用的人员素质参差不齐、执行效率低等，使活动的效果大打折扣。

（三）问题的原因

（1）执行人员缺乏类似活动的开展经验，导致很多细节没有考虑到。

（2）经销商配合度不够，导致活动开展的效率低下。

（3）执行人力不足。整个活动的执行工作只安排销售主任一人负责，导致很多事情不能得到及时处理。

六、改进建议

1. 活动方案必须周全、详尽

建议必须在活动正式开展前半个月完成方案草稿，以便于领导有充足的时间调整修改。同时准备好活动的物资，如展台、帷幔、服装等。

2. 类似活动要做到宣传充分

建议加大广告的版面，选择较好的版位。由于彩版的价格和套红的价格相差不是很大，建议以后活动广告宣传采用彩版。

3. 加强执行力

为了使活动能够达到预期的效果，建议在以后的活动方案中引进奖惩制度。对于执行较好的给予奖励，反之给予一定的处罚。

资料来源：张华. 企业促销管理. 北京：中国人民大学出版社，2013

□相关知识

在这部分主要介绍促销活动效果的评估指标的基本分类。

销售额是衡量企业行业地位的主要指标，毛利是盈利能力的标志。而促进企业销售额增长的途径是提高客流量、客单价和成交率。同时，品牌知名度、顾客忠诚度和美誉度既是企业的无形资产，也是保证其销售额持续增长的基础，这些和广告效果、店内商品和服务的组织有直接关系。因此，企业促销活动效果评估的基本指标就是：销售额、毛利、客流量、客单价、成交率、市场占有率、商品的价格、商品的质量和服务形象，以及广告费投入与销售额、毛利、客流量增量的比率等。根据用途、来源和获取方式，这些指标可以分为下述几类。

一、促销计划指标

企业一般都有年度促销计划和每次促销活动计划，对某次促销活动效果的评估一般只涉及本次促销活动计划。一次促销活动计划中涉及的主要指标和内容除上述基本指标外，还包括促销商品的准备和供应商的配合情况，以及促销活动在连锁门店的落实和准备情况等内容。这些计划指标的实施结果是衡量促销活动效果的重要依据。

二、内部业绩指标

内部业绩指标是指促销期间门店所实现的上述基本指标。这些指标一是可以从企业信息管理系统中直接提取，或从企业财务核算中获得，如销售额、毛利、客流量、客单价、成交率及广告宣传费用等；二是要靠采购人员和门店员工打分评估得来，如促销商品的准备和供应商的配合情况等；三是依据企业管理人员检查考核的结果，如促销活动在连锁门店的落实和准备情况等。

三、外部环境指标

外部环境指标可用来评定促销活动对企业的品牌形象、行业地位、行业影响力的作用。这类指标一是需要通过顾客问卷调查和访谈调查来获取，如企业价格、产品质量和服务形象等；二是需要通过实地调查、资料分析、推算等方式得出，如促销活动期间竞争对手的反映、市场容量和行业动态等。家居建材商品的市场容量就要通过商品房交易量、国内生产总值（gross domestic product，GDP）增长率等推算出来后，再根据专家预测和经验数据进行验证得出。

□完成任务

根据任务导入中的案例，某超市举行主题为“邀您共享 6 周年的喜悦”的 6 周年店庆促销活动。以 4～5 位同学为一个小组，请同学们为这次促销设计促销效果评价指标体系。

<table>
<tr><td colspan="6">任务单</td></tr>
<tr><td>任务</td><td colspan="5">促销策划</td></tr>
<tr><td>任务描述</td><td colspan="5">1. 根据背景资料确定评价指标
2. 方案报告以书面形式完成
3. 选派组内代表上台汇报任务完成情况</td></tr>
<tr><td>执行团队</td><td></td><td>时间</td><td></td><td>地点</td><td></td></tr>
<tr><td>成员出勤情况记录</td><td colspan="5"></td></tr>
<tr><td>任务执行情况记录</td><td colspan="5"></td></tr>
<tr><td>任务汇报情况记录</td><td colspan="5"></td></tr>
<tr><td>指导教师点评</td><td colspan="5"></td></tr>
<tr><td>任务完成情况总结</td><td colspan="5"></td></tr>
<tr><td colspan="6">组内互评成绩</td></tr>
<tr><td>姓名</td><td>成绩</td><td>姓名</td><td>成绩</td><td>姓名</td><td>成绩</td></tr>
<tr><td></td><td></td><td></td><td></td><td></td><td></td></tr>
<tr><td></td><td></td><td></td><td></td><td></td><td></td></tr>
<tr><td colspan="4">组长签字：</td><td colspan="2">日期：</td></tr>
<tr><td colspan="4">指导老师签字：</td><td colspan="2">日期：</td></tr>
</table>

□知识拓展

促销活动效果评价指标及方法

促销活动的效果评估指标众多，企业的性质、产品的性质、产品生命周期的阶段、市场竞争的状况等因素是影响企业选择适合的促销评价指标的基础。这部分对主要的评价指标及方法进行介绍。

一、促销活动效果评估的分析

（一）同比分析

进行促销活动效果同比分析时，一般选取当年的促销活动期间和上一年同一个促销活动期间进行同期比较，例如，选择 2012 年的“十一”黄金周和 2011 年的“十一”黄金周进行比较。某家居建材超市 2012 年的“十一”黄金周销售额为 2280 万元，2011 年的“十一”黄金周销售额为 1880 万元，同比增长了 400 万元。

（二）环比分析

进行促销活动效果环比分析时，一般选择促销前、促销中和促销后三个相同的时期的数据进行比较。例如，某家居建材超市 2012 年的“十一”黄金周前后的客流量为：9 月 24～30 日为 38 270 人，10 月 1～7 日为 68 066 人，10 月 8～14 日为 45 005 人。因此，相对于促销前期，促销中、促销后客流量分别增长了 29 796 人和 6 735 人。此外，相同年度不同时期的促销活动之间的指标比较和分析，也应纳入环比分析的范畴，如 2012 年“十一”促销活动指标与 2012 年“五一”促销活动同类指标间的比较和分析。

（三）比率分析

进行促销活动效果评估时，除了要分析数额变化外，还需要进行比率分析。一是增长比率分析，如销售额增长百分比的同比和环比分析；二是某指标和另外某些指标的比率的同比及环比分析，如本门店销售额占整个市场容量的百分比，即市场占有率分析，促销活动费用占销售额、毛利增量的比率分析等。

二、促销活动效果的量化评估方法

（一）投入产出比评估法

投入产出比主要反映促销投入与销售产出的平衡关系，即单位投入所获得的销售回报。计算公式为：投入产出比=促销活动费用÷销售产出。

投入产出比评估法的优点是简洁、直观；缺点是过于笼统，无法反映促销资源的内在实际使用效果。该方法适用于：没有市场基础或市场基础非常薄弱，重新启动市场时及新产品导入期。

（二）销售增量回报比评估法

销售增量回报比主要反映促销活动投入与销售增长的平衡关系，即单位投入所获得的销售增长。计算公式为：销售增量回报比=1-（促销活动费用÷促销前后的销售差值）。

销售增量回报比评估法的优点是体现了促销资源对销售增长的贡献情况；缺点是无法体现促销活动对企业利润的贡献情况。该方法适用于市场维护、市场阻击、深度开发等，适用于单一产品或产品毛利率相差不大的促销活动评估。

（三）效益增量回报比评估法

效益增量回报比评估法主要反映促销资源对企业效益增量的贡献情况，主要以毛利额的形式反映出来，即单位投入所获得的销售毛利增长。计算公式为：效益增量回报比= 1-

（促销活动费用÷促销前后的毛利差值）。

效益增量回报比评估法的优点是能充分体现促销资源的真正价值，为以后促销找出主攻方向；缺点是计算过程较为复杂，基层业务员通常无法知道各产品毛利率。该方法适用于成熟市场的推广、多产品组合促销。

（四）边际效益评估法

严格来说，边际效益评估法不是促销活动效果评估方法，而是一种对促销活动的推理手段。主要用于促销资源预算、费用分配及备选促销方案的选择。

三、促销活动效果的综合评估方法

一个促销方案是否成功要进行综合衡量，除了上面介绍的一些量化方法之外，还包括业绩评估、促销活动效果评估、供应商配合状况评估和企业自身运行状况评估。

（一）业绩评估

业绩评估主要包括两个方面：业绩评估的标准与方法、查找和分析促销业绩好或不好的原因。

1. 业绩评估的标准与方法

（1）检查表法。促销活动检查表用于对促销前、促销中和促销后的各项工作进行检查。促销前需要检查的内容：促销宣传单、海报、POP 广告是否发放和准备妥当；卖场所有人员是否均知道促销活动即将实施；促销商品是否已经订货或进货；促销商品是否已经通知相关部门变价。促销中需要检查的内容：促销商品是否齐全、数量是否足够；促销商品是否已变价；促销商品陈列是否具有吸引力；促销商品是否张贴 POP 广告；促销商品品质是否良好；卖场所有人员是否均了解促销的期限和做法；卖场气氛是否活跃；服务台人员是否定时广播促销做法。促销后需要检查的内容：过期海报、POP 广告、宣传单是否均已拆下；商品是否已恢复原价；商品陈列是否调整、恢复原状。

（2）前后比较法。即选取促销前、促销时和促销后的销售量进行比较。一般会出现十分成功、得不偿失、适得其反等几种情况。一是十分成功：在开展促销活动后，消费者被吸引前来购买，销售量增长，取得了预期的效果，而且对企业今后的业绩和发展均有积极影响。这是企业经营者、营销人员及所有员工都希望的情景。二是得不偿失：促销活动的开展对企业的经营、营业额的提升没有任何帮助，浪费了促销费用，显然是得不偿失的。三是适得其反：这是促销活动引起不良后果的一种表现，是企业经营者最不愿意看到的情形。促销活动虽然在进行过程中提升了一定的销售量，但是促销活动结束后，企业的销售额不升反降。

（3）消费者调查法。企业可以组织有关人员抽取合适的消费者样本进行调查，向其了解促销活动的效果。例如，调查有多少消费者记得企业的促销活动，他们对该活动有何评价，是否从中得到了利益，对他们今后的购物场所的选择是否会有影响等，从而评估促销活动的效果。

（4）观察法。这种方法简便易行，而且十分直观。主要是通过观察消费者对企业促销活动的反应，如消费者在限时折价活动中的踊跃程度、优惠券的回报度、参加抽奖竞赛的人数及赠品的偿付情况等，对促销活动的效果作相应的了解。

2. 查找和分析促销业绩好或不好的原因

运用一种或几种评估方法对企业的促销业绩进行评估之后，一件很重要的事情就是查找和分析促销业绩好或不好的原因。只有找出根源，才能对症下药、吸取教训，进一步发挥企业的特长。

（二）促销活动效果评估

促销活动效果评估主要包括三个方面：促销主题配合度，促销创意与目标销售额之间的差距，以及促销商品选择得正确与否。

（1）促销主题配合度。促销主题是否符合促销活动的内容；促销的内容、方式、口号是否富有新意，是否吸引人，是否简单明确；促销主题是否抓住了顾客的需求和市场的卖点。

（2）促销创意与目标销售额之间的差距。促销创意是否偏离预期目标销售额；促销创意是否符合促销活动的主题和内容；促销创意是否过于沉闷、正统、陈旧，缺乏创造力、想象力和吸引力。

（3）促销商品选择得正确与否。促销商品能否反映企业的经营特色；促销商品是否为消费者真正需要的商品；促销活动能否给消费者增添实际利益；促销活动能否帮助企业或供应商处理积压商品；促销商品的销售额与毛利额是否与预期目标相一致。

（三）供应商配合状况评估

供应商配合状况评估的主要内容包括：供应商对企业促销活动的配合是否恰当、及时；供应商能否主动参与，积极支持，并为企业分担部分促销费用和降价损失；在促销期间，当企业请供应商直接将促销商品送到门店时，供应商能否及时供货，数量是否充足；在商品采购合同中，供应商，尤其是大型供应商、大品牌供应商、主力商品供应商，是否做出促销承诺，而且切实落实促销期间的义务及配合等相关事宜。

（四）企业自身运行状况评估

1. 从总部到门店，各个环节的配合状况

（1）总部运行状况评估的内容。具体包括：企业自身系统中，总部促销计划的准确性和差异性；促销活动进行期间总部对各门店促销活动的协调、控制及配合程度；是否正确确定促销活动的次数、促销活动的时间、促销活动的主题内容；是否已选定、维护与落实促销活动的供应商和商品；是否已组织与落实促销活动的进场时间。

（2）配送中心运行状况评估的内容。具体包括：配送中心是否有问题，送货是否及时；在由企业配送中心实行配送的过程中，是否预留库位、合理组织运力；各门店促销商品的数量分配等工作是否已正确实施。

（3）门店运行状况评估的内容。具体包括：门店对总部促销计划的执行程度，是否按照总部促销计划操作；促销商品在各门店中的陈列方式及数量是否符合各门店的实际情况。

2. 促销人员评估

评估可以帮助促销人员全面并迅速地提高自己的促销工作水平，督促其在日常工作流程中严格遵守规范，保持工作的高度热情，并在促销人员之间起到相互带动的作用。

促销人员的具体评估内容如下：促销活动是否连续；是否达到企业目标；是否有销售的积极性；是否在时间上具有弹性；能否与其他人一起合作；是否愿意接受被安排的工作；工作文书是否干净、整齐；促销环境是否整齐、干净；是否与顾客保持密切关系；是否让顾客产生好感。

□角色转换

如果你是一名中职院校的教师，你将如何向学生讲授这部分内容？请思考以下问题：

1. 如何展开本任务的课堂教学和实践教学？
2. 在本任务的教学中，哪些教学方法比较有效？

项目二

针对消费者的促销

任务一 优惠券促销

□学习目标

知识目标

1. 了解优惠券促销的优、缺点。
2. 掌握优惠券促销活动的基本流程。
3. 学会策划、设计优惠券促销活动。

能力目标

1. 能按照优惠券促销流程制订促销策划方案。
2. 能执行与组织优惠券促销活动。

□任务导入

远大购物中心群力店新店开业促销

哈尔滨远大购物中心群力店新张开业，顾客当天在店内购单件商品或同一专柜累积满 200 元，即送 80 元优惠券（超市、金饰名表、数码产品、家用电器及指定品牌、租户不参与赠送），单件商品最多送三张。80 元券必须加 120 元现金方可当 200 元使用，即每消费单件商品满 200 元方可以使用 80 元优惠券一张。此促销活动同时在哈尔滨远大购物中心南岗店执行。

看到这样的促销信息，哈尔滨工业大学学子超市也想在新生入学时开展一次优惠券促销活动。那么，促销的目的是什么？如何策划和实施这次促销？怎样进行评价呢？

□任务分析

1886 年，世界上第一瓶可口可乐于美国诞生，8 年后这家神奇的饮料公司的创始人手工书写了第一批用于促销的优惠券，一经推出，效果显著。优惠券主要用于日用消费品行业，优惠券已经成为这一行业不可或缺的营销手段，日化、饮料行业更是使用优惠券的排头兵。零售商也广泛使用各种形式的优惠券。优惠券促销虽然是一种古老的促销形式，但在现实使用中变换出各种不同形式，且多与其他促销形式联合使用。

优惠券又称折价券、代金券，是制造商或零售商发给消费者的一种凭证。消费者在购买促销品牌的商品或者到指定的商店购物时，只要提交优惠券，就可以享受到优惠券面值的折价优惠。优惠券的实质是变相降价，但采用优惠券的形式可以避免价格战，也可以避免公开降价对产品形象造成的损害。

在使用优惠券进行促销时，要在明确促销目的的基础上，注重其策划与实施的流程，并能对优惠券促销进行合理的评价。详见下面的促销流程图（图 2-1-1）。

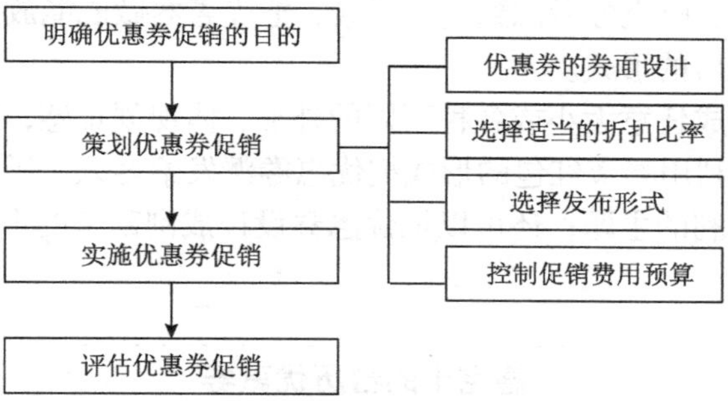

图 2-1-1　优惠券促销流程

一、明确优惠券促销的目的

大多数优惠券促销是在某种产品或服务未能如期销售或获利时，为了达到预期的目标策划的促销活动。优惠券一般用于以下情况。

（1）扭转产品或服务销售下跌的局面。但如果这种局面延续多年，使用优惠券促销也难以扭转。

（2）抑制某一品牌在同类产品中逐步递减的市场份额。

（3）提升消费者对虽然处于成长期但由于某种原因销售停滞商品的兴趣。

（4）协助增加弱势品牌的销售利益。

（5）引起消费者对产品的试用欲望，可以用来推荐新口味、新规格，或其他产品线的延伸。

另外，有的商家在优惠券的反面印上市场调查表，消费者填写后再使用优惠券，帮助商家收集相关的市场信息。

二、策划优惠券促销

（一）优惠券的券面设计

优惠券的券面设计主要包括两个方面：一个是券面发布信息的设计；另一个是券面的艺术设计。

优惠券的一个重要部分就是优惠内容，即用简单的文字向消费者说明优惠券的使用方法、限制范围、有效期限等内容。一般优惠券券面包括以下内容：促销主题、优惠额度、促销范围和时间期限、优惠券兑换的地点、具有说服力的介绍、发券企业名称及地址和咨询电话等。优惠内容的制定要与促销主题紧密连接，其信息的传达应清晰且响亮，以引人注目。晦涩难懂的条例不但难以起到促销的作用，还有可能影响产品在消费者心目中的形象。因此，优惠券需要特别重视优化内容，即用最简单的文字说明优惠券的使用办法。

优惠券的艺术设计主要关注易于保存、美观、体现价值感三个方面。

要想优惠券发挥功效，首先要方便顾客保存，只有顾客保存方便才能谈得上去使用。在发放优惠券的时候，应充分考虑到这个因素，把优惠券做成能放进钱包的尺寸，或直接将优惠券设计成钱币的形式。

优惠券可以设计成任意大小或各种不同的外形，体现创意感，使消费者愿意使用此优惠券。例如，可以利用春节红包的形式把优惠券派发给客人，形式上新颖生动，很好地表现了节日喜庆吉利的主题；还可以把优惠券设计成刮刮卡的形式，颇有创意。

案例 2-1-1

德克士的台历优惠券

德克士制作了能放在桌面上的小台历，每页台历上都有相应日期的不司产品的优惠券，一本台历上共有 54 张优惠券。顾客消费 100 元就可免费获赠一本，消费不足百元加 10 元钱即可获得一本。顾客得到一本这样的台历当然很开心，老顾客变得更忠诚，新顾客来的次数也会多一些。由于每页台历上的优惠券的内容不同且有使用期限，一些顾客还会将没有使用完的优惠券在网上公开叫卖。

另外，优惠券的印刷质量应有价值感。调查显示，优惠券的实际使用率与其印刷质量存在正比关系。通常，印刷精美的优惠券的实际使用率比印刷粗糙的优惠券高出 60%以上。优惠券本身的质量与消费者心理上从优惠券的获利程度有极大的关系，因而也就直接影响了其实际使用率。

（二）选择适当的折扣比率

优惠券的折扣比率是影响其实际使用率最主要的因素之一。因商品本身的性质不同，优惠券的面值也应有所区别。具有高周转率的商品，如食品等，本身就具有较高的使用率，在制定优惠券的折价比率时，可以相应略低；而对于刺激持久性消费品，如服饰类商品等，其优惠券比率可以相应略高。

优惠券的优惠额度有不同的表示方法，分为绝对额度和相对额度。绝对额度是指凭券消费可抵扣多少现金或赠送价值多少元的其他商品；相对额度指凭券消费能享受到的优惠折扣。根据使用经验，零售价 10%～30%的折扣率是较为理想的。

案例 2-1-2

某商场推出满 200 元送 220 元活动，其中 200 元为现金券，另外 20 元为赠券，买满 200 元能使用一张。初看之下这个促销十分诱人，因为“送的比付的多”。但当我们实际计算之后却发现，若顾客获得 220 元券后，把券全部用出，那顾客付出的钱为 200+180=380（元），而顾客将得到的商品价值为 200+200+200=600（元），实际折扣率为 380/600=63.3%，优惠幅度大幅减少了。

可以看出，在没有其他限制条件下，顾客参加“满 m 送 n”活动，消费满 m 元，则可得到买 $m+n$ 元的商品，其实际折扣率可用以下公式算出：

实际折扣率=顾客付出的金额/顾客得到商品的金额=$m/m+n$

因此，“满多少送多少”在价格上存在幻觉效应，使顾客在直观上感觉折扣率为 n/m。促销力度越大，则幻觉折扣率就越高，顾客购买意向也会更强烈。

（三）选择发布形式

优惠券在选择发放形式时，应根据目标消费者的分布范围、生活习惯和消费习惯等特点来选择适当的发布形式，以提高兑换率。

1. 直接送予消费者

此种类型优惠券通常是挨家挨户递送，或通过邮寄方式直接送到消费者手中。此外，也可在街上散发、置于展示台上任人自取、通过商店“欢迎取用”告示牌吸引顾客索取、委托促销或直销公司代送，或利用其他的直达消费者渠道送出。

1）逐户分送

可通过专门的促销公司，或者聘请临时促销员，将优惠券和宣传单在所选定的区域内对目标消费者进行挨家挨户的分送，可投入消费者的信箱、塞进门缝里或者送至消费者的房内。这种赠送途径的优点是：有一定针对性；如果能送至房内，亲自交给消费者，还能与消费者进行简单沟通，从而容易引起消费者的注意和兴趣，提高优惠券的兑换率。其缺点是：赠送的范围受到限制，发行成本很高，分发效率较低。

2）零售店现场分发

零售商大都采取购物返券方式分发优惠券，即消费者在店内购买商品的金额达到规定数目时即可获得一定面值的优惠券（又称代金券），消费者持该券在规定时间内再次购物时可享受相当于代金券面值的优惠。大多数情况下，消费者在获得代金券后会当即使用代金券继续购物，因此这种方式可延长顾客在店内停留和选购的时间，从而促进销售。

厂商在零售店现场分发优惠券，可采取三种方式：一是派遣专人或委托商店的导购服务人员，在店门口或者在本品牌的货架前向顾客分发；二是将自动发放机放在本品牌产品的货架附近，并且通过 POP 广告加以提示，顾客只要抽出优惠券并将之拿到结账台即可；三是在店内本品牌产品的货架上直接放上优惠券，并通过 POP 广告加以提示，顾客将商品和优惠券一并交给收银员即可。

在零售点现场分发优惠券的优点是：第一，针对性强，能够将优惠券送给光临本店、对某个类别或某个特定品牌商品有购买欲望的顾客，实际上是对现有顾客提供的一种优惠，鼓励他们继续购买或者促使他们坚定选购某个品牌产品的意向。第二，容易取得零售商的合作，因为在店内分发优惠券有助于烘托店内的销售气氛，能够给商店增加客流量。第三，分发成本较低。但是对厂商来说，如果只在规模较大、街区中心的零售点分发，势必导致其他零售店的不满，从而会影响这些零售店与企业的合作。

3）直接邮寄

企业如果掌握了目标消费者的姓名和邮寄地址或者电子邮箱，可以将优惠券和有关宣传资料邮寄给目标消费者。也可与其他非竞争性企业联合，统一设计精美的优惠券并且统一邮寄，费用由各家企业共同分摊，这样会降低优惠券的设计和邮寄成本。在我国，房地产公司、家用电器公司、维修公司、装饰公司等较多采用这种方式进行促销。

直接邮寄优惠券的优点是：可以根据促销的目的，针对特定消费者群体寄送。比如，可以选择年轻的母亲、人口出生高峰期的人、退休的人、对某一具体产品感兴趣的人、倾向使用竞争者的产品的人等，设计出相应的优惠券并邮寄给他们。但这种方式的不足是：成本高，可能包括购买邮寄地址、打印材料和信封、手工操作和邮资等费用；激发性不强，因为零售商很难相信某个品牌的制造商正在进行的直邮优惠券促销活动是真实的。

4）户外散发

散发地点必须选择在目标消费者经常聚集或经过的地方，可以聘请临时促销员在零售点门口或附近散发，针对中小学生在学校门口散发，针对老年人在其休闲、娱乐、健身的地方散发。肯德基、麦当劳是较早选择户外散发方式向消费者派发优惠券的商家。

选择散发时间时也必须考虑目标消费者的习惯和规律。如果地点和时间选择得不恰当，就不可能将优惠券发到真正需要和比较关心的人手里，发出去的优惠券会被人们当成垃圾扔掉。如果和户外产品展销、户外搭台表演等促销活动相结合，更能引起目标消费者的关注，提高顾客的参与度和兑换优惠券的比率。

户外散发优惠券的优点是：与直接邮寄、逐户分送相比，分发效率有所提高，成本有所降低。其不足是：①针对性不足，即便散发的地点和时间选择得好，也不可避免地将许多优惠券发到并不需要或不感兴趣的人手里，从而造成优惠券的浪费和促销成本的上升；②与利用媒体发行优惠券相比，影响范围仍然比较有限。

从以上四种直接赠送优惠券的形式看，这种形式最大优点在于优惠券散发的目标群明确，也就是说，对目标顾客具有较好的选择性。通过前期调查和准备，根据消费者的某种特征，对优惠券的送予对象进行甄别，由散发者控制。这样就极大地提高了效率并降低了成本。例如，商家可以有针对性地向中学生、教师等不同目标顾客群发放。而且，由于是直接传递，省去了众多中间环节，可以较好地保证优惠券到达目标消费者手中。需要强调的是，随着互联网的迅速普及，基于传统互联网的网站优惠券下载和基于移动终端的手机优惠券呈快速发展趋势。

2. 通过媒体发放

通过媒体发放优惠券主要是指通过报纸、杂志等印刷媒体进行优惠券的发放。此类优惠券有两种形式：一是一般优惠券，通常为报纸、杂志正常广告的一部分；二是独立式优惠券，通常为夹在其中的单页或单份，是在报纸、杂志以外单独印刷的优惠券。针对传播媒体读者对象的不同，各种类别的优惠券也应选择对口的媒体。

1）报纸

报纸上的优惠券可在某一共同主标题下，以统一格式排列刊登。此种联刊式优惠券既可争取较大的刊登篇幅，又可吸引消费者注意另一种商品，使彼此间产生积极互动的作用。

报纸优惠券的优点：一是花费的成本较低，只需支付报纸刊登的广告费和制作费；二是选择性大，报纸的种类众多，且多有相对固定的读者群，虽然各种报纸的发行量有限，但优惠券可针对不同的产品和服务灵活地选择不同的报纸刊登，以符合目标读者的需要；三是弹性极大，报纸上的优惠券可根据版面尺寸、构图设计、时机性和发行区域的不同，而灵活变通；四是时效性强，由于报纸的时效性，优惠券可以较快地传到消费者手中。一般情况下，在都市地区，经由报纸传递的优惠券，具有很高的到达率和最快的兑换率。但调查和实践经验显示，运用报纸送出的优惠券的实际使用率较低，这大体有两方面的原因：一是优惠券身处繁杂的广告和新闻当中，容易被读者忽略；二是优惠券本身的印刷质量难以很好地激起消费者的购买冲动。

2）杂志

杂志上的优惠券通常有两种形式：一种为广告页上优惠券，是指在杂志内页中的商品广告上附带该商品的优惠券；另一种为彩色插页式优惠券，这种优惠券通常设计成独立的卡片形式，其纸质比杂志用纸厚，尺寸较小，常直接装订或粘贴在杂志上。

调查显示，优惠券如果是以单独插页的方式送出，其实际使用率比在一般广告页上印刷的要高出60%。原因就在于：第一，印刷质量更高；第二，容易从众多广告中脱颖而出。因而为达到更好的促销效果，在条件允许的情况下，可以尽量采用这种方式发放优惠券。但是在使用中需要注意的是，其成本较广告页上的优惠券略高，且在分发中容易遗失。

经由杂志发送优惠券的优点：一是分送费用相当低，尤其是广告页上优惠券；二是可以吸引特定对象，此种优惠券可依杂志读者层的不同而特别制作，同时，可以根据区域性差异及编辑内容的不同选择最适当的杂志或栏目刊登；三是由于印刷较为精美、制作品质高，容易吸引消费者的眼球。当然，利用杂志发行优惠券也有一些缺点：一是我国大部分杂志的发行量有限，而且很多杂志的专业性很强，所以其送达范围是很有限的；二是绝大部分杂志的发行周期较长，从而影响了销售促进的时效性；三是较易局限于某个特定地域，因此，缺乏地域上的流通弹性，致使部分营销人员在面对诸多不同杂志时，难以选择运用。

3. 随商品发放

此种优惠券常通过商品发送，吸引消费者下次购买时享受优惠。这种方式的优惠券在巩固产品市场、将普通消费者转变为忠实消费者的过程中有非常好的作用。尤其是对重复购买率高的日用品及食品等，其有效率可以达到80%以上。此种优惠券的发放方式一般分为“包装内”和“包装上”两种。“包装内”是指将优惠券直接附在包装里面，同时，商品的盒子或纸箱上常会以标贴特别注明，以吸引消费者的注意。值得注意的是：当食品类的商品使用包装内优惠券时，应注意小心处理，因为食品管理的规定极为严格，对纸张材料、印刷方式等均有严格的限制。这种发放方式在外资和合资公司中使用较多，国内企业也正逐渐认识并采用。“包装上”是指在包装上某处附有优惠券，它可能是在包装标签纸上或印在纸箱上。消费者可以携带此包装或剪下优惠券，再次购买时享受价格优惠。

案例 2-1-3

雀巢公司 Gale 牌蜂蜜包装上优惠券促销

1994 年，雀巢公司历史悠久的 Gale 牌蜂蜜做了一次优惠券促销活动。价值 20 便士的优惠券内容印在乳胶涂料上，可以刮开，幸运的话消费者就会中奖，奖金是 10 英镑。这样，消费者就有一种非常有趣的选择：不刮开乳胶，则可获得 20 便士，如果刮开，则 20 便士无效。两种选择由消费者自己决定。接下来的问题是选择刮开的人多数都不会中奖，那么该给他们什么鼓励？雀巢公司在没有 10 英镑奖金的乳胶下面印上一个蜂巢图案，消费者收集起来就可以兑换 Gale 的系列陶器产品。这次促销效果不错，销售量提升 5%，零售商不再提出清除 Gale 蜂蜜，优惠券领奖率控制在 2%以下，而且 Gale 蜂巢图案的收集者剧增。

这个案例给我们的启示是优惠券与其他促销形式的结合可能给企业和消费者带来意想不到的惊喜。

资料来源：柯明斯 J，马林 R. 促销. 陈然译. 北京：北京大学出版社，2006

采用随商品发放优惠券方式的优点：一是节省分发成本，因为所分销的产品已经包括了优惠券，所以节省了大量的媒体费用；二是产品包装上的优惠券或者优惠券的提醒标识可以提供零售点的差异化，容易引起消费者的关注，促进产品销售；三是由于优惠券是随商品发放的，只有购买方能取得，优惠券的破损率减至最低；四是可鼓励现有消费者再次购买同一品牌，提高品牌忠诚度；五是由于厂商掌握了配送通路，也能有效地掌握潜在消费市场，将优惠券适时地送到消费者手中；六是为交叉取胜的优惠券运用方式提供一个绝妙良机，通过非竞争性商品的互动，将优惠券送给新使用者及潜在消费群，从而扩大了销售面。

案例 2-1-4

“交叉取胜”：英国电信千禧年通行证网络促销

英国电信的销售网站 bt.spree.com 想做一次大型的网上促销活动，鼓励顾客上网注册并成为回头客。他们与 brandsynergy.com 结成伙伴关系，推出“千禧年通行证”的一条龙促销。

该促销为在 bt.spree.com 网站注册的前 5 万名顾客每人准备了一份总价值为 2000 英镑的网上优惠券。注册的前 5 万名访问者会收到含有 14 张优惠券的电子手册，其中包括：主题公园门票减让 150 英镑；ABTA/ATOL 旅游手册中的双人一周假日游减让 25 英镑；Moat House 饭店客房住一晚赠一晚；VCI 电影院价值 60 英镑的优惠券。

优惠券可在注册后立即“网上”兑现，也可到 2001 年 12 月 21 日截止日前兑现。

资料来源：柯明斯 J，马林 R. 促销. 陈然译. 北京：北京大学出版社，2006

当然，这种方式也有许多缺点：①如果将优惠券直接印在包装上，势必会增加包装设计和印刷成本；②优惠券常是下次购买时才能享用，对眼前的购物促进并无多大帮助；③一些供货正常、销售顺畅的零售点，优惠券常受店方抵制；④包装内的优惠券极可能被新的购买者和使用者所忽略，而包装上的优惠券则可能不易被取下和携带。

4. 利用特殊渠道发放

目前市场上出现了多种发行优惠券的特殊渠道：将优惠券印在收银机打出的发票背面、商店的购物袋上、蛋盒上、冷冻食品包装袋上、街头销售促进宣传单上等。有的厂商则采用"以旧换新"方式开展优惠券促销，相当于优惠券作用的有产品包装物、瓶盖、废旧产品等。

案例 2-1-5

泰山香烟包装盒优惠券促销

泰山香烟的包装盒可以集盒折价优惠。在活动期间，集齐 10 个泰山香烟盒可以在下次消费时折扣 1 元钱，消费者也可以选择集齐更多的香烟盒换购相应的带有"泰山"品牌标志的礼品，礼品有打火机、卡包、指甲钳套装等。采用此法可有效鼓励消费者再次购买，提高他们的忠诚度。

5. 通过网络渠道发放

网络的快速普及，尤其是近一两年来通过智能手机移动终端发放电子优惠券成为一种流行趋势。电子优惠券的使用范围已经涉及生活的方方面面，由于取得的方便性和实用性，电子优惠券已经走进了千家万户的生活。电子优惠券的相关内容在本任务中的"知识拓展"中进行详细介绍。

（四）控制促销费用预算

一般来说，与优惠券促销活动有关的费用主要有两种：一是分发费用，它是指将优惠券送达顾客所发生的费用，包括印刷、安排版面或者插页，以及直邮的邮资；二是兑换费用，它与将折扣支付和分配给顾客有关。计算一次优惠券促销活动的费用相当容易，企业只需收集所有实际发生的费用或可能发生的费用，将两者合计即可。

例如，某连锁零售企业在某一地方报上刊登一则广告，上面附有 10 元的优惠券，当来店购买商品时，可享受折价 10 元的优惠。连锁企业在预估此次优惠券的活动花费时，首先假设报纸广告费是 20 000 元，广告制作费 2500 元，发行量是 20 万份。企业预估的优惠券兑换率为 3%，按此计算，则约有 6000 张优惠券会来兑换。则此次优惠券促销活动的费用是：发行费用 20 000+2500=22 500（元）、兑换费用 10 × 6000=60 000（元）。则此次促销的总费用为 82 500 元。

运用这种推算方式，可预估任何类型的优惠券兑换费用。连锁企业可利用各种类型兑换率来推算优惠券的回收率。回收率的高低直接影响到活动的效果和活动费用的预估。

三、实施优惠券促销

实施优惠券促销，主要考虑如何提高优惠券的兑换率，如何降低优惠券的误兑率。

美国尼尔森促销顾问公司通过研究，发现以下因素会影响优惠券兑换比率：①分发方式；②商品等级大小；③优惠券的到达率；④消费者对商品的需要度；⑤消费者对品牌的认知度；⑥消费者对品牌的忠诚度；⑦优惠券的面值；⑧商品品牌的新老程度；⑨广告的设计与表现；⑩优惠条件；⑪使用地区范围；⑫竞争品牌的活动内容。

基于以上各点，提高优惠券的兑换率，可以从优惠券的面额、运用时机、各产品分摊比例、分送方式、竞争态势及媒体选择等方面综合考虑。

优惠券的误兑状况必须留意。误兑是一个严重的问题，除了真正的误兑以外，还有一些盗窃集团故意冒用。一些不法之徒通常是故意裁下优惠券大批贩卖，甚至故意仿造或窃取，然后向粗心大意的零售店兑换。对于降低误兑率，可以从以下几方面加以注意：①务必视优惠券如货币，通过设计、发送和处理的过程，防止错误的兑换；②优惠券的价值切勿过高；③单一品牌的优惠券，其价值不应超过产品本身的价值；④力求折价办法清晰易懂，不易混淆；⑤某种商品在区域内的铺货率不得低于 50%；⑥让零售店易于处理和承兑；⑦设定一个规章并严格遵循，不能拒兑，以免引起不满，构成欺骗；⑧先将促销方案和优惠券分发方式在小范围内试验，若无法确定这项活动是否可行，不要在地区推广；⑨优惠券不易伪造，为防止被伪造，对价值高的优惠券最好用四色印刷，再加上防伪标志。

四、评估优惠券促销

优惠券促销活动的评估分为实施前评估和实施后的评估。

优惠券促销活动的策划工作基本完成后，就要对活动的效果进行预评估，以便准确判断此活动是否有必要实施，以及实施哪个方案更好。预评估的时间跨度不仅包括促销期间，也包括促销活动结束后一段时间。因为采用优惠券促销的方式后，在活动结束后的一段时间内，产品销量和利润可能因顾客大量提前购买而下降。预评估的内容主要包括：促销目标能否实现；促销活动期间及其后一段时间内销售总量和利润总额是否增加；百元促销成本的利润率等。

活动结束后，应立即进行效果评估，总结经验与教训，为以后提高策划和执行水平提供依据。然而现在很多企业忽视这一工作的实施，即使开展评估，也只是表面和片面的，很少对活动的较长期效果和副作用进行仔细评估。促销效果评估方法可参照项目一的相关内容。

□相关知识

根据优惠券促销的发行主体不同，优惠券促销分为零售商型优惠券促销和厂商型优惠券促销。

一、零售商型优惠券促销

零售商型优惠券，促销通常是由总经销商或零售店策划，并运用在平面媒体广告或店内小传单、POP广告上，只能在某一特定商店或连锁门店使用。其主要目的是吸引消费者光顾某一特定商店，协助刺激消费者对店内各种商品的购买欲望，而不是吸引顾客购买某一特别品牌的商品。但许多实例显示，零售商型优惠券也是零售店与厂商间一个绝佳的销售组合，其目的在于提供给消费者一个动人的诱因，以吸引他们到特定的商店，购买特定的商品。

零售商型优惠券促销总的来说有以下三种形式。

1. 直接折价式的优惠券

消费者凭某家零售店发行的优惠券在规定时间内到该店或其连锁门店购物，可享受优惠券面值的折价优惠。

案例 2-1-6

好成财牛肉馆优惠券促销

百年老字号好成财在哈尔滨地段街开了一家中式快餐店，店内主营三种牛肉套餐，分别为20元A套餐、24元B套餐、27元C套餐。为了鼓励消费者再次进店及消费C套餐，好成财推出5元代金券，代金券仅限C套餐使用，使用期限为半个月。同时，在代金券的背面推介此商圈内即将开业的两家好成财快餐店的地址及开业时间。

2. 伴随商品销售而赠送的优惠券

消费者在店内购物的金额达到商店规定的数目时，可获得一定面值的优惠，消费者凭此券于规定时间内在店内购买其他产品时，可享受相当于优惠券面值的折价优惠。这种类型的优惠券不是免费赠予，而是以消费者购买一定数量的商品为条件。这种伴随商品销售而赠送优惠券的方式也是现今连锁门店使用最为广泛的方式之一。

3. 积分点券式的优惠券

消费者在店内购物的金额达到商店规定的数目时，可获得一张积分点券，当消费者手中的积分点券积累到规定数量时，可在该店兑换自己喜欢的赠品。深受消费者喜爱的药妆店屈臣氏就常年执行这种积分点券促销，店内兑换的赠品会随季节不断更新。消费者会因为这种不断更新的赠品，经常光顾屈臣氏的各个门店。

二、厂商型优惠券促销

厂商型优惠券是由产品制造商的营销人员设计和发放的优惠券。消费者在各零售点购买该品牌商品时，可凭此券获得折价优惠。零售商如同厂家的促销活动代理，负责回收优惠券，统一整理后返给厂家。厂家再根据优惠券的面额，外加处理费用一并支付给零售商。厂商发行优惠券的主要目的是增加消费者对本企业生产的某种产品或者多种产品甚至所有产品的购买欲望。使用优惠券，制造商可以不依赖零售商就能单方面降价。优惠券可以看作商家对与之交易的消费者的奖励。消费者得到优惠券后，为了享受优惠，往往会使用它消费，从而促进了销售。

□完成任务

哈尔滨工业大学学子超市是教育超市的样板店，深受工大师生的喜爱。借助新生入学的机会，学子超市拟进行一次优惠券促销活动。请各位同学策划此次促销活动。

任务：

（1）以 5 人左右成立策划小组，选出组长，分工合作。

（2）按照优惠券促销的要求，结合该店的实际，制订促销方案。

（3）优惠券促销方案需包括：促销活动主题、优惠券设计、优惠项目、发送与兑换方式等。

（4）各小组以 PPT 形式作该促销方案介绍，请老师给予考评。

<table>
<tr><td colspan="6">任务单</td></tr>
<tr><td>任务</td><td colspan="5">优惠券促销</td></tr>
<tr><td>任务描述</td><td colspan="5">1. 根据背景资料确定策划的内容
2. 策划报告以书面形式完成
3. 选派组内代表上台汇报任务完成情况</td></tr>
<tr><td>执行团队</td><td></td><td>时间</td><td></td><td>地点</td><td></td></tr>
<tr><td>成员出勤情况记录</td><td colspan="5"></td></tr>
<tr><td>任务执行情况记录</td><td colspan="5"></td></tr>
<tr><td>任务汇报情况记录</td><td colspan="5"></td></tr>
<tr><td>指导教师点评</td><td colspan="5"></td></tr>
<tr><td>任务完成情况总结</td><td colspan="5"></td></tr>
<tr><td colspan="6">组内互评成绩</td></tr>
<tr><td>姓名</td><td>成绩</td><td>姓名</td><td>成绩</td><td>姓名</td><td>成绩</td></tr>
<tr><td></td><td></td><td></td><td></td><td></td><td></td></tr>
<tr><td></td><td></td><td></td><td></td><td></td><td></td></tr>
<tr><td colspan="4">组长签字：</td><td colspan="2">日期：</td></tr>
<tr><td colspan="4">指导老师签字：</td><td colspan="2">日期：</td></tr>
</table>

□知识拓展

电子优惠券促销

本部分主要介绍电子优惠券的发行及影响优惠券有效利用率的因素等内容。

一、电子优惠券

早在2005年我国就诞生了第一家电子优惠券网站——酷鹏网，随后迅速风靡全国，成为电子商务新模式的宠儿和商家促销的新攻略。电子优惠券按计价形式分为两种：一是打折券证，一般指在消费发生时，顾客可以凭打折券证在商家或者店铺公开的标价基础上，按打折券证所规定的优惠折扣计价；二是代金券，一般指上面印刷有一定面值的促销券证。目前国内已有的电子打折券主要分为用手机短信搜索下载、互联网搜索、手机WAP搜索下载几种形式。

(一)电子优惠券的优势

电子优惠券有别于普通纸质优惠券的特点主要是制作和传播成本比较低，传播效果可以精准明确。电子优惠券比传统优惠券有很多优势，可以从社会、消费者、商家三个角度来阐述。

(1)对社会而言，有利于实现低碳经济目标。传统纸质优惠券一般由商家雇用年轻人在人气旺的商业地段派送，由于被雇佣者的机会主义行为，他们不管来往行人要不要都往人家手里塞。然而，大部分行人看后随即扔掉，这样，既影响环境卫生，又造成资源浪费。而电子优惠券使用效率高，可以节约资源。电子优惠券的获得需要花费消费者一定时间和精力，因此凡是通过各种途径获得电子消费券的人都是有消费意图和消费动机的人，这样电子优惠券的使用效率比传统优惠券要高得多。

(2)对商家而言，有利于节约成本并实现精准营销。电子优惠券可以使其更有利地完成消费者行为分析，实现精准营销。电子优惠券实用性很大，消费者下载它后在很大程度上是会使用的，因此，不必担心消费者数量的不真实性和不完整性。可以通过下载过优惠券并使用它的消费者来分析顾客群体的特征、喜好、使用频率，进而商家可以主动出击，将消费者分门别类，针对不同的顾客采取不同的营销手段，从而实现精准营销。

(3)对于消费者而言，有利于实现消费者剩余。电子优惠券使用灵活便利，消费者可以在适当的时候选择最便利的方式来使用优惠券，而不必拘泥于一种方式。而传统纸质优惠券由于地点和时间的限制，根本无法到达正在寻找它们的人的手中。电子优惠券的存在形式的特殊性，使消费者寻找和搜集优惠信息更加省时省力。

(二)电子优惠券的劣势

对于商家而言，电子优惠券在给其带来销售额上升的同时，也会带来管理上的麻烦，有时甚至造成负面的影响。

（1）会造成发行上的过滥。如果一个商家想扩大自己的知名度，必定要跟很多提供优惠条件的电子商务运营商合作。对于不同的电子商务运营商推荐过来的顾客也一定会有不同的优惠力度。这时就会产生不同程度的误差，即为此顾客提供了彼顾客的优惠力度。如果没有产生优惠力度差别，对于合作的电子商务运营商来说，也就没有积极性与商家合作。

（2）会造成老客户的流失。对于一些经营许久的商家而言，其中必定会有自己的一批稳定的老客户，这些老客户的感情因素在市场中是占据主导位置的。如果此商家在经营中发布的一些电子优惠券，其优惠力度优于老顾客享受的待遇，若被老顾客获知，就会容易伤及他们之间的感情，从而造成老顾客的流失。

（3）会造成管理上的不便。电子商务在商家中的应用越来越普遍，可是仍然会产生一些不足，主要是因为目前许多商家存在纸质优惠券和电子优惠券并用的情况，这样就会造成商家在销售收入会计（统计）报表方面的麻烦。

（三）电子优惠券在网络促销中的效用

电子优惠券本质上是企业低价促销的电子化手段。谁能够获得更多消费者的注意力，谁就能赢得最后的商机。电子优惠券在网络促销中的效用主要表现在以下几个方面。

（1）创造新的市场机会。首先，商家可以突破时间限制和地理位置分割，吸引更多的顾客。利用电子优惠券可以实行 7/24（每周 7 天，每天 24 小时）的促销模式，同时可以突破传统纸质优惠券使用中的地理位置分割。其次，吸引新顾客。电子优惠券作为新的促销手段，可以吸引那些在传统纸质优惠券促销渠道中无法吸引到的新顾客。再次，开拓新产品市场。利用电子优惠券，商家可以通过社区与潜在的顾客进行交互式沟通，及时根据自身情况应对顾客的需求开发新产品或提供新服务。最后，可以进一步细分和深化市场。通过电子优惠券促销模式，商家可以为消费者提供定制营销，实现最大限度地细分市场并满足消费者的个性化需求，从而提高顾客的满意度，为商家赢得更多的市场机会。

（2）实现低成本提高商家的知名度。电子优惠券作为一种优惠信息，除了基本的折扣信息外，还包含了商家的基本情况，如商家名称、商家性质、商家特色、商家位置、产品广告、服务承诺等一系列应该得到宣传的信息。另外，电子优惠券作为新型的网络促销手段，与其他网络促销手段相比，其形式可谓是丰富多彩。正是由于电子优惠券形式的多样性，其对网络新鲜事物最感兴趣的消费者具有很大的吸引力，他们对电子优惠券尤其关注。因此，商家可以在他们之中宣传自己，并可以把他们作为潜在购买者。

（3）帮助消费者实现方便购物。电子优惠券除了可以使消费者购物更节约外，由于其使用方法的多样化，可以给消费者在购物时带来一定程度的方便，商家可以利用电子优惠券对时间敏感型消费者产生影响。电子优惠券利用了多种渠道：通过设置在地铁站附近的自助终端打印机可以很便利地得到优惠券和优惠信息，快速锁定商家；通过网络，可以更大范围地不出门户地挑选商品和服务；通过手机可以随时消费，随时优惠。这些都给该类消费者带来了前所未有的便利，商家也可以利用电子优惠券挖掘更多该类型的客户。

（4）帮助消费者实现线下购物。互联网上有些商品更适合在现实的实体店中进行购买，该类商品主要是体验型商品，消费者必须试过之后才决定购买，因此，消费者对这类商品的网上购买十分谨慎。但是商家可以通过电子优惠券给出优惠信息和商家情况，在线上线下双栖型消费者中开展营销活动，促使他们到线下的实体店中进行购买。电子优惠券不同于在线广告，它更加真实可信，提供更多的信息，甚至可以在专门的社区（如聊天室和兴趣小组这类设施）与别的消费者进行讨论和分享。因此，商家可以为线上线下双栖型消费者通过电子优惠券来提供初步的、可靠的信息。由于该类型的消费者具有在网上搜索信息，在线下进行购买的特点，只要商家在网上把信息准确传达给该类消费者，他们就有可能到实体店实行线下购买。而作为兼具优惠信息和商家信息的电子优惠券，无疑是针对该类消费者最合适的发布信息的工具。[①]

（5）提升促销手段刺激消费。尽管电子优惠券的形式和渠道有很多创新的地方，但是电子优惠券的主要目的是给消费者提供优惠服务，让消费者购物更节约。商家利用电子优惠券的促销模式，可以有效地把优惠信息传播给目标顾客；对于消费者而言，也可以凭借电子优惠券了解商品，使得购物更理性、更省钱。尤其是在中国，当前的通胀压力使人们对价格普遍在意的情况下，提供电子优惠券给消费者在一定程度上的优惠是可以刺激消费的，特别是针对那些对价格很敏感的消费者，而其他的网络促销手段都没有办法使消费者真实地感受到他们可以在购物中得到优惠。然而，只要电子优惠券经过各种途径传到消费者的手中后，那种优惠是可以实实在在感觉得到的。

（6）维护顾客的品牌忠诚度。对网上购物体验满意程度最高的群体是品牌忠诚型消费者。商家如何维护这些消费者有着至关重要的作用。根据二八法则，商家可以利用电子优惠券来维护和建立消费者的品牌忠诚度，因为在顾客对其已经产生品牌忠诚度时，利用电子优惠券给其更优惠的价格，消费者会更加喜爱该商家，其忠诚度就不容易随时间和其他商家的竞争而减弱。更重要的是，由于电子优惠券具有使用灵活的特点，商家可以更好地利用它来针对不同顾客群体开展精准营销。因此，商家可以为这些忠诚型消费者制定特别的电子优惠券，在优惠幅度、使用事项上与其他的消费者相区别，从而为他们提供特殊的服务，使他们对原先的品牌更加忠诚[②]。

（四）商家在实施电子优惠券促销时应注意的问题

无论电子优惠券还是其他传统的优惠券，目的是帮助商家在一定的短时期内，对消费者以让利形式进行促销。所以商家发放优惠券必须注意以下三点。

（1）发放必须适量。电子优惠券作为优惠券的一种特殊存在形式，商家在发放时必须注意满足一般优惠券的发放规律，不要盲目发放，要根据自身的一些条件跟优惠力度适量发放。

（2）让利必须适度。让利幅度要足够大才能吸引消费者，从而达到增加销售的目的，

① 王维民．电子优惠券运营模式研究与改进．中国城市经济，2011，（2）：263，265.

② 郑细书．从电子优惠券谈网络促销手段的发展与创新．现代商贸工业，2010，（6）：269-270.

但也不可以过分打折从而损害总体销售利润。如果让利带来的新增利润（即新增客户带来的利润）还比不上让利的额度，销售总体利润就容易下降。

（3）时间必须短期。商家必须让消费者对这一点有清楚的理解，否则，消费者把优惠促销当成了降价，让利就会在时间上从短期变成了永久。以后商家再想把价格提升回原价就不可能了，因为消费者已经把降下来的价格当成了一种习惯。

从发展趋势看，电子优惠券已经进入因特网＋无线网络的阶段，手机渠道将成为新的发展方向，而且各种不同类型电子优惠券将进行协同整合。另外，一站式电子优惠券也将逐渐流行。例如，大众点评网“欢乐一路行”的电子优惠券，可以实现看电影，美甲，享受甜品、下午茶和川菜。“欢乐一路行”这类一站式消费的电子优惠券更能满足年轻人多样化生活的需要。

二、影响优惠券有效利用率的因素

优惠券促销活动能达到怎样的效果，关键在于公众实际参与的程度有多高。优惠券的有效使用率是衡量公众对促销活动有多大热情，参与到什么程度的一个重要指标。所以，努力提高优惠券的有效使用率对于提高促销的效果是至关重要的。除了前文所述的优惠券的券面设计及优惠券的发放形式以外，下列因素也是影响优惠券有效利用的主要因素。

1. 发送目标的选择

为尽可能降低成本、提高效率、增加竞争力，大部分优惠券的目标顾客针对性都很强。面面俱到的促销恰恰是最没有效果的。每一次的促销活动都应根据时点挖掘主题，针对节日主体或主角发放优惠券是已被实践证明最为行之有效的好办法。目前国人比较重视的如春节、元宵节、端午节、重阳节、国庆节、中秋节、圣诞节的主体是家庭；而情人节、妇女节、劳动节、儿童节、七夕节、教师节、父亲节、母亲节的主角则是细分人群。当然，仅限于此还很不够，必须预先分析、了解和区分该主题下需求者、购买者、使用（消费）者，并与时俱进地把握意见领袖的变化趋势，甚至是学会在发送现场的察言观色，只有这样才能真正做到有的放矢。

2. 优惠产品的类别

根据消费者市场的购买对象的不同，在组织同一种促销活动时，能达到的效果也会不同。所以针对不同的产品，采取不同方法，对取得最好的促销效果是十分重要的。如果是日用品（易耗品或便利品），对这类产品利用优惠券组织促销活动时，一般只需要把注意力集中在选择合适的券面优惠幅度和安排合适的发送途径上，完全可以在进一步提高兑现率上取得非常显著的效果。如果是选购品，意味着消费者情愿多花一些时间、精力，进行充分比较之后，才做出购买决策。有些选购品从外观上易于比较，此时，价格就成了消费者选购时主要考虑的因素，也有些选购品，消费者倾向于比较牌子的知名度和可信度，即购买名牌。对于前者，券面优惠幅度和兑现率呈正比关系；对于后者，发放的形式和方法颇有讲究，优惠的幅度也只能在5%～20%。目的都是既要让消费者感觉到诱惑，又不能因领券或用券而丢了面子，同时能维护良好而坚强的企业形象。另外，当厂商的产品是属于消费者从未接触过的新产品时，则应将优惠券与免费试用装同时使用。

3. 品牌塑造的程度

要使产品品牌形象真正深入并根植于消费者的心中，除了必需的产品特性要有保证外，还有赖于附加值挖掘、诉求的广告策划和促销形式的创新。这里面就包括优惠券的使用。但是，采用优惠券促销只能说在一定范围内对品牌形象的塑造有益，过度过量使用都会适得其反地损害品牌形象；而且，高使用率并不意味一定有利于品牌形象，反之亦然。这些还取决于优惠产品的类别、优惠幅度和消费者购买后感觉。可以肯定的是，品牌塑造的程度会影响优惠券的关注度，从而左右优惠券有效使用率的高低。总之，品牌塑造的程度对优惠券有效使用率的影响是一把双刃剑，实际操作时须通盘考虑谨慎对待。

4. 厂商的相互配合

无论厂家或商家的营销战略多么辉煌，广告投入多么庞大，促销活动设计多么精妙，如果缺少对方的支持和配合，就会事倍功半甚至是适得其反。所以厂商之间的配合是影响优惠券促销效果及其有效使用率的一个重要因素。厂家如果想得到商家的鼎力相助，应该向商家提供充分的有说服力的证据，如详尽的策划案、投入与产出评估、对商家的连带好处（增加卖场客流量、加快资金周转）等；而商家如果想得到厂家的全力支持，则应该区别对待，对利润率较低的产品给予优惠券的使用限制或预先通报相关厂家会通过其他渠道给予适当经济补偿。

□角色转换

如果你是一名中职院校的教师，你将如何向学生讲授这部分内容？请思考以下问题：

1. 如何展开本任务的课堂教学和实践教学？
2. 在本任务的教学中，哪些教学方法比较有效？

任务二　折价促销

□学习目标

知识目标

1. 了解折价促销及其优、缺点。

2. 了解折价促销的作用及效果。
3. 掌握实施折价促销活动的基本流程。
能力目标
1. 能够分析一个折价促销活动的长处和不足。
2. 能根据要求写出折价促销活动的实施方案。

□任务导入

优雅品牌女装专卖店年底折价促销

优雅品牌女装专卖店坐落于某省会城市繁华的商圈内，附近有多家百货大楼、大型商厦、购物中心等销售服装的商场，商品种类丰富，交通非常便利，生意红火。

近年来，该城市的服装市场上经常会见到诸如“全场 8 折”“换季大折价”“清仓大减价”“节日让利价”等，还有各种“满就送”“满就减”等一系列折价的招牌，五花八门、形形色色。

春节期间人人都要穿件新衣服，所以春节前后对服装的需求量较大，每年这时候对众多服装商家来说就是一个“促销大战时节”，各商家都会使出浑身解数，想尽办法来促销。2017 年的春节将至，优雅品牌女装专卖店自然不愿错过这一年一度的购物高峰，决定开展以折价为主的促销活动。

那么，优雅品牌女装专卖店如何实施折价促销呢？

□任务分析

在策划折价促销时，要在明确促销目的的基础上，注重其策划与实施的流程，按步骤完成折价促销策划任务。详见下面的促销流程图（图 2-2-1）。

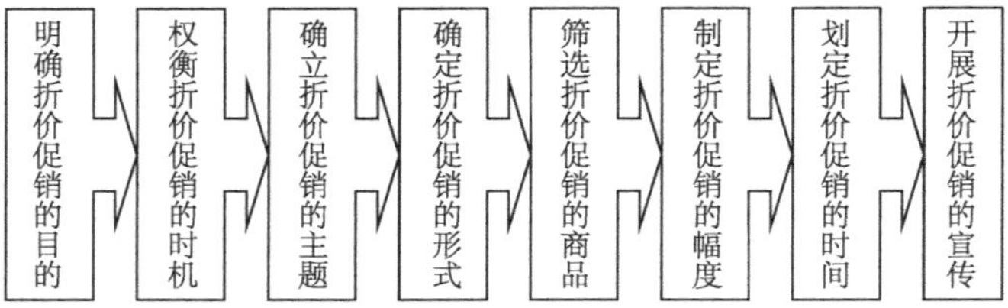

图 2-2-1　策划折价促销的流程

一、明确折价促销的目的

活动的目的是活动的灵魂和意义所在，因而它是促销的基础与制定活动准则的依据。折价促销是商家市场营销活动的一部分，因此它应服从商家市场营销活动的目的，而市场营销活动是为商家总体目标——利润最大化服务的。具体的折价促销目的是多种多样的，应根据商家不同的营销策略而有所变化，但不能脱离根本。总之，对于商场而言，应尽量避免将价格促销作为唯一的竞争手段，否则将会陷入价格战的怪圈。

折价促销的目的主要有以下几种。

（1）对抗竞争对手的价格竞争。

（2）刺激消费者的购买欲望。

（3）提高商场知名度，增加商品销售量。

（4）加快资金回笼，促进资金周转。

（5）以低价回报顾客，增加消费者的认同。

二、权衡折价促销的时机

权衡折价促销的时机即判断折价条件是否成熟，决定在什么时间打折最为合适。首先要分析产品、市场因素对折价促销效果的影响。其次判断消费者、竞争对手、政府及行业协会对折价促销的反应。这样才能确定折价促销的时机。

权衡折价促销的时机应考虑以下几点。

（1）消费者的反应。消费者反应表现为需求的价格弹性和消费者的价格知觉。

依据价格弹性理论，只有对需求价格弹性较大的商品，也就是那些非生活必需品，且替代品种类较多，替代品价格不随之改变的商品，折价销售才行之有效。否则，价格下降而消费者反应平淡，销售量并不会大幅度增长。

消费者的价格知觉受消费者知识经验、个性偏好和信息量的影响，表现为对价格变动的感性认识，包括感知速度的快慢、感知清晰度的强弱、感知准确度的高低、感知内容的充实程度等。这就需要厂商在商品折价销售时，进行宣传和引导，以增强消费者的价格知觉。

价格意识也决定着消费者可以接受的价格变动界限。若价格降幅过大，超过了消费者心理认知的价格下限，反而会弄巧成拙，引起消费者的种种疑虑：商品式样是否已经过时，质量是否存在问题，售后服务会不会很差，打折会不会是虚假的，等等。这些心理疑虑反而会阻碍消费者的购买行为。

（2）厂商折价的促销目标。厂商折价的促销目标包括为新开发的产品打开销路、谋求企业的最大利润、获取较高的市场占有率、想尽快脱手过季或积压的产品、变现破产企业的库存产品等。营销目标的不同，决定着折价时机、幅度、持续时间等方面的差异。比如，①以排挤竞争对手、抢占市场为目标，厂商应采取全面、长期、大幅度的折价策略；②以售出不便保存、季节需求反差较大的商品为目标，厂商则必须赶在竞争对手之前，在销售旺季末期降价。

（3）厂商的整体实力和所处市场环境。在市场上占有统治地位、财力雄厚、信誉好的厂商，折价竞争可能很有效；而实力较弱的小企业，在没有强大竞争对手允许和默认的情况下降价，极易遭到报复，最终被击败。

（4）产品的特征。与竞争对手相比，若厂商的产品在质量、品种、款式等方面没有差异，即属于同质产品，则折价竞争会成为主要的竞争手段，价格将降到边际成本附近。若产品差异性大，信誉较高，则厂商可以获得高于边际成本的“信誉租金”，折价销售就不十分必要了。而且，价格的降低将形成“逆向选择”，反而对发挥价格的选择效应和激励效应不利。对于处于衰退期、已过季、质量较差、接近保质期、残次等产品，则应果断地削价处理，以求尽可能减小损失。

（5）价格是否为影响产品销售的主要障碍。造成产品滞销的因素很多，只有因价格高而滞销的，采用折价方式才会有效。对于不对路、市场选择不合理、销售渠道不畅、顾客不了解、服务跟不上的商品，价格降得再低也没用，或者用处很小。

（6）厂商的生产成本。若单位产品价格已接近边际生产成本，折价只能造成亏损。只有在劳动生产率和经营管理效率提高，单位产品成本降低，产品的个别劳动时间低于社会必要劳动时间，厂商获得了超额利润之后，折价销售才有充分的空间。

（7）折价的“菜单成本”。菜单成本是指厂商在价格调整过程中花费的成本，包括研究确定新价格、重新编印价目表、将新价格传递到销售点、更换价格标签等行为所耗费的成本。只有厂商因调价获得的利润增量大于菜单成本，折价销售才可行。

（8）竞争对手的反应。市场经济中，厂商之间是一种动态的博弈关系。厂商的每一个决策都可能成为竞争对手的决策因子，会引起他们相应的反击。在信息充分、产品同质的市场上，若大多数厂商竞相打折，就会形成“合成谬误”，需求量并不像每个厂商预期的那样增加。因此，厂商必须借助历史经验推测竞争对手可能的价格反应。对于不同反应的竞争对手及他们可能采取的反击策略，厂商应分别进行分析，以综合确定降价的幅度、时机、持续时间和市场范围。

（9）政府和行业协会的有关规定。为了规范商家的打折行为，保护消费者的利益，同时也为了保护商家的利益，政府和行业协会往往对厂商超过一定限度的折价销售行为进行干预，以求稳定价格体系。

三、确立折价促销的主题

折价，尤其是特价，要“师出有名”。折价促销是一种艺术，应让消费者觉得合情合理、有理有据，要取信于民，否则消费者容易产生逆反心理——再低也不买。现实中超市折价促销的名目、理由通常有季节性降价、重大节日特价酬宾、超市庆典活动等。

好的主题易于引发消费者关于促销商品及折价幅度的联想，从而激发目标消费者的购买兴趣。折价促销的名称宜与促销目的、折价原因、折价商品种类、顾客对象有联想关系，并有助于提高企业形象、经营理念。主题宜简短、易记，便于折价促销活动信息在消费者之间口头传播。例如，某超市的折价促销主题是：年底大回馈，低价又有礼！

四、确定折价促销的形式

折价促销又可细分为直接折价、间接折价、套餐折价、指定折价和限时折价等多种形式。但无论是哪种形式的折扣，其核心内涵均为：企业让利，顾客省钱，双方共赢。

1. 直接折价

直接折价促销是目前最常用的一种促销方式。指的是在消费者购买产品时，所给予不同形式价格折扣的促销手段，让消费者以低于商品的原本价格购买该商品。

折价促销策略一般适用于重复购买频率比较高的日用消费品。在特殊时期（如厂庆、店庆、较大的节假日、重大社会事件发生时段等）也可用于耐用品（如家电产品、商住楼、汽车等）和某些服务项目（如照相、美容、娱乐、旅游等）的促销。折价促销方式应简单明了、一目了然，使消费者第一视觉就知道本商品究竟便宜了多少。例如，“原价 10 元，优惠价 8 元”“成衣类 8 折特价、洗涤类商品 6 折特价”……这些方式都非常直接明了。

案例 2-2-1

海信电视贺新年元旦大放价促销活动，共有 16 款海信系列电视机折价，最高折价额达 6000 元，吸引众多消费者关注。

2. 间接折价

直接折价销售过于明显外露，易引发众多市场主体的反应。因此，商家在不改变产品价格的情况下，灵活地运用满减折扣、买减折扣、满赠优惠券、赠送小礼品、有奖销售、分期付款、赊销、增加免费服务项目、改进产品性能、增加产品用途等多种形式变相地折价，有时可以起到同样的效果。

满减折扣是在商家购物满一定金额之后，在交费时可以减少相应金额的促销活动。例如，满 100 减 20，即购物达到 100 元，便可减少 20 元，实际花费 80 元购买商品，相当于在原商品价格基础上打了一个折扣进行销售。

3. 套餐折价

套餐折价促销是指企业把同一品牌下的系列产品，或同一公司生产的系列产品预先配套，消费者按配套购买即可获得一定的折扣优惠。这种套餐式折价促销方式一般会使消费者获得比单种商品购买时低 20%～50%的价格实惠。通常是在企业有两种以上的产品品种时，为同时推销数个产品而采取的促销方式。有些情况下，这一方式也可用来带动企业中的某个滞销品种的销售，起到降低库存的作用。

4. 指定折价

指定折价又称为商品特卖、指定商品折扣，是商家指定一种或多种商品的价格，使其下降幅度非常大，让消费者感受到实实在在的优惠，达到吸引消费者的目的。由于特卖商品的作用主要是吸引客流量而并非盈利，在选择特卖商品时，需要选择那些能够对大众产生吸引力的商品，而不是特定消费群体。日用生活品，如果盘、炒锅、暖瓶、卫生纸、洗衣粉等都可以作为特卖商品来促销。特卖商品的供应量应该充足，以产生足够的客流吸引力。

相关链接 2-2-1

目前，特卖商品促销已经成为店家的主要折扣手段，一般的超市每天都要推出一款或多款特卖商品。一些大型综合超市，特别是沃尔玛、家乐福等外资超市每天都拿出几项价格低廉的商品作为号召，吸引消费者前来抢购，并希望能带动其他产品的销售。在做这项活动时，一定要对供应数量有明确规定，如“数量有限，售完为止”“仅限 100 名”“无限量供应”等。

5. 限时折价

限时折价也可称为时段折扣、限时折扣，是指商家在特定的营业时间内提供优惠商品销售折价的措施，以达到吸引顾客的目的。进行限时折扣时，要将折扣商品以宣传单、广播等形式告知顾客。限时折扣的商品折扣率一般在 3 折以上，才能对消费者形成足够的吸引力。

案例 2-2-2

北京某超市采取的灵活多变的限时折价促销手段赢得了广大消费者的欢迎，产生了良好的效果。该超市在特定的营业时段提供折价促销商品，以刺激消费者购买。如限定下午 4～8 时某种生鲜食品 5 折优惠，或上午 10～11 时日用杂品 7 折优惠等。

五、筛选折价促销的商品

确定哪些商品打折，首先要明确打折的目的。促销活动应配合主题及来店主要消费者遴选合适的促销商品，如春节促销活动以礼盒、年货等商品为主；而中秋节促销活动则以月饼、水果食品为主。

一般情况下，适合采用折价促销的产品包括以下几种。

（1）品牌成熟度高的产品。

（2）消耗量大，购买频率高的产品。

（3）季节性很强的产品。

（4）接近保质期的产品。

（5）技术、包装或产品形态已属于弱势的产品。

六、制定折价促销的幅度

制定一个合理的折价促销的幅度，不同商品可以有不同的折价比例。让利的幅度要既能吸引顾客，又不丧失利润。降价幅度直接关系到对顾客的刺激和影响程度，通常小数量、大降价的效果比大数量、小降价的效果好，而当减价只有 6%～7%时，几乎不会有什么效果出现，它只会吸引某些老顾客的注意。西方专家经过分析证明：对一般商品来讲，折价 20%以上才会有效果。

七、划定折价促销的时间

划定折价活动持续的时间，要考虑消费者正常的购买周期，根据市场景气情形、同业动向、顾客忙闲等因素，并不是持续的时间越长越好。若时间太长，价格可能难以恢复到原位，并招致竞争对手的反击。还要考虑折价频率，即一年内打折发生的次数，与折价持续时间呈反比关系。举办折价促销要慎重，不宜经常举办。频繁折价必然有损企业形象及产品销售量。随着折价次数的增加，对顾客的吸引力会逐渐变小。

八、开展折价促销的宣传

折价促销是一种常见的促销策略，但如果没有广告的配合，向消费者传达更多的信息，就难以发挥促销的威力。广告语应该真实、简明、新颖。例如，“某某商场大酬宾，商品打折，真情不打折”等。对于大规模的折价促销活动，商场一般都会通过媒介来宣传。例如，在商场户外悬挂大型布幅，同时也可运用报纸、电视、广播、地铁、公共汽车等工具进行宣传。

折价促销的宣传要针对目标消费者作折价促销广告，同时在商场内张贴海报，产品标签明显注明降价的幅度。每次折价优惠时都应清楚地告诉消费者该产品的品牌名称、平时售价、优惠价等。例如，“原价 100 元，现价 50 元，您省 50 元”，再在原价格上打上醒目的叉，以此来吸引消费者。

□相关知识

一、认识折价促销

折价促销指企业通过降低商品的售价，以优待消费者的方式促进销售。折价促销是促销活动中最常见的一种促销形式。“原价 8 元，现价 6 元”“8 折优惠”“买 × 减 ×”等，诸如此类，均属于折价促销。折价促销是使用频率最高的促销活动，这种活动让消费者以低于商品的价格购买商品。折价这种促销方式可提高消费者对零售点商品的关注度，在促进商家的销售方面极为有效，它对短期销量的提升具有立竿见影的效果。

二、折价促销策略的优、缺点

1. 优点

（1）折价促销能吸引消费者的注意，使其产生购买欲望。在决定消费者选购商品的因素中，价格是最直接的因素，特别是在产品同质化高、品牌形象相差不大时，价格的影响力往往比其他因素更大。因此，大多数折价往往能使消费者增加购买量，或使本不打算购买的消费者趁打折之际购买产品。

折价促销是对消费者冲击最大，最原始，也最有效的促销武器，因为大多数消费者都有求实惠的心理，希望以尽可能少的支出换取尽可能多和好的商品。

相关链接 2-2-2

有人曾做过调查，消费者看到有商场在作打折宣传时，有70%的消费者选择“进去看看”。做出这个选择的消费者分布在各年龄段、各收入层次、各文化程度、各职业上，体现出商场打折这种促销方式对各类消费者都具有普遍的吸引力。

（2）促销效果比较明显。折价可以促进短期销量增加，因此常作为企业应对市场突发状况，或是应急解救企业经营危机的手段，如处理到期产品、减少库存积压、加速资金回笼等。为了在短期内增加产品销量，提高市场占有率，折价也常被营销部门作为“最后冲刺”的手段，以完成年度或季度营销目标。

（3）对于卖方企业来说，折价促销方式可以加速出货，使资金能够快速回笼。折价促销方式能够有效地刺激消费者的购买欲望，增加产品的销售量。生产厂家与零售商可以借助折价方式加快商品出售，也可以清除库存，加快资金回笼，促进资金周转。

（4）折价促销较易操作、控制。企业可以根据不同市场、不同产品库存数及允许的预算范围，设计折价促销的时间、方式及折扣率等，相对于其他促销方式，其先期的准备时间和准备工作量要少得多，也容易事先作成本预算。

（5）可以抵制竞争者进入市场。折价优惠策略是最简单、最有效的市场竞争手段，它可以快速吸引消费者的兴趣，使他们打破常规购买，陡增购买量，在市场需求曲线不变的情况下，其他竞争者的新产品就难以进入市场或进一步扩大销售量。

（6）折价促销还可以塑造“物美价廉、量多”的印象，能够淡化竞争者的广告及促销影响。特别是“套餐促销”方式，促销的产品丰富，折价率高，使消费者不用担心同一品种数量太多难以用完。

相关链接 2-2-3

美国沃尔玛超市的零售额增长率居全美第一，每一家沃尔玛市场均贴有“天天平价”的大标语。在这里，同品牌的商品确实比别家便宜。为了实现“天天平价”，沃尔玛超市在压低进货价格和降低经营成本上狠下功夫。20世纪80年代以来，它的新店不断增加，销售额不断上升。折价促销已经成了沃尔玛经营、促销的一种重要手段。

（7）可以吸引已试用过的消费者再次购买，以培养和留住既有的消费群体。有些消费者也许通过其他促销方式如样品赠送、优惠券等试用或接受了本产品，或者原本就是此产品的老顾客，此时，产品的折价优惠就像再次对他们馈赠一样，能较轻易地引发他们的购买欲望。一些品牌知名度较高的产品，采用折价促销活动效果会更明显，因为品牌产品折价对消费者来说是一种超值享受，自然趋之若鹜。

2. 缺点

（1）折价促销方式是短期促销行为，不能作为企业长期和经常性的营销战略。对于销售长期不畅，市场不断萎缩的产品，折价并没有起死回生之力，即使能暂时使销售量回升，也无法扭转整个市场颓势。

（2）折价不能解决企业营销的根本问题。反而折价后带来的短期“繁荣”的假象会误导营销人员，致使营销人员妄自尊大，缺乏忧患意识，不思解决之道，企业营销实力会因此而不断弱化。

（3）折价很容易引起消费者对产品质量的怀疑，特别是那些知名度不高或市场声誉不太好的产品，消费者会以为是因为产品出了问题或积压太多了才用折价方式促销。

（4）对某些知名度较高的品牌产品过多地采用折价促销，会极大地伤害品牌形象。消费者会怀疑经常打折的产品质量低于售价高的竞争产品，或认为产品原本的售价过高，是不合理的。一般说来，一个高知名度的品牌如果打折促销的时间超过了30%，就会产生品牌危机。

（5）折价有损企业的利润。需要对市场进行细致的调查，并经过严密核算后，方可实行折价促销，否则会得不偿失，甚至造成企业总利润的降低。

需注意的是，折价促销过后，已超常量购买产品的消费者会有较长时间不再重复购买，这也会影响企业的正常销售额，从而难以恢复正常的利润收入。

（6）盲目折价容易造成虚假需求，误导厂商对市场的判断。消费者的购买行为是有其需求规律和周期性的，在特定的时期内总需求不会有太大的变化。

折价促销虽然会导致超量购买与超前消费等购买紊乱现象，甚至买了许多过些时候才用得上或根本就用不上的商品，但消费者在总支出上是量入为出的。所以购买上的紊乱只是形成短期内虚假需求，而这种虚假需求往往给生产商一个错觉，以为产品的市场销路很好，可以增加生产，从而不利于厂家根据市场实际情况调整产品结构。

（7）折价促销无法建立和维系消费者的品牌忠诚度。折价促销吸引的是那些对价格敏感度较高的消费者，一旦促销活动结束，他们又会马上转换到价格较低的品牌。

（8）折价还易引发价格战，或引起竞争对手反击行动，形成恶性竞争。

三、采用折价促销策略应注意的问题

企业应用折价促销策略，其最终的目的是增加产品的销量。因此，为使活动更有实效，需要注意把握好以下几个问题。

1. 降价打折必须标明真实原价

不论以何种方式进行促销，促销商品标识的价格都不能高于这次活动之前在该经营场所标识的价格。进行降价（折价）销售的，都要标明降价（折价）原因、起止时间、原价、折价幅度及现价等内容。

2. 注意与其他营销手段相配合

由于折价促销有着较多的负面影响，为消除消费者对折价的误解，企业应在运用折价促销的同时，运用其他营销手段加以配合，以便取得更佳的效果。例如，折价与抽奖组合，使消费者除了购买时能够享受折价优惠外，还有“二次优惠”的机会，从而增加刺激的力度。

3. 折扣的金额

折价促销活动期间，需要给予消费者多大的让利额，是一个值得认真考虑的问题。并非优惠幅度越大效果越好，要视产品的不同而定。一般来讲，折扣率应至少达到 20%才会比较有效，太低起不到刺激作用，等于浪费广告费；太高，企业又难以承受。品牌知名度较低、市场占有率较小的产品，其折扣额度需要适当大一些。经验证明，如果折扣率只有原价的 5%左右，无论什么品牌，几乎都不会有什么效果。

4. 活动的时间

一般情况下，举办折价促销期间的销量应比平时增加 20%以上，增量最明显的是在活动初期，随着活动的进行，增长幅度会逐渐下降。因此，通常一个折价活动设定为 4～6 周为宜，一般不应超过 2 个月，否则，消费者和零售商一旦习惯了折价，就很难再将价格恢复至正常水平。

5. 宣传的设计

折价的优惠幅度标识得越简单易懂、越醒目明了越好，并要抓住消费者的心理来表达。例如，“您只需花上 100 元，就能买到称心如意的商品”，就不如“您只要马上行动，就能为您节约 30 元”更有冲击力，更能令消费者产生共鸣。因为前者是要你“掏钱买”，而后一句则是“为您省钱”，在心理感觉上就不一样，当然接受的效果也会有差别。那些含蓄复杂、花哨的语句，虽具有艺术性，却让消费者难以直接感觉，效果反而不如通俗易懂的好。

6. 活动应“师出有名”

在每次进行折价促销时，应尽量师出有名，如选择店庆、厂庆、社会大事件、各种大众化节日、企业获重大表彰等时机，且限期促销，这样才会最大限度地减轻折价对品牌形象造成的负面冲击。

四、折价促销的作用与效果

（1）折价促销，特别是直接折价，最易引起消费者的注意，能有效促使消费者购物，特别是对于日用消费品来说，价格是消费者较为敏感的购买因素。通过直接的商品折价还能塑造“消费者以最低的花费就可买到较高价值产品”的印象，能够淡化竞争对手的广告及促销力度。

（2）大多数折价促销在销售点都能强烈地吸引消费者注意，并能激发其购买的欲望。而且折价往往使消费者增加购买量，或使原本不打算购买的消费者趁打折之际购买商品。有时为了抵制竞争对手即将入市的新产品，及时采用折价的方式引起消费者的兴趣，使他们增加购买量。这样，在增加促销商品销量的同时，还对竞争者的产品造成打击。

（3）折价促销能够吸引已试用过商品的消费者再次购买，以培养和留住既有的消费群体。假如消费者通过样品赠送、优惠券等形式试用或接受了本产品，或原本就是老顾客，此时，产品的折价可以看作给他们的馈赠，市场反应会比较好。

（4）折价的促销效果是比较明显的，因此常被作为企业应对市场突发状况，或是应急解救企业营销困境的手段，如处理到期的产品，或为了减少库存、加速资金回笼等。为了完成营销目标，营销人员也常会借助折价促销作最后的冲刺，不过，这样做只能在短期内增加产品销量，提高市场占有率。

（5）打折，作为企业的促销手段之一，通过在短时期内降低产品的价格，吸引更多的消费者产生购买行为，从而实现销量在短期内的增加。因此，打折的主要功能就是可以在短期内使更多的消费者接触到商品，并产生购买行为。

（6）打折作为一种促销手段是有效的，因为消费者都希望以尽可能低的价格买到尽可能好的商品。另外，该方法确实有助于企业实现提高销售额的目标，但如果运作不规范，折价促销会出现一些负面影响。

□完成任务

以 4～5 位同学为一组，每组要按照实施折价促销的流程进行策划，要明确折价促销的目的、权衡折价促销的时机、确立折价促销的主题、确定折价促销的形式、筛选折价促销的商品、制定折价促销的幅度、划定折价促销的时间、开展折价促销的宣传，最后完成一份实施折价促销的策划方案。

要求：

（1）折价促销的策划方案以书面形式完成。

（2）方案应包括促销主题、促销时间、促销目标、促销形式、促销对象、促销项目、促销宣传方式、方案操作说明、费用预算等内容。

<table>
<tr><th colspan="6">任务单</th></tr>
<tr><td>任务</td><td colspan="5">设计折价促销策划方案</td></tr>
<tr><td>任务描述</td><td colspan="5">1. 学习并理解折价促销的理论知识
2. 根据折价促销的流程确定策划内容
3. 折价促销的策划方案以书面形式完成
4. 方案应包括促销主题、促销时间、促销目标、促销形式、促销对象、促销项目、促销宣传方式、方案操作说明、费用预算等内容
5. 选派组内代表上台汇报任务完成情况</td></tr>
<tr><td>执行团队</td><td></td><td>时间</td><td></td><td>地点</td><td></td></tr>
<tr><td>成员出勤情况记录</td><td colspan="5"></td></tr>
<tr><td>任务执行情况记录</td><td colspan="5"></td></tr>
<tr><td>任务汇报情况记录</td><td colspan="5"></td></tr>
<tr><td>指导教师点评</td><td colspan="5"></td></tr>
<tr><td>任务完成情况总结</td><td colspan="5"></td></tr>
</table>

组内互评成绩					
姓名	成绩	姓名	成绩	姓名	成绩
组长签字：				日期：	
指导老师签字：				日期：	

□知识拓展

如何避免“促而不销”的尴尬①

很多企业在促销中出现促而不销的尴尬，或者是因为促销产品价格设计不好，或者是赠品或增值服务的定价出了问题。如何避免这种问题的出现？下面以手机卖场的品牌手机促销为例，避免促而不销的尴尬。

一、找到合适的价格参照系

某品牌手机策划一场活动，所有的机型都降价了，手机活动价格从 199 元到 1299 元均有。企业为了这次活动可以说是价格“大放血”了，原价 1799 元，现价 1199 元；原价 1499 元，现价 1099 元；就连原价 299 元的，现价都 199 元了。活动现场气氛热烈，但销量远没有达到预期。促销员的一致反应是：顾客太难缠，已经降价了，还不满足，要求再降。

哪里出了问题呢？

试想一下，一个品牌手机，全系列降价，降价的幅度还这么大，很难不引起消费者的疑心：平时卖那么高的价格，现在卖这么低，是不是厂家出问题了？还是这些产品有问题？为什么突然降了这么多？这样做促销活动，销量少还是小事，就怕活动结束了，价格无法恢复到以前，损失可能更大。

怎么办？

看到促销活动，顾客都会抱着“占便宜”的心理。如何利用这种心理？

很多商品上明明标着“建议参考价”，但实际售价绝对低于这个“建议”价。一个很小的标志，却大大提高了销量，就是利用占便宜心理。所以，除了不能全系列降价外，可能还要提高一两款型号的价格，通过对比，突出活动机型的价格优势，让消费者“占便宜”。例如，原价 899 元的手机，现在以 699 元销售；而原价 799 元的手机，还是以 799 元销售，原价 699 元的手机，也还是 699 元销售，通过这样的价格参照对比，消费者就能直接感觉到，确实降价了，实惠了。

---

① 秘爱霞. “原价 899 元现价 699 元”，为何干不过“原价 499 元现价 299 元”？销售与市场（渠道版），2011，（7）：70-71.

二、选择合适的特价机型

特价机能吸引眼球，增加客流量。但是，如果所有机型都是特价机，促销效果一定不会好。那么，选谁做特价机呢？

先看个例子：一款原价 899 元、现价 699 元和一款原价 499 元、现价 299 元的手机对比，虽然都是降了 200 块钱，但顾客会觉得原价 499 元、现价 299 元的手机，现在是打 6 折销售，折扣大，就容易产生购买的欲望；而原价 899 元、现价 699 元的手机，虽然也降价了，但价位相对还是比较高的，购买欲望自然低。如果一款原价 299 元的手机也降了 200 块钱，在活动的当天，就会发现很多顾客问导购的第一句话就是：99 块钱的是哪一款手机？

当手机价格比较高时，顾客对于降了多少钱并不很敏感；但手机价格比较低时，顾客则对降了多少钱非常敏感。所以，特价机一定要选择价格偏低的机型，只要很小幅度的降价，就可以让顾客有打 5 折、6 折的感觉。一款 299 元的手机，不需要降价 200 元，只需降价 100 元，就可以产生奇效。价格偏高的机型做特价机，要达到同样的效果，一定要更高幅度的降价。

三、赠品价格高低依消费者层次而定

在商场里，199 元、299 元、399 元的手机称为特价机。如果一款产品降价后，还高于这些价格，那就尽量不要在促销中直接降价。一则，如前所述，降价没有效果，除非你能让顾客有 5 折、6 折的感觉，或是直降 300 元、500 元，但这样做，厂家就真的没利润了；二则，很多顾客心里还是认同“一分钱，一分货”，一旦大幅度降价，顾客会起疑——是不是产品质量出了问题，反而不敢购买。因此，对于价位比较高的产品，建议不要降价，但可以买赠。

买赠促销，赠品价高还是价低非常关键，要根据不同的消费市场和消费群体区分。

例如，厂家选择一套价格比较贵的电脑音响做赠品，在一二级市场，顾客会关心这套音响是什么品牌的，音质怎么样；但在四五级市场，顾客会关心这个赠品对我来说有什么用处，我要在什么地方用到它，还不如给我省点钱实惠。

一个手机品牌策划了“买手机，送电视”的活动。手机当然是高端机，电视则是低端货。在乡镇作促销很成功，顾客都觉得买个小小的手机，还赠送一台大大的电视，很划算啊，一定要买。但在市区做同样的促销就失败了。顾客的反应是：家里已经有电视了，还要电视干吗？况且现在都流行平板电视，你送的还是显像管的，我放在家里没有用，送人都觉得过时，丢不起那人。不如给我便宜点，让我省点钱得了。

四、增值服务的定价依机型决定

增值服务在促销中非常常见。很多手机卖场经常用的“买某某机型，加 1 元，即可送价值 15 元的万能充电器（或者电池、大点儿的内存卡等）”；另一种是“买某某机型，加多少钱（或者不用加，在活动期间购买），延长保修期一年”。

没有这样的促销，手机也可以正常使用。但顾客知道了这个活动之后，往往会有这样一种心理：我已经花了这么多钱了，再多花点也无所谓了，还可以让我的手机以后使用更方便（或者有了延长的保修期，可以更放心地使用）。

但加多少钱，可以选购什么样的东西，还是要根据机型的价格而定。对于价位比较高的手机，加钱选购或者延长保修期都可以，但导购讲解时，可以给顾客计算“小钱”，而不是让顾客觉得他花了“大钱”。

例如，如果延长一年的服务是 100 块钱，告诉顾客，你一天只需要不到 3 毛钱，就可以延长一年的保修期。3 毛钱，对于顾客来说，是“小钱”，花起来并不是很在意，但要是直接告诉顾客，你多花 100 块钱，可以延长保修一年。100 块钱，那就是“大钱”了，谁不会适当控制?

而买特价机的顾客，一般不会选择延长保修期，他们想的是“买个便宜的，用一年再换个新的”，而在加钱选购方面，加的钱一定不能多。

例如，买 199 元手机的顾客，让他加 1 块钱可以，3 块、5 块也说得过去，但如果是加个 30 元、50 元，顾客就接受不了，所以，对于特价机型增值服务的定价，要适可而止。

□角色转换

如果你是一名中职院校的教师，你将如何向学生讲授这部分内容？请思考以下问题：

1. 如何展开本任务的课堂教学和实践教学?
2. 在本任务的教学中，哪些教学方法比较有效?

任务三　赠品促销

□学习目标

知识目标

1. 了解赠品促销的形式和适用场合。
2. 掌握策划赠品促销的步骤。
3. 掌握运用赠品促销应注意的问题。
4. 掌握运用赠品促销的技巧。

能力目标

1. 会分析一个实际赠送促销活动的长处和不足。
2. 能针对一个市场问题写出付费赠送促销活动的实施方案。

□任务导入

欢乐中秋节，购物送大礼

某商厦在中秋节前期，因为王经理的一次决策失误，月饼、饮料的订购量超出前几年的一倍。而月饼又是节日商品，如果在中秋节过去之前没有销售完，很可能就出现亏损的情况。虽然还有半个月才到中秋节，可是现在的情况很不乐观，商厦内的月饼和饮料的库存量还很大，如果不及时销售出去，后果将不堪设想。可是该如何销售出去呢？王经理面对仓库内一箱一箱的月饼陷入了深深的思考之中。突然，他有了一个很好的主意：何不举行一次赠品促销活动？

那么，王经理如何策划并实施赠品促销活动呢？

□任务分析

在策划赠品促销时，要在明确促销目的的基础上，注重其策划与实施的流程，按步骤完成赠品促销策划任务。详见下面的促销流程图（图 2-3-1）。

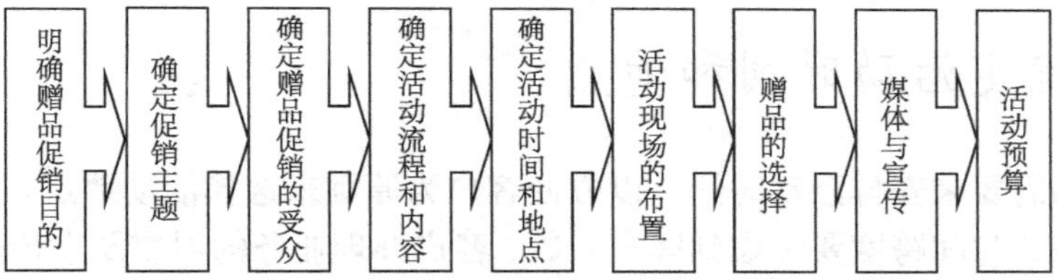

图 2-3-1　策划赠品促销的流程

一、明确赠品促销目的

赠品促销活动的主要目的是促进主体产品的销售；增加品牌的美誉度、提高客户满意度和忠诚度。确定促销的目的要根据对市场的整体分析，以及公司整体发展趋势和年度销售目标，当然在很大程度上要考虑到竞争的因素、市场的容量、受众群体的反应预估等。

二、确定促销主题

促销宣传的主题是形成竞争优势、增加品牌的美誉度的核心，要能够对客户构成极大的吸引力，而文字要最大限度地体现促销的目的，还要简明精炼、朗朗上口，容易被消费者传播和记忆。

案例 2-3-1

某市通信运营商为了巩固现有客户群体，增加客户满意度和提高忠诚度，推出的活动主题是“真情回馈，一元购机”，富有极大的诱惑力，利用人们渴望获得廉价赠品的心理，以廉价手机与手机号捆绑销售的模式达到销售主体产品——手机卡的目的。

三、确定赠品促销的受众

根据赠品促销活动的目标确定客户参与活动的条件。必须清晰界定参加此次活动的条件，防止引起客户的投诉和不必要的纠纷，重点强调客户的参与条件，才能对其他客户形成更大的吸引力；在排除无关受众的同时，也吸引了竞争对手的客户，铸造了产品的竞争力。

四、确定活动流程和内容

确定活动的流程和内容是赠品促销的关键，活动内容的说明要尽量详细，所传达的信息要清晰明确，活动现场业务的办理应做到顺畅而周密。

在促销活动的流程设计上，充分考虑促销受众的方便性，进行流水化操作，简化手续，以最大限度提高效率。详细说明办理业务的具体方式，便于客户产生信赖感和减少不必要的解释，清晰准确的信息传达可以提高业务办理的效率，增加客户满意度。

五、确定活动时间和地点

根据市场需要来安排活动时间，以方便客户为原则来选择活动地点。

选择活动的时间跨度要考虑到客户人数、客户办理业务的习惯及宣传造势的需求等多项因素，最大限度为客户考虑。还要专设柜台办理赠品的领取，力求服务周到、办理迅速。

六、活动现场的布置

现场环境的布置重点在于营造活动氛围，现场视觉布置要醒目。现场广告的效果应该既能使客户在第一时间发现识别，起到宣传活动的作用，又能引导和帮助客户参与活动。设立专门区域来办理活动业务，可以防止因为活动的举行而干扰正常业务的办理；设专职服务人员引导和协助客户办理业务，并负责维持秩序，防止客户出现拥挤和造成服务投诉等。既体现了服务的周到，又有助于维持现场秩序。

案例 2-3-2

某市通信运营商“一元购机”促销活动现场是这样布置的：

（1）营业厅门口悬挂横幅：真情回馈，一元购机。

（2）门口设 POP 活动指示牌，引导客户进入营业厅办理业务。

（3）在营业厅内划出促销活动业务办理区，设立业务办理柜台，并摆设 3～4 桌的桌椅供客户填写入网申请表。

（4）设 3 人以上专职服务人员引导和协助客户办理业务。

七、赠品的选择

赠品的选择是赠品促销设计最为核心的一步，因为赠品的特性决定了主题语的创意、活动传播、实际操作等各方面的规划与实施。只有谨慎地选择妥帖的赠品，才能使促销活动办得有声有色。附送赠品如果选择不当，对促销的效果颇具杀伤力。当赠品的吸引力不够、品质欠佳时，反而会使本欲购买该商品的消费者打退堂鼓，甚至妨碍经常性使用者的购买行为，降低对品牌的忠诚度。

对于赠品的选择，主要有以下几点需要注意。

（1）赠品和促销的主体产品之间最好存在某种自然的联系。赠品与产品本身的内在关联性是赠品促销的一条铁律，不相关的赠品等于白送！要从产品的特征、功用和品牌的属性、内涵等多方面进行斟酌，找出与产品本身的品牌诉求有关联性的赠品。

（2）要注重赠品带给顾客的价值感和实用性，只有这样，才能够使赠品赠得有效，赠得有“理”。比如，买酒送酒具，买香烟送打火机，这使产品在使用上有嫁接点。或者产品属于同一类用品，比如，同属于电器、家居用品等，这样在广告传播上容易找到共同点。而类似于“买电脑送钢笔”，把两件关联不大的产品凑在一起，难免在活动传播上大费脑筋，而且不容易被消费者所记忆。

（3）赠品的使用率要高。如果赠品一两年也用不了一次，消费者拿回家放置起来直到忘记也没有用过一次，那么赠品也就“白送”了，失去了赠品本身的意义，不能对顾客产生吸引力。

（4）尽量选择简单、方便使用的产品，而不要选择需要进行详细的使用讲解或长期售后服务的产品，以免给终端造成操作上的压力，更要避免产生喧宾夺主的感觉。

（5）活动中提供的赠品最好是独一无二的，消费者喜欢但又不易买到的产品，只能从赠送活动中获得，很难从别处寻找。最好不要挑零售店正在销售的商品当赠品，如果所选的赠品相当平凡，如杯子、碗、化妆包等，最好在赠品上印上公司品牌、商标或饰以标志图案，以凸显赠品的独特性。

（6）赠品要易于了解。不需说明便一目了然，赠品是什么，值多少钱，必须让顾客一看便知。在零售终端，销售人员并没有多余的时间来推荐赠品。

（7）一个魅力十足的赠品若在包装上加以强化，不仅在媒体广告上，也能在零售点上，从竞争者环拥的丛林中脱颖而出。

（8）赠品价格要合适。一般来说，企业希望赠品的成本较低，最好在所卖产品的利润空间之内，赠品金额多数相当于购物金额的 3%左右；而对于消费者来说，赠品的价值越大越有吸引力。当付费赠品比市面相同商品零售价低 30%～50%时，最易于获得消费者的认同与承兑。要解决这个矛盾，企业在赠品选择上就要在可承受的范围内尽量选择成本较低但价值感强的产品（“有价无市”的纯礼品往往成为首选）。同时，企业也应该尽量和赠品企业进行沟通与合作，争取对方的参与。

（9）赠品最好要有寓意。赠品若能和主体产品共同表现出一个好的主题创意，富有传播性，则可对整体的产品营销起到呼应的作用。

（10）尽可能挑选那些有品牌的赠品。一个没有品牌的赠品，当然比知名度高的逊色得多，既难以估算其价值，更不易吸引消费者。

案例 2-3-3

沈阳乳业的“辉山利乐枕”奶的产品上市企划，以电影《列宁在 1918》中的一句经典台词“牛奶会有的，面包会有的……”为主题，举办的“买牛奶、送面包，营养早餐大派对”促销活动，取得了很好的效果。原因就在于，一方面该电影的影响力相当广泛，可以带给消费者那个年代的回味；另一方面，面包和牛奶同属食品，而且是共同食用的“最佳拍档”（西方人认为的最佳的早餐组合）。相对牛奶，面包因为有主食形象而使其价值感增强，每袋牛奶附送的一袋面包甚至在感觉上超过了牛奶的价格，使消费者明显感受到厂家回馈消费者的诚意。这种赠品真正让消费者得到了实惠，一袋面包、一袋牛奶这样一份营养早餐，现在购买比平时购买省了很多，消费者当然开心，因此很受欢迎。

八、媒体与宣传

选择大众媒体来传播信息和宣传活动。可以选择电台、报纸等大众媒体来宣传，意在广泛告知用户群体，传播赠品促销活动的信息，制造新闻效应。同时，通过宣传造势提高客户忠诚度，给对手造成竞争压力。

九、活动预算

以预计销售主体产品的多少来核算促销成本，控制促销费用，综合考虑投入产出比。在费用预算上切不可为了追求赠品强大的吸引力而过分增加促销成本，否则将出现入不敷出的尴尬情况。

一般付费赠送常见的支出有下列几种。

（1）购买赠品的费用。

（2）媒体广告费用：由举办方单独支付或相关各方分摊。

（3）促销辅助物的费用，如海报、刀旗、陈列架及其店头宣传品等。

（4）临时促销人员费用。

（5）其他代理、执行费用。

案例 2-3-4

某市通信运营商的促销活动的预算如下。

（1）媒体广告费用：6 万元。

（2）印刷品费用：5 万元。

（3）场内、场外的布置费用：0.8 万元。

（4）赠送手机的费用：50 万元（海南移动实际只付 10 万元）。

共计 61.8 万元。

□相关知识

一、赠品促销的概念与形式

赠品一般以消费者为对象，提供免费产品或低成本产品为诱因，刺激消费者产生购买行为。赠品促销也称为附送赠品促销，是指当消费者每购买一定数量或金额的商品后，就附加赠送一定价值的同类商品或其他商品，来缩短或拉近与消费者的距离。

案例 2-3-5

西安雁中路某药店推出酬谢活动，每天前 100 名患者可以免费领取一袋价值一元的牛奶。结果引起百余名老人在寒风中苦等两小时，领取牛奶后，老人们一扫寒风中排队的不快，有说有笑地拿着牛奶走了。由此可见适当的赠品对产品促销有重要的影响。

赠品促销形式多种多样，常用的形式包括外置式和内置式两大类。外置式赠品促销包括随商品附送赠品、付费赠品、邮寄赠品等，随商品附送赠品有两种形式：一种是捆扎式；另一种是附送式。内置式赠品促销的形式比较简单，一般采用的是酬谢包装、包装内赠品、可利用包装的形式。

1. 外置式赠品促销

（1）捆扎式赠品。将赠品附在产品上或产品包装上，而不是置于包装内部。例如，用橡皮筋将赠品与商品绑在一起，或用透明成型包装等。

（2）附送式赠品。此种赠品常在零售商店购物后送给顾客，无须与产品包装或捆扎在一起，容易操作。赠品可摆在收银机附近，方便消费者购物时一并带走。

（3）付费赠品。是企业为吸引消费者而采取的一种销售方式，即消费者在购买某种特定商品的同时付出赠品的部分费用即可得到赠品，它的实质是顾客购物后，卖方按一定比例将货款的一部分以实物形式退还顾客，以此促进销售。

（4）邮寄赠品。通过向消费者邮寄免费赠品或礼物的方法，以唤起消费者更多的注意。邮寄的赠品在大多数情况下要与所推广的商品密切配合，将赠品作为对品牌的提醒物。因而，许多免费邮寄赠品都印有制造厂商的名称、品牌或商标名称等。

2. 内置式赠品促销

（1）酬谢包装。酬谢包装是以标准包装的价格供给较标准包装更大的包装，或以标准包装另外附加商品来酬谢购买者。酬谢包装一般用于促销那些新的商品。例如，商场在促销某种果汁饮料时，可以在包装上贴上酬谢促销的说明，如“加量不加价”“多送 50 克”等。

（2）包装内赠品。将赠品放在商品包装内附送给购买商品的顾客。此类赠品通常体积较小，价值较低，例如，吉列公司在它的 Rice 牌刮胡膏包装盒里装进一片新推出的刮胡刀片，而且不增加售价。这样，消费者就可以通过购买 Rice 牌刮胡膏而有机会免费试用吉列公司新产品。

（3）可利用包装。即将商品包装在一个有艺术美感或实用价值的容器内，当商品用完时，此容器便可另作他用。例如，雀巢咖啡、果珍等饮品的包装盒均可以进行再利用。

二、赠品促销的优、缺点

（一）优点

（1）创造产品特色，培养忠诚顾客。市场经济是买方市场经济，消费者的偏好往往会决定企业产品的命运。而现代科技的突飞猛进和广泛应用，使得同类产品间的差异化越来越小，单靠产品本身的质量形成特色，创造差异，去获得消费者的忠诚已是十分困难。好的、有个性的赠品则可以弥补这一缺点，可以使产品增加附加价值，形成差异化，以激起消费者不断产生对品牌的兴趣，增加消费者的品牌忠诚度。

（2）创造品牌概念。研究发现，大多消费者在购物时会产生一种“感觉迁移”现象，正是利用这种“感觉迁移”，厂商用包装来改进人们对产品质量的评价。同样，消费者也会将所附赠品与产品（品牌）相联系，从其所提供的赠品质量、适用对象与价值大小等表面因素来判断产品的质量、使用者、档次等。例如，一些保健品适用范围不是十分明确时，人们会根据包装内所赠礼品来判断其适用对象和档次。又如一些食品，虽老幼皆宜，但如果提供一个女性装饰品作为赠品，消费者就会认为这是女性专用品。相反，如果赠品是一条领带、领带夹之类的物品，就会形成男性偏好品的概念。

（3）为实施市场细分策略做好铺垫。赠品设计的个性化和关联性可以帮助消费者分辨产品的适用者，因此，当诉求对象不同时，可以通过赠品来细分不同市场，帮助经销商更好地作有针对性的销售服务。

（4）附送赠品是吸引消费者初次购物、新产品入市或旧产品拓展新消费群的最有效方法之一。由于在商品价值之外另赠礼品，消费者总有一种超值享受的感觉，无论是对老顾客还是新顾客，都会有较大的吸引力。

（5）选择与产品相关的赠品，可以增加产品的使用频率，甚至让抱有成见的消费者接受新产品，尤其当赠品是使用频率高的日用消费品时，如调味品、洗发水等，就能够鼓励消费者重复购买，或增加购买。

（6）有设计特色的赠品和有较高使用价值或收藏价值的赠品，可以在竞争中处于优势地位。如果企业设计或使用的赠品具有独特的个性，其他企业难以模仿，或虽所使用的赠品很普通，但搭配独特，活动时机得当，就可以抵御其他竞争对手的各类促销手段。特别是在竞争对手知名度和市场占有率较高的情况下，赠品促销往往是最有竞争力的手段之一。

案例 2-3-6

一般品牌牙膏 3 元左右，同含量的黑人牙膏却敢卖 12 元，因为它针对儿童选用一种外观新颖别致的玩具车作为赠品，很多消费者都是冲着这个赠品购买黑人牙膏。

（7）赠品常可吸引消费者试用弱势品牌产品。有些产品知名度不高，市场销售长期不畅，这时，利用赠品的特有吸引力，可以促使一部分消费者改变购买和消费习惯，转过来消费弱势产品。当然，这必须是在产品质量没有明显缺陷的前提下才会有效。

（8）能促进零售商加快商品周转速度。个别厂商还专门针对零售商设计赠品，开箱即有，零售商为了获得更多的赠品，会想方设法向消费者推销货架上的商品，以便再开箱获益。

（二）缺点

（1）促销赠品容易被零售商或销售人员“扣留”。对于好的促销赠品，大多零售商是比较欢迎的，认为有赠品总比没有赠品好。有时零售商会在供应商不知情的情况下，把特别精美和有实用价值的赠品用其他物品替换，甚至干脆拿掉，然后用别的方法加快产品的销售。营业人员也常常“近水楼台先得月”，将其喜爱的赠品占为己有。

（2）赠品促销产生的作用有限，其效果不如折价促销好。由于赠品本身的使用价值是有限的，它的消费对象也是特定的，所以无法满足所有类型的消费者的需要。折价促销则没有受此限制，它对所有的消费者的优惠价值都是一样的，只要购买产品，都会获得同等价值的优惠，而不会因为赠品的适用度差别使消费者获得的优惠被打折扣，特别是当消费者根本不需要所赠物品时，赠品促销就难以奏效。

（3）当赠品的品质欠佳时，会导致促销失败。不少附送赠品促销失败的最主要原因在于赠品太差或赠品与主产品的关联度太低。当赠品的吸引力不够、品质欠佳时，反而会使本欲购买该商品的消费者打退堂鼓，尤其是消费者以前对同类赠品有不良的印象时，对销售的影响就更大。

（4）附送赠品要借助广告才能产生理想的效果。即使企业所推出的赠品设计得很有特色，但如果没有配以强力广告加以宣传，形成轰动效应，也很难激起消费者想拥有赠品的渴望。所以，赠品促销需要付出较高的配套成本。

（5）零售商接受赠品促销是基于一定条件的。首先，促销产品所带来的利益必须能够补偿由赠品管理上的困难造成的损失。包装上的赠品可能会造成货架陈列上的困难，而包装外的赠品由于和商品分开，零售商需增辟额外的地方陈列，并增加赠品管理上的麻烦。其次，在结账时，店员还必须分清促销商品，以免将赠品也一并算钱收费，有时候还得提醒顾客某品牌附有赠品。最后，当同类赠品在零售店内有售时，零售商更不愿意推广该产品，以免影响他们正常商品的销售。

（6）赠品的发送难以有效管理。只要赠品离开产品制造公司人员的手，就很难把握其赠送的合理性，如果零售商不配合，促销就很难成功。企业每次在举办附送赠品活动时，难免要赠予零售商不少赠品，以至于没有足够的赠品用于消费者。

（7）包装不实的赠品容易丢失。有时候，所附赠品的包装不够精密，赠品在超市货架上的陈列极易被消费者顺手拿走，严重影响促销效果。

三、赠品促销的适用场合

赠品促销并不适用于所有的场合,只有在遇到以下情况时,它才能够发挥最大的功效。

（1）促使消费者试用新的商品时，赠品促销可以使消费者愿意试用新的商品。

（2）促使消费者改变原来的购买习惯，改用某种特定的商品时，赠品促销可以使消费者为了获得赠送品，转而购买促销的商品。

（3）进一步强化消费者的使用习惯，使消费者长期使用某种商品时，如果商场能够采取赠品促销策略，就可以使消费者产生一种受到重视的感觉，从而成为该商品的忠实使用者。

（4）零售企业开辟新的市场时，可以充分发挥赠品促销的作用，用赠品来刺激消费者，使那些愿意接受赠品的人光顾商店，成为现实顾客。

（5）当零售企业举行节庆活动时，可以采取赠品促销活动来回报消费者，加强和消费者的联系，树立企业的社会形象。

四、运用赠品促销应注意的问题

1. 注意赠品的针对性

（1）赠品使用目的。刺激产品销售，这是许多买赠活动最直接的目的，希望借用赠品的吸引力增加对消费者的吸引。赠品一般都比较精致，价值感强，以体现和提升品牌形象。

（2）赠品发送方式。如果是在促销活动中由人员发放，方式可以灵活多变；如果在卖场随产品发放，就必须考虑赠品如何与产品组合在一起。

（3）赠品目标人群。赠品的目标人群应与运用赠品的产品目标消费群一致。有些赠品脱离产品消费群，企图吸引非目标群体购买，促进短期销售增长，但这对于品牌提升和培养消费者都没有益处。

相关链接 2-3-1

赠品的目标消费群可以进一步细分。例如，一种产品的消费人群是 16～45 岁女性，开发针对整个目标人群的通用赠品固然不错，但可以依据消费年龄结构不同，采用细分赠品。16～24 岁的送时尚动感腕表，25～34 岁的送化妆盒，35～45 岁的赠零钱包。

2. 提升赠品的吸引力

（1）新颖性。

案例 2-3-7

肯德基开发的录音卡通玩具，起用青少年喜爱的“哆啦 A 梦”形象（一个日本动画片的卡通形象，国内称“机器猫”），其左手是录音键，右手是播放键，可以随时录音，随时播放。该赠品可爱的造型和新颖的功能一下吸引了青少年，为肯德基带来了巨大的利润。

（2）超值感。

相关链接 2-3-2

加入附加值。为什么要签名售书？因为普通的一本书由于有了作者的签名而具备了收藏价值。

（3）实用性。

案例 2-3-8

上海亚新生活广场曾将挤牙膏器作为赠品，它能将牙膏挤得干干净净。这个赠品价值不高，但非常实用，很能打动精明的上海居民。

（4）搭配性。

相关链接 2-3-3

买手机，送充电器、充电电池、耳机。这种搭配帮消费者解决购买产品后产生的连带问题，让消费者没有后顾之忧。

（5）精致性。

案例 2-3-9

麦当劳的赠品——不同寻常的杯子：它的外壁下半部分磨砂，可以防滑；吸管插在杯盖以上的部分比插入杯内的部分要粗，这样吸管可以正好固定在接近杯子底的地方；吸管上还有一个盖子，如此大杯的可乐一次喝不完就可以盖起来……这些细节足以让人动心。

（6）多重价值。

案例 2-3-10

某方便面赠送“水浒 108 将”游戏卡，每个画面都很精美，可以收集；并根据儿童心理编制了这个游戏卡的游戏规则；如果收集一整套还有大奖。这样小小游戏卡就有了三重价值。

3. 赠送不能直来直去

（1）赠品也要宣传推广。

案例 2-3-11

肯德基为了推广卡通录音玩具赠品，投入了大量的电视广告，在肯德基店内也挂满了宣传。广告中男主角借用这个玩具的录音向心上人表达爱意，给赠品增加了浪漫和趣味。适当的推广立刻引发了青少年及白领对这个赠品的追捧，肯德基套餐因此大卖。

（2）适当的交换条件。太容易获得的东西总是会让人感觉没有很大价值，而太难获得就不会有很多人参与，因此要有个适当的交换条件，既能体现赠品的价值，又能吸引消费者的参与。

案例 2-3-12

贝塔斯曼书友会对会员购书提供赠品，但是根据不同的赠品收取 1 元、2 元……不等的换购费用。这个细节让消费者感到赠品是有价值的，1 元、2 元是根本买不到的，书友会收取的只是该赠品的成本，超值！

（3）发放赠品的技巧。“限量”“先到先得”比“买一赠一”更有号召力。成功的赠品发放是让消费者觉得他喜欢的那一款赠品已经没有多少了。

4. 赠品运用的忌讳

（1）长期使用同一赠品。赠品是诱饵，不是常规产品的组成部分，因此一旦赠品没有了吸引力，就应该马上更换。

有的企业不是考虑赠品是否诱人，而是因为经销商需要——“别的厂家都有赠品，所以我们也必须有赠品”，为了赠品而准备赠品，所以一年四季就一种赠品，或者赠品永远是本企业的产品，这样的赠品就失去了应有的价值和功能。

（2）无节制地使用赠品。现在促销中有个怪现象：产品卖不动就送赠品、做特价、搞抽奖。但是抗生素经常使用就会让病人产生抗药性或者对药物的依赖性，赠品对消费者来讲就是个“甜头”，可这“甜头”天天都有，它还能有吸引力吗？只会让消费者对赠品产生依赖——没有赠品，就不买账。

（3）尽量不要用产品做赠品。产品作为赠品最省事，却是最容易让消费者厌倦的做法，而且直接降低了产品的心理价位。

相关链接 2-3-4

11 元的护发素买一赠一（同一产品 2 支），活动一结束，原价就再也卖不动了——既然我 5.5 元就买了一支，为什么要花 11 元买呢？等再促销的时候再说吧！

5. 选择与产品相配的成本费用

一般来讲，举办一个赠品促销活动需考虑以下费用与事项。

（1）赠品本身的成本。赠品应从生产厂商直接购买，赠品的数量应有计划，做到恰到好处，多了会造成浪费，少了会影响促销效果。

（2）赠品的包装要讲究。切忌把精美的赠品置于低劣的包装内，或配以不相称的包装，这会使赠品的效果大打折扣。为增强品牌形象宣传，可以将产品的品牌标志印在赠品及其外包装上面，让消费者每次使用时获得品牌提示，无形中加深了消费者对品牌的印象和好感。

（3）广告宣传要得当。赠品促销一般要靠广告来引导和支撑，POP 是一种较好的宣传形式，如海报、吊旗、宣传单等，要事先设计和制作好，并在促销活动开始前安排好张贴工作。但要注意控制好广告材料的数量。报纸是最有效的广告传播媒体，但由于成本高，一般的促销不宜多用。

五、运用赠品促销的技巧

1. 适当炒作赠品的价值

在消费品促销活动中，赠品的价值一般都不会太大，关键是如何炒作宣传。炒作价值和夸大价值不同。夸大价值是直白地告诉消费者赠品的价值，且夸大赠品的原有价值，有时令人难以信任。而适当的炒作赠品价值则需要从赠品的使用利益与情感利益等方面与消费者进行沟通。

案例 2-3-13

宝洁公司某产品在促销时，促销的赠品有两样东西，一个是价格不贵的相架，另一个是一把正反两面印有“夏季如何有效防止紫外线照射保护皮肤的护理小方法”的太阳型纸扇。在宣传时把小纸扇放在主要的位置进行宣传：“只要购买其中的任何一款产品，你就将获赠缤纷夏日防紫外线护理秘籍太阳扇一把，保护您娇嫩的皮肤！我们还将给你意外的惊喜，同时你还能获得温馨无限的‘浓情相架’一个，它可以随意折叠随身携带，使您随时捕获精彩时刻。”

2. 赠品在促销中的角色定位

经常听到一些促销宣传这样说：“只要您购买了××价值的产品您就能获得×××的赠品。”这样往往给了消费者一种支付的价值里面包括了赠品价值的概念。假设我们换一种口径来宣传：“我们这次促销的价格在同类产品里是很优惠的，您今天购买产品就能够得到实实在在的优惠，而且，为了感谢您的光顾，我们公司还将免费赠送××。”

哪种口径更能打动消费者呢？不言可知，肯定是后者了。因为它强调了“免费”这两个字。把前一口径中的“买了才能送”变成了后一口径中的“不但买得实惠，而且有赠品送”，可以看到前后两者的意愿差不多，但是由于表达方式不同，效果却是天壤之别。

3. 人为制造赠品不多的紧张感

在赠品促销的活动中经常使用这种技巧。例如，企业会在促销活动广告中告知消费者：“本活动自今日起截至××月××日为止，赠品数量有限，送完为止。”以此达到催促消费者实施购买的目的。所以，在经过对赠品和活动本身的宣传，让消费者提起兴趣后，可在促销现场采用限量赠送的方法，但尽量不要让消费者看到赠品过多堆积的场面。在兑换处和陈列架上仅摆放少量的赠品，旁边或者周围角落等地方适当地摆放一些盛装过赠品的空箱子，以制造赠品快发完的紧迫感。

4. 赠品要有一个响亮的名字

赠品靠什么来吸引顾客呢？必须要给赠品取一个好名字，叫起来既要响亮还要朗朗上口，更重要的是还要与产品的独特卖点挂钩。要想给赠品取个好名字，就必须首先了解促销的目标消费群体喜欢什么，对什么敏感，最近有哪些热点使他们关注或兴奋，然后将这些因素与售卖产品本身的核心利益相结合。

案例 2-3-14

宝洁公司在进行海飞丝洗发水促销时，把赠品中的一本薄荷海飞丝洗发指导手册命名为“清凉海飞丝至酷洗发‘秘籍’”，而在向小店店主赠送售卖手册时，又命名为“小店百事通”，使店主觉得拿到这一本手册，售卖宝洁产品就简单、快速多了。

5. 赠品宣传可以借梯上楼

在赠品促销活动中，仅仅依靠企业的促销人员宣传“我们的赠品如何好，如何有价值”是不够的。在这时，一些企业往往会利用产品代言人或临时聘请的明星、主持人在公众中的影响力进行宣传。事实证明，这种方法的效果比较好。虽然从某种角度上来看，这样的宣传成本要比一般宣传模式高，但是其所产生的影响也是很大的，特别适用于多区域的大规模赠品促销活动；而且通过这种方法宣传的赠品一般具有较长的生命周期。

案例 2-3-15

在宝洁公司玉兰油“缤纷夏日”的促销活动中，邀请到了香港著名的节目主持人、影星吴大维先生担任本次巡回促销活动的嘉宾主持人。在成都、上海、广州、深圳的活动中，吴大维先生在现场多次盛情推荐玉兰油 UV 太阳镜、UV 手表、UV 太阳伞等促销赠品和奖品。

当然，也并不是一定要有明星或者公众人物才能够产生这样的效果，完全可以因地制宜，现场找人。例如，促销一些妇女产品（化妆品、服装、手袋、首饰）时，就可以从现场的消费者中锁定一两个气度不凡的消费者上台来向大家推介，或者请出卖场的总经理或店长来也未尝不可。

6. 注重赠品的陈列和展示

对于赠品与主体产品关联性的强调，除了通过现场的节目、游戏等方式操作之外，赠品展示也是行之有效的方法。例如，当企业准备向消费者赠送一种用于盛装家庭日化用品的陈列架时，就可以把企业所售卖的系列日化产品（如牙膏、牙刷、香皂、洗发水和沐浴露等）有序陈列其上，用以展示陈列架的作用，并把这些陈列好的样品摆放和悬挂在醒目的位置。

□完成任务

以 4～5 位同学为一组，每组要按照实施赠品促销的步骤进行策划，要明确赠品促销活动的目的，确定促销主题、赠品促销的受众、活动流程和内容、活动时间和地点、活动现场的布置、赠品的选择、媒体与宣传、活动预算等，最后完成一份实施赠品促销的策划方案。

要求：

（1）赠品促销的策划方案以书面形式完成。

（2）方案应包括促销主题、促销时间、促销目标、促销形式、促销对象、促销项目、促销宣传方式、方案操作说明、费用预算等内容。

任务单					
任务	设计赠品促销策划方案				
任务描述	1. 学习并理解赠品促销的理论知识 2. 根据赠品促销的步骤确定策划内容 3. 赠品促销的策划方案以书面形式完成 4. 方案应包括促销主题、促销时间、促销目标、促销形式、促销对象、促销项目、促销宣传方式、方案操作说明、费用预算等内容 5. 选派组内代表上台汇报任务完成情况				
执行团队		时间		地点	
成员出勤情况记录					
任务执行情况记录					
任务汇报情况记录					
指导教师点评					
任务完成情况总结					
组内互评成绩					
姓名	成绩	姓名	成绩	姓名	成绩
组长签字：				日期：	
指导老师签字：				日期：	

□知识拓展

赠品促销拓展解析

一、“满就送”

满就送分为满多少数量的商品后送礼品和满多少金额后送礼品。一般满多少数量就送礼物的数量都会设置成两件，最多不超过三件，只有数量在消费者能够接受的范围之内，满就送才能发挥提升客单价的效益（一些小饰品类的商品件数可以设置得多一些）。

满多少金额后送礼品，这里价格的设置也是很有技巧的，比如，店里的商品价格大部分在 98 元左右，设置满就送的时候可以把价格设置成满 108 元后就送礼品，这样只要再加一件小商品就可以送礼物，顾客通常会选择多购买一件商品，相反，如果把满就送的价格定在 98 元无疑没有任何刺激消费者多购买的欲望。此外，卖家也可以将送的礼物设置成店铺的优惠券，这样就为二次销售做好了铺垫，也有利于店铺的长足发展，也可以增加免费试用，或者 1 元混搭。

满××元是经过精确计算的数字，是整个促销的精髓。买满的条件不是客户随便可以达到的，而是需要客户为之做一点努力才能达到的，也就是“跳一跳就可以够得到”的类型。

二、“买赠”与“套购/拼购”

（1）买赠：利用消费者占便宜心理通过赠送相关产品或增值配件满足消费者心理，实现产品溢价的促销形式。例如，买海尔空调送健康加湿器。

（2）套购/拼购：针对消费者多型号或多品类的需求，以较低成本或零成本获取其他产品的促销形式，如买大送小、选创维云电视加 999 元得 32 英寸液晶电视等。

三、网上赠品促销

网上赠品促销是指对抗竞争品牌、开辟新市场情况下利用赠品促销可以达到比较好的促销效果。它是争取消费者购买产品，提升业绩的法宝，也是品牌之车提速的动力所在。

赠品促销目前在网上的应用不算太多，一般情况下，在新产品推出试用、产品更新、对抗竞争品牌、开辟新市场情况下利用赠品促销可以达到比较好的促销效果。赠品促销具有如下优点。

（1）可以提升品牌和网站的知名度。

（2）鼓励人们经常访问网站以获得更多的优惠信息。

（3）能根据消费者索取赠品的热情程度总结分析营销效果和产品本身的反应情况等。

赠品促销应注意以下几点。

（1）不要选择次品、劣质品作为赠品，这样做效果只会适得其反。

（2）明确促销目的，选择适当的能够吸引消费者的产品或服务。

（3）注意时间和时机，注意赠品的时间性，如冬季不能赠送只在夏季才能用的物品，另外在危机公关等情况下也可考虑不计成本的赠品活动以解除公关危机。

（4）注意预算和市场需求，赠品要在能接受的预算内，不可过度赠送赠品而造成营销困境。

□角色转换

如果你是一名中职院校的教师，你将如何向学生讲授这部分内容？请思考以下问题：

1. 如何展开本任务的课堂教学和实践教学？
2. 在本任务的教学中，哪些教学方法比较有效？

任务四 样品促销

□学习目标

知识目标

1．了解样品促销的概念和优、缺点。

2．掌握样品促销活动的基本流程。

能力目标

能根据所学知识对样品促销案例进行分析，并按照学习任务要求策划、设计一次样品促销活动。

□任务导入

沃尔玛元宵节促销

元宵节将至，大良新一城购物中心沃尔玛超市的元宵节食品专柜纷纷推出免费试吃和新品赠送的促销活动。一些品牌汤圆新推出的水果、抹茶、紫薯、核桃、南瓜等全新口味吸引了不少顾客，其中某知名品牌汤圆的水果口味仅一天就卖出了150袋左右，销量几乎赶超平时销量最大的芝麻、花生等传统口味汤圆。

看到这样的促销场面，李伟强职校校园超市的创业师生也想在新学期开学期间对超市内的洗发水、沐浴露等商品开展一次样品促销活动。如何策划和实施这次促销活动呢？该如何评价促销活动的效果呢？

□任务分析

20世纪90年代初，宝洁公司推出新产品——“飘柔洗发水”进入中国市场，为了达到快速占据中国洗发用品市场份额的目的，宝洁公司率先采用样品赠送这种促销方式，并一炮打响，成功地改变了中国消费者的洗发护理观念，使飘柔洗发水得到中国消费者的普遍认同并成功占据中国洗发用品市场半壁江山。

在所有促销方式中，样品促销是最可能令消费者转换消费品牌的促销方式，在全国各大超市和卖点，样品促销已成为一种非常常见的促销方式。但是样品促销因为试用成本费用较高，所以主要适用于试用期短且消耗快的食品（如奶制品、饮料等）和生活用品（如化妆品、洗护用品等）等大众化的快速消费品。

样品促销活动的策划和实施过程如图2-4-1所示。

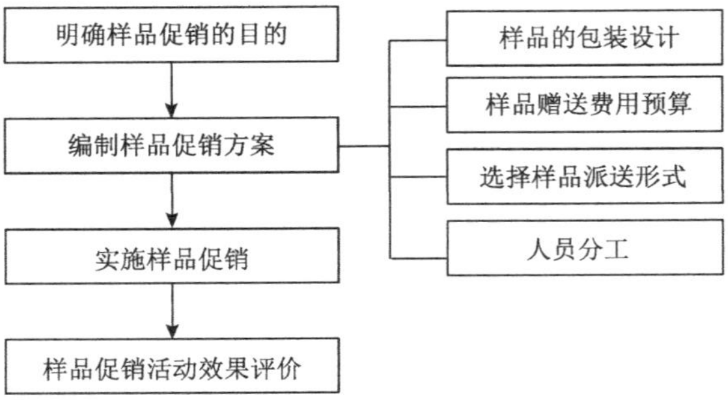

图 2-4-1　样品促销基本流程

一、明确样品促销的目的

一般来说，实施样品促销的目的有以下几方面。

（1）以样品为“诱饵”，吸引消费者免费体验商品或服务，在顾客接受或认可商品或服务后，刺激消费者购买商品或服务。

（2）改变消费者原有的消费习惯，放弃原有的使用品牌，建立新的消费习惯。

（3）缩短新产品进入市场的周期，加快消费者对新产品的认知程度和认可速度。通过样品试用和体验可以让消费者对新产品有直接的感知，产生好感并进而产生购买欲望。

（4）宣传产品特点，提升企业形象。

二、编制样品促销方案

（一）样品的包装设计

样品的包装设计主要包括两个方面：一是样品包装量的设计；二是样品的外包装设计。

样品的包装量必须足以让消费者充分感受到产品的性能和特点，否则难以形成良好的试用效果，无法刺激消费者产生强烈的好感和购买欲望。一般来说，样品的包装量没有硬性规定，只要让消费者能够充分体验产品的特点就可以了，如日化用品、食品的赠送量以一次性用量为宜，需要多次试用才能感知效果的商品则以一个疗程或最低试用标准的用量为宜。

样品的外包装设计主要考虑商品的包装要求、形状、图案等。一般来说，将上架商品的包装缩微化是最好的方法，一则设计成本和耗材成本低，二是利于消费者记住商品的包装形式，容易形成今后的购买刺激。但是，对于隐私性的商品包装，必须考虑消费者的心理接纳程度，样品应尽可能设计得隐私一些，否则即便是免费赠送的东西，消费者也不敢要。

案例 2-4-1

护舒宝的样品外包装经历

护舒宝在香港进行免费样品促销之初，统计结果显示，有七成以上的路人拒收试用装。经研究得知导致低接受率的原因是：免费试用装是透明包装，一眼望去便知是卫生巾，女性在大庭广众之下接受很难为情；试用装外的大字“护舒宝卫生巾”，让人一看就是促销活动，从而带来更强的逆反心理；免费试用装每包四片，体积过大，女性手包难以容纳，使部分女性不得已而拒收。于是，市场营销人员将免费试用装进行了重新设计：以密封及不透明的胶袋包装；试用装不标明产品名称；每包两片，方便携带。结果，对于重新包装后的试用装，路人的接受率一下提高到 50%。

资料来源：孙彬. 日化产品的免费样品促销. 企业改革与管理, 2011,（10）：77-78

（二）样品赠送费用预算

在实施样品促销活动前，通常要进行赠送费用预算。一般来说，样品赠送费用项目包括：样品成本费；样品的包装费，如纸箱、包装袋等包装材料费；邮寄直送的名单查询费；邮资费；广告宣传费；以及通过各种形式赠送产生的劳务报酬和活动处理费等。

进行样品赠送费用预算的目的是确定促销活动的损益点，如果投入的费用太高，无法达到预计的销售额，那么就要相应控制赠送样品的数量。

样品赠送费用预算可参照表 2-4-1 进行。

表 2-4-1　样品赠送费用预算表

编制部门：　　　　年　　月　　日

费用项目	数量	单价	金额
预算费用合计			

财务审批：　　　　部门主管：　　　　制表：

（三）选择样品派送形式

样品派送形式很多，在选择具体的派送形式时，既要充分考虑样品的特点，如包装、大小、重量和材料等因素，还要考虑派送的成本、距离和时间等客观因素。例如，生鲜易变质的食品适合现场派送，不适合邮寄派送；体积小而薄的洗护用品样品适合借助报纸杂志派送，不适合逐户派送（费用太高）。总的来讲，应根据样品的特点和样品到达消费者手中的实效性等因素综合考虑来选择适当的样品派送形式，以提高样品派送的实效，避免样品送而不达或送了白送的无效行为。

下面是几种常用的样品派送形式。

（1）直接邮寄。将样品直接邮寄给消费者。直接邮寄样品与免费邮寄赠品两者是有区别的，前者邮寄的是产品的样品，后者邮寄的不一定是样品，可能是其他商品，而且一般是在消费者已经购买了商品后才会发生免费邮寄赠品行为。直接邮寄样品这种派送方式送达目标消费者的概率高，消费者的尝试购买率可达 70%～80%，是样品发送的最佳方式。但这种派送方式最大的问题是样品的投递和装运的限制较多，以及邮寄成本高，因此适合轻便型样品和没有邮寄限制的样品。

案例 2-4-2

美国通用制粉公司的样品邮寄

通用制粉公司新推出一种谷类食品——脆麦片加葡萄干，用直接邮寄方式分送免费样品，每份样品的重量是 1.5 盎司（1 盎司=28.349 523 克），样品包装内还附有 7 美分的优惠券。寄送免费样品和寄送优惠券相结合，再加上实售产品的迷你包装，消费者试吃后极易在零售店内发现并选购，有效促进了消费者购买。

资料来源：马清学. 销售促进技术. 北京：中国人民大学出版社，2011

直接邮寄样品促销在西方国家得到广泛使用，但这种促销方式获得成功的关键一是要获得住户或机构的准确的名单和地址，二是在实施前要先进行市场调查以确定准确的产品目标客户。

（2）逐户分送。将样品派专人（或通过运送公司、专业的样品促销和直销服务公司）送至每一户消费者手中。这种派送方式一般把样品放在住户门外、信箱内，或是交给在家的住户。逐户派送样品的优点是样品送达消费者的命中率高，促销效果好；缺点是派送过程需要较多工作人员，派送成本高。因此，适合在住户密集的区域使用，如住宅小区、学生宿舍等。

案例 2-4-3

雷菊芳奇正藏药传奇

1993 年 8 月，奇正炎痛贴通过甘肃省医药管理局鉴定并批量生产，但是在没有销售平台、销售经验，没有自己的队伍情况下，奇正公司创业之初的十多号人，唯一雄心勃勃的就是这药的疗效不同寻常。雷菊芳带领她的队伍采用最土的办法：送药。兰州、西安、北京……女排、男篮、乒乓球队、体操队……1994 年初奇正公司在西安建

第一个经营部，开始向大街小巷的平民百姓送药。奇正炎痛贴当时国家定价每贴 12.5 元，雷菊芳三个月内送出了几万贴，送得自己流动资金枯竭、公司负债累累。也正是从这时开始，从中央电视台到行业地方报纸，全国数十家媒体蜂拥而至，“几乎每天都有关于奇正炎痛贴的报道”，来自雪域高原的藏药，又有神奇的疗效，口口相传引来媒体聚焦，奇正藏药的名声以神秘莫测的速度传遍全国，求购者很快从四面八方涌来，迅速将药品抢购一空；再生产再抢购，三个月内断药四次，终于在市场竞争中冲开一条血路。

资料来源：http://www.redocn.com/company/90420/news/33409.html[2011-09-02]

（3）定点派送。 定点派送就是由促销人员在选定的地点向消费者派送样品。这种派送方式一般以化妆品、食品推出新产品时使用居多，选择的地点通常是超市、车站、影剧院、公园广场、重要街口等人流密集的公共场所。派送时，可以由促销人员向过往行人现场派发赠送或试吃样品，也可以把样品放在明显的促销台上让消费者自行取用。要注意的是，定点派送不是见人就送，在派送样品时要注意筛选目标人群，如化妆品应针对青年、成年女性进行派送，男性、小孩和老人则可以不送；酒类饮品应针对成人派送，未成年人则不应该送。

案例 2-4-4

护舒宝产品的定点派送

宝洁公司在香港推广护舒宝产品时，就是由市场专业人员每天早上七点半到九点在地铁站出入口，派发护舒宝试用装给路过或搭乘地铁的女性，在最短的时间内把百万包试用装送到目标顾客手中，迅速打开香港的卫生巾市场。

资料来源：孙彬. 日化产品的免费样品促销. 企业改革与管理，2011，（10）：77-78

定点派送还可以通过一些特殊渠道和职能机构，向特定的目标消费者派送样品。例如，通过医院妇产科，向产妇派送奶粉、纸尿裤等婴儿用品的试用样品；通过学校或学校行政主管机关，向学生派送学生用品的试用样品等①。这种定点派送形式的目标消费群的针对性特别强，样品直达目标消费者，派送效率高，不容易引起消费者的反感情绪，消费者试用样品后的购买率也比较高，是现今许多企业进行大面积派送时比较流行的一种样品派送方式。

（4）联合式派送样品。与其他公司联合，将各自的样品集中放在一个样品袋内，再分送给目标消费者，如入学新生、孕妇群、新婚群、老年人群体等。这种派送方式可以根据目标派送对象有针对性地寻找与产品有关联却没有竞争关系的公司合作，设计受目标消费者欢迎的样品组合。如样品袋内的样品组合新颖别致、构思独特，能有效满足消

① 马绝尘. 样品派送在市场促销中的运用. 中国广告，1999，（3）：56-57.

费者的各种需求，并能促进消费者的购买欲望。此外，由于派送成本是由联合举办活动的公司共同承担的，样品分发成本相对较低。

案例 2-4-5

联手送样品，成本低、效率高

庄臣公司与金百利公司联手，将庄臣公司的雅姬润丝精、金百利公司的靠得住卫生棉垫及庄臣公司的 Edge 刮胡膏优待券集中放于一个样品袋中，寄送给目标消费者。

资料来源：马清学. 销售促进技术. 北京：中国人民大学出版社，2011

（5）通过报纸、杂志派送。将免费样品附在报纸、杂志等大众媒体里分送给各订户。这种派送方式的优点是样品送达潜在消费者的速度快、产品宣传力度广；但是样品的制造成本较高，只适合大众消费品，如日化用品、日常生活用品等。

（6）凭约定标志如优惠券、分享图片、微信点赞等换样品。消费者凭优惠券、分享图片或微信点赞到指定的门店或零售店兑换样品。这种样品派发方式的花费比较高，除了发行优惠券的费用外，还有零售店的兑换费用，但是这种派送方式操作简单且对诱发消费者购买产品十分有效，因而是一种非常受企业欢迎的样品方式。尤其现今许多商家利用微信集“赞”方式派送样品，在很短的时间内就能派送出大量样品，促销效果十分火爆。

案例 2-4-6

凭券兑换 Aunt Jemima 奶煎饼

佳格公司新推出了一种 Aunt Jemima 奶煎饼。该公司在报纸上印上赠送消费者 Aunt Jemima 奶煎饼样品包的优惠券，消费者只要剪下报纸上的优惠券，凭券到任何有售卖佳格商品的零售店即可兑换 3.25 磅（1 磅=0.453 592 千克）的 Aunt Jemima 奶煎饼样品包。

资料来源：马清学. 销售促进技术. 北京：中国人民大学出版社，2011

（四）人员分工

为了保证样品促销活动的正常开展，更好地完成促销活动，并预防活动中可能发生的各种突发事件，需要按活动内容和程序对参与人员进行分工，以明确每个人的工作职责。一般来说，每个活动环节最好能有一个人，人手紧缺时可以一人多职，活动开始前要对每个员工进行培训，确保每个人清楚各自的职责分工和突发事件的处理方法。

三、实施样品促销

实施样品促销，要考虑如何提高样品派送的有效性，提高促销效果，减少不必要的损失。

实施的具体工作包括：样品的包装设计、样品的生产制作、样品派送形式的选择、样品派送与管理、人员分工等。

如果样品派送是委托专门的促销服务公司进行，派送工作结束后要对派送对象进行调查回访，一方面可以监督样品派发结果，另一方面可以借机了解样品派送后的用户体验反馈。如果是选择定点派送和展示样品，必须提前和卖场做好沟通以确保现场的派送秩序及安保工作。总之，要做好与合作方的沟通协调，争取合作方的支持与合作。

四、样品促销活动效果评价

样品促销活动的效果评估分为实施前的评估和实施后的评估。

实施前的评估在样品促销活动方案完成后进行，主要是确定本次活动是否有必要实施，以及实施哪个派送方式促销效果最好。预评估的内容主要包括：促销目标能否实现；促销活动期间及其后一段时间内销售总量和利润总额及市场占有率是否增加；百元促销成本的利润率等。

促销活动结束后，应立即进行效果评估，对活动过程进行全面总结，提高今后促销活动的效率。评估的内容主要包括：活动是否达到预期的营销目标；样品派送方案是否有效；样品派送对象是否是目标消费者；消费者的重复购买率是否提高；派送过程中人员分工是否合理等。

□完成任务

李伟强职校校园超市是由在校学生负责经营管理的校园创业店，店内商品物美价廉，工作人员服务热情、周到、体贴，受到校内师生的高度好评。新学期开学之际，校园超市又要做活动了：对超市内的洗发水、沐浴露等商品开展一次样品促销活动。请各位同学为这次活动做一个促销策划方案并完成本次促销任务。

任务：

（1）5 人为一小组，选出组长，分工合作。

（2）按照样品促销的要求，结合该超市的实际情况，制订促销方案。

（3）样品促销方案需包括：促销活动主题、样品包装设计、费用预算、样品派送形式、人员分工、效果预估等。

（4）各小组以 PPT 形式作该促销方案介绍，采用小组自评（30%）、组间互评（30%）和教师评价（40%）方式进行考评。

<table>
<tr><td colspan="6">任务单</td></tr>
<tr><td>任务</td><td colspan="5">样品促销策划</td></tr>
<tr><td>任务描述</td><td colspan="5">1. 根据背景资料制订促销方案
2. 选派组内代表上台汇报任务实施和完成情况</td></tr>
<tr><td>执行团队</td><td></td><td>时间</td><td></td><td>地点</td><td></td></tr>
<tr><td>成员出勤情况记录</td><td colspan="5"></td></tr>
<tr><td rowspan="7">任务执行情况记录</td><td>评价项目</td><td>优秀</td><td>良好</td><td>合格</td><td>不合格</td></tr>
<tr><td>促销活动主题</td><td></td><td></td><td></td><td></td></tr>
<tr><td>样品包装设计</td><td></td><td></td><td></td><td></td></tr>
<tr><td>活动费用预算</td><td></td><td></td><td></td><td></td></tr>
<tr><td>样品派送形式</td><td></td><td></td><td></td><td></td></tr>
<tr><td>人员分工</td><td></td><td></td><td></td><td></td></tr>
<tr><td>效果预估</td><td></td><td></td><td></td><td></td></tr>
<tr><td>任务汇报情况记录</td><td colspan="5"></td></tr>
<tr><td>任务完成情况总结</td><td colspan="5"></td></tr>
<tr><td>指导教师点评</td><td colspan="3">成绩：</td><td colspan="2">签名：</td></tr>
<tr><td colspan="4">组长签名：</td><td colspan="2">日期：</td></tr>
<tr><td colspan="6">组间互评成绩</td></tr>
<tr><td>组别</td><td>成绩</td><td>组别</td><td>成绩</td><td>组别</td><td>成绩</td></tr>
<tr><td></td><td></td><td></td><td></td><td></td><td></td></tr>
<tr><td></td><td></td><td></td><td></td><td></td><td></td></tr>
<tr><td colspan="6">任务评价</td></tr>
<tr><td>小组自评（30%）</td><td colspan="2">组间互评（30%）</td><td colspan="2">教师评价（40%）</td><td>综合得分</td></tr>
<tr><td></td><td colspan="2"></td><td colspan="2"></td><td></td></tr>
</table>

□知识拓展

样品派送在促销中的应用

样品促销在传统的促销方式中是一种简单、有力的促销方式。但是对于生产厂家来说，并不是所有的产品都适合采用样品促销，即便是对于适合采用此法的产品，派送时机的选择、派送渠道的设计及派送形式的创新等都是实施样品派送前必须考虑的。

1. 样品的适合度

从产品的生命周期来看，样品促销方式对于刚刚上市的新产品或经过改良质量明显提高并重新上市的旧产品效果比较好。对于已经属于成熟期甚至是衰退期的商品，消费者对产品已经形成较充分的了解和认识，因此此时样品派送很难达到促销目的。

从产品自身的特点来说，质量和使用功效明显胜过同类竞争商品的产品，适合采用样品促销。这是样品派送促销获得成功的最重要的先决条件。如果消费者试用后没有感觉到产品的优势，这时样品派送不但起不到促销作用，反而会对产品和企业形象造成不良影响及巨大的浪费，这也是很多企业实施样品派送失败的主要原因。产品自身特点的另一方面，是样品的包装、体积、重量等是否适宜派送。一般地，由于派送成本和派送运输或携带的原因，价值较大、体积较大、重量较重、容易腐烂变质的产品不适宜进行派送，如果一定要采用样品促销，应当针对目标消费人群走专业化派送渠道，以提高样品派送的针对性。

从样品成本的角度看，大规模的样品派送只适于促销使用周期短、消耗快、重复购买率高、价格较低的日常生活消费品，如洗衣粉、香皂、牙膏、美容用品、食品、饮料、刮胡须刀片、洗发护肤用品、女性卫生用品等。因为这些商品成本低，消费者试用后到下次购买间隔时间短，并且要经常购买，商家派送样品付出的成本才能较快回收，并得到回报。对于价格较高的商品，往往是把样品派送给精心挑选出来的重点消费者，而不是大面积派送[①]。

此外，不适宜样品派送的情况还有：消费者偏好明显的个性化产品，如香水、口红等；使用期限比较长的耐用商品，如眼镜、钢笔等。

案例 2-4-7

采乐洗发液的样品邮寄派送

采乐洗发液是一种添加抗真菌成分的洗发液，产品推出时在网络采用邮寄的方式派送试用装，虽然当时市场也有以去头屑为其宣传诉求的海飞丝等大批产品，但由于其去头皮屑的功能与采乐相比不具备明显的功能优势，采乐对目标消费群具有强烈的吸引力，通过目标消费群的试用，采乐洗发液一举成名，促销效果非常好。

2. 样品派送的时机选择和时间跨度

通常情况下，新产品进入市场前的 4～6 个星期或商品的销售旺季来临之前，是使用样品派送促销方式的最佳时机。因为越接近产品的销售旺季，消费者的购买欲望就越强，过早或过后进行样品促销，消费者即便试用了样品但考虑到购买产品后不能立即派上用场，也很难形成强烈的购买欲望，派送效果不会太理想。

在实施样品派送前，要确保市场上已经建立了充足的零售网点，这意味着样品产品的铺货率必须达到 50%以上。因为如果消费者试用样品后，在市面上却买不到样品产品，即便产品再好，消费者也只能把目标转向其他竞争产品。

实施样品派送时还要注意派送的时间跨度不能持续太长，否则不但会导致促销成本增加，更会直接影响消费者的购买心理，让消费者感觉上当受骗，甚至影响企业和产品的形象。

---

① 马绝尘．样品派送在市场促销中的运用．中国广告，1999，（3）：56-57.

3. 样品派送渠道的设计

样品派送的渠道分为直接派送与间接派送两种。

（1）直接派送。直接派送的形式有逐户派送和户外定点派送等。直接派送可以最快速度获得消费者对样品的反馈信息，形式简单、见效快，一般在企业需要迅速占领产品市场份额时采用。就样品派送的目标群体而言，逐户派送比户外定点派送的准确度更高，更能有效避免样品的重复派送。但直接派送对组织方的组织管理能力要求较高，除了需要组织和培训派送人员外，还要求派送人员能识别样品产品的目标消费者群体，此外还要懂得设计、规划样品派送的路线、方式及管理派送样品。

（2）间接派送。就是委托邮政系统或专业促销公司派送。西方很多国家对洗衣粉、清洁剂等清洁用品、厨房用品或日用消耗品等经常通过邮寄直接送至家庭主妇的手中，因此间接派送在西方国家是非常普遍的，且商品试用率非常高。间接派送能够有效弥补直接派送的不足，但是实施时还应同时派送产品宣传单，除了宣传产品和企业形象外，更重要的是告诉消费者有关购买方面的信息。间接派送最大的缺点就是企业获得消费者对样品的试用反馈信息速度慢。

4. 样品派送流程与组织设计

样品派送的过程中存在许多未知因素，因此，要达到预期的样品促销目标就要对样品派送流程进行严谨的管理和控制，各阶段都应该对样品派送效果及时进行总结和分析，不断调整各阶段派送的市场反应与预计的营销目标的差距。一般比较稳妥的做法是：在实施大面积派送前先进行小范围试点，成熟后再进行大面积推广。因此，样品派送流程应该是：市场调查→试点范围试派发→试点派发效果评估→人员招聘与人员培训→大面积派送→抽样调查→信息处理和分析。

在样品派送的组织设计上，越是单位价值高的产品，组织层次越少越好，以确保样品能通过最短的派送渠道到达目标消费者手中，减少中间的促销开支。

5. 样品派送形式的创新

面对众多媒体信息的狂轰滥炸，消费者可以说是眼花缭乱、不知所措，许多消费者对企业的各种促销手段已经司空见惯甚至不为所动。面对这样的现状，如果企业的促销手段过于传统守旧，缺乏创意，即使产品再好，也很难吸引消费者试用，最终落个赔钱还不讨好的结果。因此，就算是传统的样品派送，企业仍要在每一次的派送形式上进行创新，力求每一次都给消费者不同的试用体验。

案例 2-4-8

宝洁“激爽”促销秀

宝洁公司对新登陆中国的洗浴产品品牌“激爽”的促销秀就别具一格，在该促销推广活动中，除了采用一些宝洁公司的惯常手段之外，标新立异地在京城的街头上演了一场真人沐浴秀：一群秀色可餐的青春少女扭动着婀娜的身姿在街头忘情地享受着激爽带来的沐浴快乐。活动现场人流涌动、观者如潮，仅仅在活动当天,全国数十家传统、网络媒体争相报道。

□角色转换

如果你是一名中职院校的教师，你将如何向学生讲授这部分内容？请思考以下问题：

1. 如何展开本任务的课堂教学和实践教学？
2. 在本任务的教学中，哪些教学方法比较有效？

任务五 抽 奖 促 销

□学习目标

知识目标

1．了解抽奖促销的概念和特点。

2．掌握抽奖促销活动的基本流程。

能力目标

能根据所学知识对抽奖促销案例进行分析，并能够按照学习任务要求策划、设计抽奖促销活动。

□任务导入

广之旅“免单”抽奖促销

2014 年 5 月 15 日至 6 月 15 日，广之旅推出“免单”抽奖促销活动，市民只要通过广之旅官网网站报名参加公司促销旅游线路，并在预订的 6 小时内完成线上支付，单笔订单支付金额累计每满1000 元即可获 1 次抽奖机会。本次抽奖活动奖品总值达 50 万元，奖品除有 10～500 元不等面值的优惠券之外，更有免单大奖（抽中即可免费出游）。

李伟强职校校园旅行社正值新张开业之际（6 月初开张），创业师生们受到广之旅抽奖促销活动的启发，准备在 6 月中旬开展一次抽奖促销活动。要如何策划和实施这次促销活动呢？这次活动能否达到促销的目的呢？

□任务分析

在使用抽奖促销方式时，首先要明确抽奖促销的目的，其次要制订好抽奖促销方案，在抽奖促销活动实施的过程中要注意现场的组织和控制，活动结束后要对促销效果进行总结和评估。抽奖促销活动的基本流程如图 2-5-1 所示。

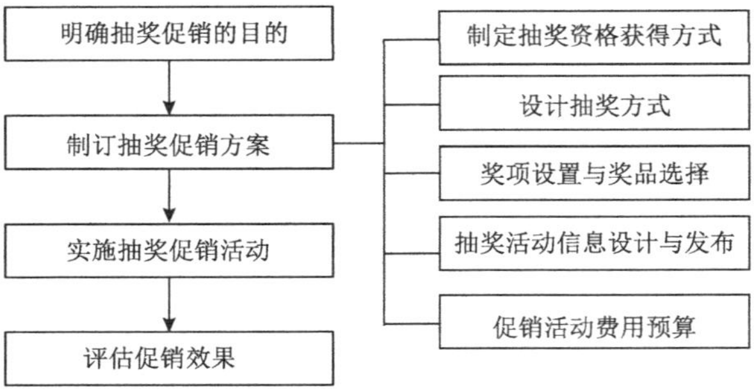

图 2-5-1　抽奖促销流程

一、明确抽奖促销的目的

抽奖促销作为商家常用的一种促销手段可以达到不同的营销目的，因此在实施前应明确促销活动的主要目的。一般来说，抽奖促销的目的主要有以下几种。

（1）刺激消费者的购买欲望，提升产品销售量。对消费者来说，抽奖促销不像竞赛那样需要知识、技术或技巧，靠的就是运气，因此抽奖促销能极大地刺激消费者的“博彩”心理，推动销售量迅速提升，尤其是对一些滞销商品，抽奖促销在短期销量的快速增长方面表现非常不俗。

（2）提高消费者对品牌、产品的认知程度，提高企业的知名度。抽奖活动从开始直到结束都会得到消费者的广泛关注，并通过各种渠道广泛传播，产品和商家的知名度也随之提高。

（3）推广新产品，转变消费者的原有消费习惯。新产品推广期间，利用抽奖形式让获奖顾客“意外”获得一份“好运气”，打消顾客的购买顾虑，如果产品的性能、品质确有提升或改进，顾客使用产品后不但会改变原来的使用习惯，还会极力宣传新产品的各种优点，进而转变其他同类消费者的原有消费习惯。

（4）维系老顾客的消费热情，提高顾客的忠诚度。为了维系老顾客或会员的消费热情，一些商家会不定期地在老顾客或会员中举办抽奖活动，增加老顾客的来店次数，借助活动刺激老顾客的购买欲望。

（5）作为其他促销方式的辅助工具，提升促销效果。利用抽奖活动能够有效聚集“人气”的特殊功效和消费者的“从众”心理，吸引人流到商场或卖场中来，有效增加商场的客流量，这时，抽奖促销可以作为其他促销方式的辅助工具配合使用，增加商场其他商品的购买机会，提升销售效果。

总的来说，虽然抽奖促销能够达到不同的营销目的，在实施前应根据活动的主要目标先行确定，但是总目标不能偏离提高商家的总利润这一根本宗旨。

二、制订抽奖促销方案

（一）制定抽奖资格获得方式

抽奖资格要围绕活动的目的和具体目标而定。商家常用的抽奖资格获得方式有以下几种。

（1）购买某种商品即获得抽奖资格。商家在刮刮卡或产品包装上印有中奖内容，消费者只要购买了该产品就可以现场刮开刮奖区，核对获奖结果。

（2）购买数量或消费金额达到某一标准即获得抽奖资格。例如，深圳国际电子城在大运会期间举行的抽奖促销活动，只要购物满 200 元以上，即获抽奖机会一次。

（3）填写活动调查表即获得抽奖资格。消费者通过报纸、杂志或卖场等渠道取得抽奖信息表或问卷，按商家要求填好寄往指定地点，即获得抽奖资格。

（4）参与商家的现场活动即获得抽奖资格。在商家举办的抽奖活动现场参与游戏、竞赛等活动，即获得抽奖资格。

（5）在一段时间或周期内参与商家消费活动即获得抽奖资格。例如，2012 年 1 月 1 日至 3 月 31 日，中国银行在重庆市针对重庆地区中国银行个人网上银行和手机银行理财版及贵宾版客户举办了“网银交易月月赢 数码好礼送不停”个人网银及手机银行抽奖活动，活动期间，客户通过中国银行个人网银或手机银行进行任意金融交易（包括转账汇款、公用事业缴费、电子支付、理财交易、外汇黄金买卖、基金国债买卖、三方存管、银期转账、结售汇、信用卡还款等，不含查询）即可参与抽奖。

（6）特定目标顾客群均可获得抽奖资格。只要是商家的特定目标顾客群，具有某种共同消费特征，如电信老客户、商家会员等，均有抽奖资格。

（二）设计抽奖方式

抽奖方式主要分为分散式抽奖和集中式抽奖两种。

分散式抽奖不需要商家统一组织抽奖，消费者购买商品后就可以知道中奖结果。例如，打开商品包装后里面有中奖标志；刮刮卡上的刮奖区显示“一等奖”或“谢谢参与”等信息；酒瓶开盖后瓶盖内面显示中奖信息等。消费者凭这些中奖信息可以直接在各个商家或零售店兑奖，如果是大奖，可以在厂家或代理商处兑奖。分散式抽奖的反馈速度快，有利于促进消费者的重复购买行为，尤其是易耗类商品。

集中式抽奖需要由厂家或商场统一组织，在活动现场或特定时间、地点抽奖并公布中奖结果。例如，先登记购买者的抽奖号码，再集中进行随机抽奖；主办方把印有编号的兑奖券发给有抽奖资格的消费者，按照指定时间公开摇出或抽出中奖号并通过各种媒体告知消费者或中奖者，中奖者凭兑奖券到指定地点兑奖；主办方收集到一定数量的抽奖问卷或调查表后，按指定时间公开随机抽取中奖表格，中奖者凭抽奖问卷或调查表的附券和身份证明到指定地点兑奖。集中式抽奖的影响力较分散式抽奖大，而且容易营造声势，有利于刺激潜在消费者参与活动。

抽奖方式一般要根据奖品的价值和奖金金额大小来制定，一般来说，大奖宜选用集中式抽奖方式，小奖为节省费用开支可以采用分散式抽奖方式。

（三）奖项设置与奖品选择

抽奖促销的吸引力在于奖品对于消费者的诱惑力，它直接决定着消费者参与活动的情感动机。因此，奖项的设置和奖品的设计是抽奖促销活动能否取得成功的关键所在。

1. 奖项设置

目前较普遍的奖项设置方法是金字塔形的奖项设置，即一个高价位的大奖，中间是中等价位的奖项，最后是数量众多的价值较低的小奖项，如图 2-5-2 所示。

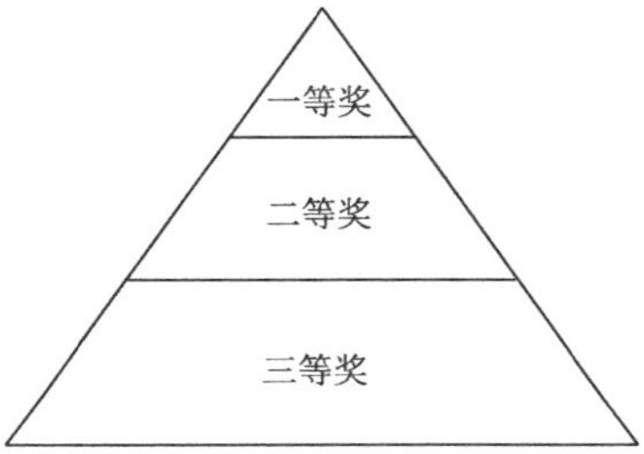

图 2-5-2　金字塔形奖项设置

奖项设置中，大奖的设置是为了吸引和诱惑消费者参与活动，研究发现，一个超级大奖比众多中间价位奖更具诱惑力，更能点燃消费者购买的欲望。但为了鼓励和调动其他消费者参与促销活动的积极性，坚定消费者参加活动的信心，活动还需有较高的中奖率，因此中间价位和末位奖项的设置数量要多一些。

2. 奖品选择

奖品的选择要考虑以下因素。

（1）奖品的价值。奖品的价值应以“小额度、大刺激”为原则进行设计，即在金字塔形的奖品组合中，既要有少数极具诱惑力的大奖，也要有数量众多的小奖，这样才能提高消费者的参与率。但由于《中华人民共和国反不正当竞争法》中规定：抽奖促销的最高资金不能超过 5000 元，奖品的设计也不能完全依靠高额度的大奖获胜，还要突出奖品的创意和独特魅力，或者赋予奖品收藏价值或情感价值等。

案例 2-5-1

达能饼干送金兔

1999 年达能饼干曾举办过一次主题为“达能双趣 1999 年捕兔大行动”的抽奖促销活动，本次活动的幸运大奖是价值人民币 4800 元的金兔。用黄金铸造的奖品作为大奖，这在当时各个企业的抽奖促销活动中已经非常常见了。不过，达能饼干送的金兔，不但正好迎合时令（1999 年是中国传统的兔年），而且金兔的设计非常新颖可爱，图旁的一句“打算抓兔子吗”更是撩人心弦，将本次抽奖促销活动的主题“达能双趣 1999 年捕兔大行动”诠释得更加形象贴切。

这个案例中，奖品的设计并非完全依靠高额度的大奖获胜，活动的主题“捕兔大行动”立意独特、有纪念意义，奖品围绕时尚主题的设计与众不同，将促销和时尚结合得十分完美，使得促销奖品极具诱惑力。

（2）奖品的形式。奖品的形式可以是奖金或奖品等有形物质，也可以是课程培训、旅游等无形产品。限于我国法律对大奖金额的限制（最高奖金不能超过 5000 元），许多商家突破有形物质奖励的限制，通过各种变通的手法来增加活动的诱惑力，如增加抽奖次数、提高中奖率（面）、赋予奖品收藏价值或情感价值等。奖品组合中一定要有少数极具诱惑力的大奖，二等奖的数量可以比头奖多一些，但价位不能与头奖的价位相差太多，这样有利于调动顾客参与活动的积极性，三等奖或末位奖的数量要更多，价位可以相对低廉一些，这样可以强化消费者参与活动的信心，增加参与人群的数量。

案例 2-5-2

昆仑·龙山公馆的梦想大奖和心愿奖

2013 年，浙江长兴昆仑·龙山公馆举办了一场“送福礼、抽红包、过大年”抽奖促销活动，客户只要前往昆仑·龙山公馆展示中心领取免费福礼（福字+春联）并参加活动获得新年礼券，在心愿卡上写上新年心愿和祝福，贴在展示中心的心愿墙上，再将礼券上的信息填写完整交昆仑·龙山公馆的置业顾问，置业顾问进行副券核对无误后，客户便可获取抽奖资格。本次抽奖活动的奖品设置有：梦想大奖 2 名——每人 2000 元超市购物卡；心愿奖 40 名——每人 200 元超市购物卡。

这个案例中，主办方设计的奖品组合既有少数极具诱惑力的梦想大奖——2000 元超市购物卡 2 名，也有数量可观的心愿奖——200 元超市购物卡 40 名，并且有数量众多的小奖——免费福礼（福字+春联），奖品设置对消费者具有极大的吸引力，有效调动消费者参与促销活动。同时，过年收“福礼”和新年“许愿”的创意突出了奖品的情感价值，给消费者带来了美好的新年祝福和愿望，极大地增加了活动的“人气”。

（3）奖品的内容。奖品的内容要考虑促销活动对象的年龄特点和消费特点，根据促销活动对象的喜好和消费习惯进行设计，这样，抽奖活动才会更有针对性和吸引力。例如，针对儿童的抽奖活动，奖品可以是玩具或学习用品；针对老年人的抽奖活动，奖品可以是保健用品、保健书籍或日用品；针对年轻人的抽奖活动，奖品最好是时尚新颖的电子产品或代金券等。

（四）抽奖活动信息设计与发布

（1）抽奖活动信息的内容必须清晰、易懂，切勿为了增加趣味性把活动信息说得过分复杂。因为抽奖活动的结果完全取决于运气，所以消费者是不会花很多时间去研究应该如何参加抽奖活动的。简单的参加方法配合充满趣味的主题活动，是提高消费者参与率的重要保证。

一船来说，抽奖活动信息包括的内容有：①抽奖活动主题；②参加抽奖的资格，举办方一般会提出参加抽奖的条件，如购买数量要求、购买品种要求、需完成的调查表或问卷及个人资料等；③活动的开始与截止时间；④奖项设置和奖励方法，包括具体的奖项与奖品数量、抽奖方式、开奖次数、开奖时间、中奖结果公布方法及时间、兑奖方法等；⑤个人偶然所得税交付方式（个人缴付或企业代扣代缴）；⑥活动最终解释权；⑦主办方名称、地址和咨询电话；⑧抽奖活动的监督机构——公证处。

（2）抽奖活动信息内容的发布渠道主要有：①活动现场；②店内 POP；③商品包装袋；④传单；⑤网站；⑥媒体广告等。

（五）促销活动费用预算

抽奖促销活动便于举办方控制促销费用，能够在活动前事先预算出活动所需的经费，而且费用一旦确定之后一般情况下不会改变，这是其他促销工具所不具备的。进行促销活动预算时应考虑的项目包括以下几方面。

（1）所有奖品的费用。通常，奖品的费用是本次促销活动预估增加营业额的 5%～10%，如果是赞助商赞助的奖品，此项费用则可以酌情增减，但要注意不得超过抽奖促销的最高金额 5000 元的规定。

（2）宣传推广费用。抽奖促销要充分撩动起消费者“以小赢大”的博彩心理，才能获得消费者的积极参与，因此媒体的宣传推广费用是不能省的。活动参与人数的多少与宣传的力度密切相关，因此，活动开始前期需要大面积广告宣传推广，活动的开展过程中最好能够配合进行中奖情况的广告宣传，同时，卖场中的 POP 宣传品也要充分突出抽奖主题，使人一目了然，营造视觉冲击效果。

（3）其他费用。包括抽奖卡、宣传单等印刷品的印刷费用；零售店的支援补贴费用；活动处理费用；税费、公证费、人员费用等。

在活动费用预算中，举办方既可以自筹经费，还可以充分通过厂商、赞助商的赞助等方式获得经费支持。

三、实施抽奖促销活动

抽奖促销活动能够成功取决于事前周密严谨的策划和安排，因此，举办方在实施抽奖促销活动时不但要注意活动现场的组织和控制，还要对照抽奖促销方案严格落实奖品等物料的筹备、人员分工安排、现场设施设备准备及奖品兑换方式等，具体包括以下几方面。

（1）严格按照活动前发布的抽奖活动信息准备奖金或购置各类奖品，不以任何理由改变奖项或奖品的价值。

（2）要认真落实每个现场工作人员的岗位职责，确保每项工作都有人做、每个人都有事情做。

（3）活动现场的设施设备提前落实、到位，对一些现场可能出现故障的设备，如抽奖工具、音响设备等，要提前做好检测。

（4）严格按照活动流程组织好现场活动，包括参与活动的顾客的组织安排和围观顾客的现场营销激励。同时，对可能发生的各种情况要做好应急预案，避免发生意外事故或冷场等不利情况。

（5）奖品的保管与兑换。为避免奖品丢失、错发等情况，奖品最好由专人负责保管和兑换。兑奖时，工作人员要认真核对中奖者的身份和中奖标志，确保奖品的准确发放；如果获奖者由于各种原因不能到场领奖，主办方应尽快与获奖者取得联系并商榷奖品的发放方式。

四、评估促销效果

抽奖促销活动结束后，应立即对活动结果进行效果评估，总结经验和教训。评估的内容主要包括：促销活动目的的达成情况、活动前后营业额的增长情况比对、活动现场的组织情况、参与活动的消费者的反馈情况、促销商品的销售额和利润是否达到预期目标等。

□相关知识

一、抽奖促销的优缺点和实施限制

作为一种产品促销手段，抽奖促销有以下优点。

（1）对消费者的刺激大，能够快速拉升销售额。不论是奖金形式还是实物形式的奖品，对消费者都有极大的诱惑力，消费者受到这种诱惑往往会做出大量购买或者反复购买的决定，短期内商家的销售额得到快速拉升。

（2）抽奖促销有利于控制促销费用。抽奖促销能够在活动前事先预算出活动所需的经费，而且费用一旦确定之后一般情况下不会改变，这对商家控制促销费用是极为有利的，这也是其他促销工具所不具备的特点。

（3）抽奖促销可以促进某些滞销的老商品的销售量增长。

（4）抽奖促销有助于其提高商家或厂家的知名度。在抽奖促销活动期间，消费者最关心的是“谁得奖”和“得什么奖”的问题，这样举办活动的商家或厂家从活动开始到活动结束不仅得到大众消费者免费的广告宣传，而且在消费者中形成良好的口碑效应，并通过非正式渠道迅速传播，有效提升商家的知名度。

（5）抽奖促销可以有效配合商家其他促销活动的开展。消费者对各种有奖促销会极大关注，并被吸引到卖场中来，增加卖场的人气。同时，一旦消费者在卖场里发现了正在进行的其他促销活动或促销商品，就会被活动吸引或者购买促销商品。这时，抽奖促销就作为一种增加客流的辅助工具配合商家开展其他促销活动。

抽奖促销的缺点主要有：事前难以预计活动的参与人数，因此活动的效果较难估计，一旦活动遭遇冷场，效果就大打折扣；抽奖活动及其奖品对理性消费者的刺激作用效果不佳，难以刺激这部分消费者产生购买欲望；对品牌提升没有什么推动作用；由于要提前发布活动信息，大面积进行宣传推广，活动期间投入的媒体宣传费用较高。

抽奖促销可以起到刺激商品流通、活跃市场、促进市场竞争的积极作用，但应控制在一定范围内，否则会成为不正当竞争的手段之一，造成对正当竞争秩序的破坏，损害消费者的权益。《中华人民共和国反不正当竞争法》第 13 条规定，经营者从事抽奖式有奖销售，其最高奖的金额不得超过 5000 元。所以，抽奖式有奖销售如果奖励金额超过 5000 元就是不正当竞争行为。因为过高的有奖销售将影响消费者做出购物决策，甚至偏离购物的本意，为了获奖而购物。消费者购物不是着眼于商品的质量和价格，而是关注奖励的有无和多少。有时还会导致经营者之间恶性地进行高额有奖销售，无形中增加了商品的成本，最终损害消费者的权益[①]。

二、抽奖促销的形式

1. 一次性抽奖

消费者凭借购物发票或者其他举办方认可的凭证参加一次性抽奖，如中奖则按照预先发布的抽奖方案领取奖品。抽奖发票或凭证使用后失去抽奖效用，如果消费者想继续参加抽奖活动就要重新获得抽奖资格。现在常见的“即开即中式”抽奖就是一种典型的一次性抽奖形式。一次性抽奖能够极大地刺激消费者即时购买、重复购买，多见于食品、饮料等快速消费品的促销，也可以用于价值比较大的耐用品。

案例 2-5-3

康师傅“开瓶见喜，再来一瓶”

2002 年，康师傅为了扩大冰茶、果汁饮料的市场占有份额，提高康师傅冰茶、果汁饮料的品牌知名度，在全国推出了一场声势浩大的促销活动。活动方法：活动期间凡购买印有“开瓶见喜”促销标识的康师傅 490 毫升瓶装冰红茶、冰绿茶、蜂蜜绿茶、梅

---

① 廖善康．反不正当竞争视域下抽奖式有奖销售探略．中国商贸，2010，（20）:7-8.

子绿茶及康师傅 500 毫升瓶装果汁饮品（鲜橙汁、水蜜桃汁、菠萝汁），打开瓶盖就有机会中奖——“再来一瓶”。兑奖方法：持刻有“再来一瓶”字样的瓶盖，到张贴有“兑奖处”标识的兑奖点，即可免费兑换上述饮品一瓶，多买多中，机会多多！

这个案例中，康师傅选择“开瓶见喜，再来一瓶”作为促销活动的口号，体现出其匠心独运之处：“开瓶见喜”——开瓶即可抽奖，抽奖机会只有一次；“再来一瓶”不仅紧扣活动主题，也是中奖标志；更绝妙的是“再来一瓶”这个中奖标志还有提示消费者喝完后别忘记“再来一瓶”的重复购买的提示作用。康师傅此次抽奖促销活动，既使消费者对康师傅冰茶、果汁饮料形成了更深的印象和忠诚度，又抢占了其他竞争品牌产品接近消费者的机会，可谓是一举两得！

2. 多次抽奖（滚动式抽奖）

多次抽奖（滚动式抽奖）就是消费者凭借购物发票或者其他举办方认可的凭证，可以多次参加抽奖活动。这种抽奖活动对于提高品牌的忠诚度具有积极的作用。

案例 2-5-4

鹰牌花旗参的五连环大抽奖

消费者凡购买鹰牌花旗参系列产品满 100 元可领取抽奖券 1 张，多买多领。在抽奖券的副联上填妥个人资料，投入店内的抽奖箱，或寄往指定地点，即可参加抽奖。开奖共分 5 次，每月 1 次，每次设一至四等奖和幸运奖，可以分别获得现金 5000 元、铂金首饰、黄金首饰、超市提货券和鹰牌产品礼盒两盒。未中奖者将自动参加下一轮抽奖。

这是一个典型的多重连环抽奖实例，举办方采用连环滚动抽奖的方法，让消费者感觉增加了中奖机会，增添了“必中”的信心。与连环滚动抽奖配套的多重奖项设置如下：一等奖，每次都是 2 名（总共 10 名）；二等奖，第一次 2 名，第二次 3 名，第三次 4 名，第四次 5 名，第五次 6 名（总共 20 名）；三等奖，第一次 10 名，第二次 10 名，第三次 20 名，第四次 20 名，第五次 40 名（总共 100 名）。其奖励数额不是在每次开奖中平均分配，而是每次不断加强力度。此外，鹰牌的多重宣传推广也做得十分不错：从“祝您好运”，到“幸运之鹰飞向谁”，到“五重连环大奖正在轰轰烈烈地进行”，到“累计得奖人数现已超过一千——还有一千八百多个奖品名额等着您”，最后到“抓紧了！还有最后一击”。宣传攻势逐层推高，对本次多重连环抽奖活动起到了很有力的推波助澜的作用，一次次将抽奖活动推向高潮。

3. 答题式抽奖

答题式抽奖就是消费者从广告宣传信息、产品和厂家的宣传资料等渠道获得相关信息，回答企业设计的抽奖问卷表上的问题，并将问卷表交给举办方或寄到指定地点，所有问题回答正确的消费者（如果是调查问卷则不需要考虑此条件）凭借编号问卷或者电话号码等个人信息参加抽奖活动，中奖后到指定地点领取奖品。

案例 2-5-5

恒寿堂有奖问答

恒寿堂药业公司与上海市中医学会联合举办了一个“进补”有奖问答活动，共计10题，均涉及进补类产品的科学知识及消费者的使用习惯等问题，消费者填写问卷并填妥个人资料，寄往指定地点，即可参加抽奖。奖项设置有：一等奖1名，奖价值4000元的上海福利彩票和恒寿堂礼盒；二等奖3名，奖品价值2000元；三等奖10名，各奖价值500元的恒寿堂礼品1份；纪念奖1000名，各奖精美礼品1份；另设文采奖1名，奖价值1500元的东方旅行卡和恒寿堂礼盒1份。

这是一种集知识传播及产品调查于一身的回寄式抽奖模式（并不属于知识竞赛），企业的主要目的是希望通过活动既能普及产品知识和企业形象，又可作为产品的市场调查，且带有公益性质。

一般来说，这类活动若由企业与某个社团或政府有关部门或新闻单位联合举办，将更具权威性，也能淡化商业气息以吸引消费者参加。

问卷活动是需要有一定数量的参与者的，但是，由于此类活动与销售没有直接联系，所以活动的奖励标准不高，奖励名额也不多，企业多从赞助、公关的角度出发，着眼于企业形象的建设。

4. 游戏式抽奖

游戏式抽奖是举办方预先设计好某种游戏项目，消费者完成游戏项目后才能获得抽奖资格，中奖者领取奖品。

案例 2-5-6

丹麦蓝罐曲奇“节日必有蓝色”寻字游戏

消费者可以在广告图中的一组文字中找出与蓝色有关的10个词汇，将答案寄往指定地点，即可参加抽奖。大奖1名，为3000元现金及5盒2磅装蓝罐曲奇。另设二等奖3名，三等奖5名，安慰奖500名。

这一活动在抽奖之前必须做完拼字游戏。活动本身没有任何购买产品的要求，旨在加深消费者对产品品牌的印象，提升产品的知名度。

5. 连动抽奖

连动抽奖即消费者凭借优惠券、贵宾卡等，自动享有抽奖资格参加抽奖活动。

案例 2-5-7

全聚德烤鸭纪念卡抽奖活动

为了庆祝全聚德创建145周年，全聚德集团从2009年7月28日至7月31日，全面开展了“全聚德烤鸭纪念卡抽奖活动”。此次抽奖活动以全聚德品牌企业烤鸭编号为依准，由各店单独组织，进行抽奖、公示、兑奖。凡持有“全聚德烤鸭纪念卡”的消费者都可以参与抽奖活动。中奖者将“全聚德烤鸭纪念卡”原件、身份证复印件、奖品邮寄地址、联系电话等材料邮寄至全聚德集团，活动主办方收到邮件后，将对中奖情况进行核实，核实无误后邮寄奖品。

6. 网络抽奖

网络抽奖就是消费者登录主办方的规定网址，按照主办方的要求获得抽奖资格后进行的一种网络抽奖方式，这种抽奖方式的主办方一般要设计专门的抽奖软件进行抽奖，由于抽奖活动是在互联网上进行的，工作人员的费用大为减少。

案例 2-5-8

瑞星公司的网络抽奖活动

2010 年，瑞星公司为庆祝“云安全”系统成功实施两周年开展了为期一个月的网络促销抽奖活动。活动期间，用户只要购买公司旗下产品“瑞星杀毒软件 2010”或“瑞星全功能安全软件 2010”两款盒装版软件，并在瑞星官网注册，就可获得赢取索尼笔记本、富士相机、九阳豆浆机等大奖的抽奖机会。以往软件行业的促销都通过终端完成，用户兑奖非常不方便，而且容易产生各种问题。此次瑞星公司的秋季促销直接通过网络完成，用户注册完毕就可以参加抽奖并立即知道中奖结果。此次瑞星秋季抽奖促销，奖品总价高达 27 万元，平均每天有价值 1 万元的奖品被用户抽走，中奖概率高，获奖范围广，整个活动过程公开、公正、透明，充分体现了瑞星“一站式”服务理念，还省去了用户二次兑奖的烦琐程序。

瑞星公司此次的大手笔抽奖促销活动，有效地促进了公司当年销售任务的完成，而且在信息技术产品促销旺季的 8、9 月，再次成功占据国内杀毒软件市场份额第一，对其他杀毒软件厂商带来了巨大的压力。

□完成任务

李伟强职校校园旅行社正值新张开业之际（6 月初开张），该店是由在校旅游专业的学生负责经营管理的校园创业店，主要经营旅行社各种产品。创业师生们受到广之旅抽奖促销活动的启发，准备在 6 月中旬开展一次抽奖促销活动。请各位同学为这次活动做一个促销策划方案并完成本次促销任务。

任务：

（1）以 10 人左右成立策划小组，选出组长，分工合作。

（2）按照抽奖促销的要求，结合校园旅行社创业店所处的位置、目标消费者的特点和促销的目的等，制订促销方案。

（3）抽奖促销方案需包括：促销活动主题、抽奖资格获得方式、抽奖方式、奖品和奖项设计、抽奖活动信息设计与发布、促销活动费用预算、兑奖方式、人员分工、效果预估等。

（4）各小组以 PPT 形式作该促销方案介绍，采用小组自评（30%）、组间互评（30%）和教师评价（40%）方式进行考评。

<table>
<tr><th colspan="6">任务单</th></tr>
<tr><td>任务</td><td colspan="5">抽奖促销策划</td></tr>
<tr><td>任务描述</td><td colspan="5">1. 根据任务资料制订促销方案
2. 选派组内代表上台汇报任务实施和完成情况</td></tr>
<tr><td>执行团队</td><td></td><td>时间</td><td></td><td>地点</td><td></td></tr>
<tr><td>成员出勤情况记录</td><td colspan="5"></td></tr>
<tr><td rowspan="10">任务执行情况记录</td><td>评价项目</td><td>优秀</td><td>良好</td><td>合格</td><td>不合格</td></tr>
<tr><td>促销活动主题</td><td></td><td></td><td></td><td></td></tr>
<tr><td>抽奖资格获得方式</td><td></td><td></td><td></td><td></td></tr>
<tr><td>抽奖方式</td><td></td><td></td><td></td><td></td></tr>
<tr><td>奖品和奖项设计</td><td></td><td></td><td></td><td></td></tr>
<tr><td>抽奖活动信息设计与发布</td><td></td><td></td><td></td><td></td></tr>
<tr><td>促销活动费用预算</td><td></td><td></td><td></td><td></td></tr>
<tr><td>兑奖方式</td><td></td><td></td><td></td><td></td></tr>
<tr><td>人员分工</td><td></td><td></td><td></td><td></td></tr>
<tr><td>效果预估</td><td></td><td></td><td></td><td></td></tr>
<tr><td>任务汇报情况记录</td><td colspan="5"></td></tr>
<tr><td>任务完成情况总结</td><td colspan="5"></td></tr>
<tr><td>指导教师点评</td><td colspan="5">成绩：　　　　　　签名：</td></tr>
<tr><td colspan="6">组长签名：　　　　　　日期：</td></tr>
</table>

<table>
<tr><th colspan="6">组间互评成绩</th></tr>
<tr><td>组别</td><td>成绩</td><td>组别</td><td>成绩</td><td>组别</td><td>成绩</td></tr>
<tr><td></td><td></td><td></td><td></td><td></td><td></td></tr>
<tr><td></td><td></td><td></td><td></td><td></td><td></td></tr>
</table>

<table>
<tr><th colspan="4">任务评价</th></tr>
<tr><td>小组自评（30%）</td><td>组间互评（30%）</td><td>教师评价（40%）</td><td>综合得分</td></tr>
<tr><td></td><td></td><td></td><td></td></tr>
</table>

□知识拓展

在本任务的知识拓展部分，主要介绍抽奖促销与其他促销模式的组合运用及实施抽奖促销要注意的问题。

一、抽奖促销与其他促销形式的组合运用

面对商家层出不穷的促销花样，单一的抽奖促销形式显然已经难以迎合消费者的消费需求，通过与其他促销形式的组合运用可以增强商品的促销效果。下面介绍几种商家常用的抽奖促销与其他促销形式的组合运用方式。

1. 抽奖与优惠券的组合

消费者参与抽奖活动后，没有中奖的抽奖凭证可以直接作为优惠券进行消费使用。

案例 2-5-9

刮刮卡变身优惠券

顺德大良一家超市开张之际举办了一场促销活动，活动期间，凡购物满 68 元以上，即获刮刮卡一张，多买多送，即开即奖。奖项设置有：一等奖 2 名，奖品为 1000 元超市购物券；二等奖 10 名，奖品为 200 元超市购物券；三等奖 100 名，奖品为 20 元超市购物券；纪念奖 200 名，奖品为 5 元超市购物券。凡未中奖的刮刮卡，可抵 2 元优惠券使用（需购物满 10 元以上）。

对消费者来说，这种抽奖其实是 100%中奖的，即刮刮卡至少可抵 2 元优惠券使用。对举办活动的超市来说，未中奖的刮刮卡要抵 2 元优惠券使用必须是消费者再次购买 10 元以上的商品，这对于超市的促销成本来说其实是很低的。因此，这种抽奖与优惠券的组合运用会让消费者产生非常刺激又很实惠的心理效应，既有利于鼓励消费者的重复购买行为，更有助于培养消费者的忠诚度。

2. 抽奖与集点换物的组合

消费者参与抽奖活动后，没有中奖的抽奖凭证可以积累至一定数量换领商品或奖品。

案例 2-5-10

顺德某食品有限公司为提高公司生产的“苹果醋”销量，特地举办了一次促销活动。活动方法：活动期间凡购买苹果醋饮料，打开瓶盖即有机会中奖——“再来壹瓶”；没有中奖的瓶盖集齐 6 个可免费兑换苹果醋一瓶；多买多中，机会多多！

本例是抽奖外加集点换物的一种促销组合，而非纯粹集点换物促销，为弥补消费者没有中奖的遗憾，辅以集点换物的形式吸引消费者重复购买，增加本次促销活动的吸引力。此次抽奖与集点换物的组合促销，利用集点换物的形式保证人人有奖，增加了本次促销活动的吸引力；扩大消费者一次性的购买量（至少6瓶），有效增加了商品的销售量；同时，这个活动还使消费者对该公司苹果醋形成了更深的印象和更高的品牌忠诚度。

3. 抽奖与赠品的组合

消费者购买商品后即可得到赠品，满足抽奖条件的还可以额外参与抽奖活动。在这里，抽奖与赠品可以视奖品价值大小调整两者的主次地位。

案例 2-5-11

《幼儿画报》的赠品与抽奖促销

2011年，《幼儿画报》杂志为增加杂志的销售量对订阅全年期刊的客户采用了随刊赠送光盘、贴纸、《妈妈信箱》和手工材料等赠品的促销方式，同时还对这部分客户进行幸运大抽奖活动，极大地提高了《幼儿画报》杂志的销量。

二、实施抽奖促销的注意事项

1. 奖品的选择

奖品的设计是抽奖促销的关键，因此，除了要考虑奖品本身的吸引力外，还要考虑奖品是否具有特殊的情感价值、质量的见证、迎合时尚等特殊作用。

案例 2-5-12

太太口服液赢瑶朗钻饰

太太口服液有过这样一次抽奖促销活动：活动期间，凡购买太太口服液30支礼盒装，即有机会赢取璀璨的钻饰，钻石太太奖100名，各送价值5000元的钻饰。

为了配合本次促销，太太药业特地定制了钻石图案包装礼盒，以寓意购买太太口服液，是为了让女人的美丽与晶莹像钻石那样永恒久远。此外，这还是一种针对先生们的诉求方法，暗示了购买太太口服液，让体贴与关爱似钻石一样恒久生辉。于是，这种购买理由就有可能拓宽购买群。

这种让奖品来提供一个消费者购买本产品的理由，突破了奖品本身的奖励功能，做到了为产品的品牌形象增色，也使促销活动激励了消费者的情感需求。

2. 奖品设计要合法

《中华人民共和国反不正当竞争法》第13条规定，经营者从事抽奖式有奖销售，其最高奖的金额不得超过 5000 元。除此之外，还要考虑奖品是否符合我国的法律规定。

案例 2-5-13

上海网友效仿德国老太 99 元抽奖售房

60 岁的德国老太特劳德·丹尼尔急于将位于奥地利南部的一座别墅出手，但是由于全球经济寒流，迟迟无人问津。后来，丹尼尔在网上采用“抽奖销售”卖别墅，发行 9999 张彩票通过网络销售，每张面值 99 欧元，只设一名中奖者，中奖即可获得别墅的所有权。丹尼尔的“抽奖销售”居然十分奏效，广告发布没多久，来自全球各地的数万网民争相竞购。短短几天之内，9999 张彩票销售一空。奥地利的公证部门对此进行了公证，此后，一些奥地利屋主也打算通过摸彩方式出售房屋。

无独有偶，2009 年 2 月 6 日，天涯社区房产观澜版一篇名为“还债没办法，99 元转让我的房子（上海）”的帖子聚焦了网友们的眼球。网友“dingwindlive”在帖子中介绍了将出售的房子，大概要 50 万～55 万元。他准备了 99 元一张的认购凭据，总共 5000 张，每张认购凭证都有唯一编号，售完为止。然后在 5000 个编号中随机抽取一张，拥有该编号认购凭证的人即是该房得主。“dingwindlive”还在网络个人空间中上传了房子的照片和房产证，以确保真实性。按照“dingwindlive”的方案，如果 5000 张认购凭证全部售完，他将获得 49.5 万元，与房屋市价基本相当。但是，在我国，抽奖售房不受法律保护，抽奖售房不能办理房产过户，更重要的是，我国对博彩实行行政许可限制，只有特定的部门才能运作，任何单位或者个人通过直接、间接或者变相行为进行博彩都属违法行为。因此，这名上海的网友这一做法属于违法行为，是法律不允许的。

3. 中奖率的设计

中奖率其实关系到产品的促销成本，一般来说，中奖率应该控制在促销费用比例范围之内。例如，本月我们准备销售 10 000 件商品，为实现这个目标，本月我们将推出一个抽奖促销活动，假设本月的可用费用比率为 10%，那么本次活动的奖品价值就不能超过这 10%可用费用。但是，为了增强消费者的参与度，维系消费者的抽奖热情，在设计促销活动方案时，可以把前面的中奖率调高，然后依次递减，直至不能中奖；或者采用每次不断加强中奖率力度的方式。

4. 抽奖方式的设计

随着“微商”时代的到来，商家的抽奖方式也很快迎合了消费者的生活习惯，在方便消费者参与活动和进行兑奖上体现出了商家的互联网思维。

案例 2-5-14

贵州习酒“微信扫码=习酒优惠”

贵州习酒在 2013 年 4 月开展了“微信扫码=习酒优惠”的活动。具体内容是扫描习酒二维码，关注习酒官方微信，获取抽奖码，凭微信端收到的抽奖码在右侧输入个人信息，即有机会抽取微信幸运大奖。同时凭抽奖码去习酒实体店可以得1瓶100毫升窖藏1988。

□角色转换

如果你是一名中职院校的教师，你将如何向学生讲授这部分内容？请思考以下问题：

1. 如何展开本任务的课堂教学和实践教学？
2. 在本任务的教学中，哪些教学方法比较有效？

任务六　竞 赛 促 销

□学习目标

知识目标

1．了解竞赛促销的原理和特点。

2．掌握竞赛促销活动的基本流程。

能力目标

能根据所学知识对竞赛促销案例进行分析，并按照学习任务要求策划、设计竞赛促销活动。

□任务导入

中国联通竞赛促销

2015年1月，齐齐哈尔新闻网和中国联通齐齐哈尔分公司共同举办了主题为“放下手机，拿起笔——致亲人一封家书”有奖书信大赛征稿活动，倡导关注珍惜身边的人，用书信传承传统文化，用爱心孝心来温暖冬日里美丽的鹤城。

这次赛事奖项设置有：一等奖1名（价值1000元）；二等奖3名（价值500元）；三等奖5名（价值300元）；优秀奖若干名（价值100元）；最美书法奖1名（价值300元）；最具亲情家书奖1名（价值300元）；最佳微信人气奖1名（价值300元）。

大赛作品要求如下。

（1）文字工整优美，亲情色彩浓郁，字数不限。只要你的文章写出真情实感，即可参与。

（2）书写笔要求：以钢笔为主。

（3）书写纸要求：在齐齐哈尔新闻网下载赛事专用信纸，a4纸打印，自选信纸无效。下载地址:www.qqhrnews.com。

（4）报名费：无。

（5）另附一页投稿人手写个人真实资料：真实姓名、性别、联系电话。

（6）投票时间：2015 年 2 月 13 日至 2015 年 2 月 26 日。

为了吸引大众积极参与本次大赛活动，主办方还设置了特别奖励：前 100 名投稿的参赛者能免费得到由“爱洛公主摄影”提供的全家福或写真水晶版画一幅。

母亲节就要到了，李伟强职校电商创业班的同学们一直没有拿出母亲节的促销活动方案，受到齐齐哈尔这个有奖书信大赛的启发，他们决定在今年母亲节也开展一次有奖竞赛促销活动。要如何策划和实施这次促销活动呢？这次活动能否有效达到促销的目的呢？

□任务分析

竞赛促销和抽奖促销有很多相似之处，例如，两者都要有诱人的奖品、获奖者都是从众多的参与者中产生、活动都需要提前制定活动的规则等，因此，两者的基本流程也有很多相近之处。竞赛促销活动的基本流程如图 2-6-1 所示。

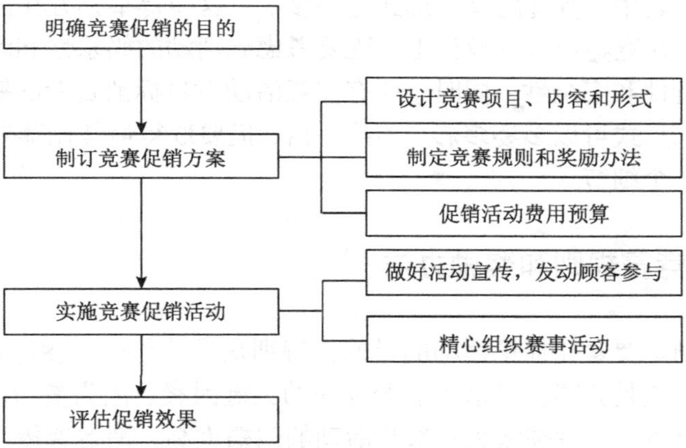

图 2-6-1　竞赛促销流程

一、明确竞赛促销的目的

（1）营造声势，吸引顾客。有奖竞赛既可以是充满娱乐气氛的现场竞技活动，也可以是激动人心的对抗赛，所以很容易营造活动现场的热闹场面。而且对消费者来说，竞赛奖励不是凭运气，而是靠参与者的学识和技能，因此，竞赛促销更能实现参与者展示才华、挑战自我的成功感和满足感，更容易吸引理性消费者的关注，如果竞赛现场辅以样品、抽奖或赠品等其他促销活动，商品的销售量会得到迅速提高。

（2）宣传产品和品牌。竞赛促销可以通过竞赛内容和答案的设计，增强参与者对产品和企业的熟悉程度与认可度，同时，参与者的口口相传也起到了一般广告所达不到的广告宣传效果。

（3）市场信息收集与分析。如果是问卷式的竞赛活动，问卷的答案可以成为举办商家非常有用的市场调查数据和后期的市场分析依据，一举两得。

二、制订竞赛促销方案

（一）设计竞赛项目、内容和形式

竞赛项目、内容和竞赛形式可以根据主办方的促销对象、时间和促销目的来设计。具体来说，活动项目应具有娱乐性和广泛的参与性，产品品牌形象突出，迎合大众参与活动的时尚、新颖、富有挑战性或者奖品实惠等心理需要。比如，婴童用品、食品可以选择在儿童节、国庆节等大型节假日，形式可以是爬行比赛或者趣味游戏等；家电厨具等可以选择在厂家周年店庆或者大型节假日，形式可以是各种主题征文、问卷或者创意厂徽厂歌征集等；女性用品可以选择在妇女节、母亲节或者其他大型节假日，形式可以是问卷、趣味小游戏等。

在各种促销工具中，竞赛的具体形式是最多的，这使得举办方在设计活动时可以有更多的创造空间。在竞赛形式的设计上，既要考虑到活动的娱乐性和难易程度，还要考虑竞赛规则的可行性和安全性，同时，还有注意活动对目标消费者的针对性。因此，虽然竞赛活动内容和形式可以多姿多彩、不拘一格，但要取得最佳比赛效果还要精心策划和安排活动的每一个细节。

（二）制定竞赛规则和奖励办法

竞赛规则的制定要紧扣促销活动的目的，特别是设计和控制参与活动的目标群体，这一点尤为关键，这是竞赛促销活动能否成功的关键因素。因为参与活动的门槛太低，奖励的开支大、收益小，亏损太大；参与活动的门槛太高，消费者望“奖”却步，活动现场人气不足，也达不到促销效果。多数商家的促销经验证明，竞赛活动不宜设置太多获奖者，否则容易引起纠纷。有过多次举办经验的商家认为，竞赛获奖者的数量最好不要超过 100 个。

那么，主办方该如何控制竞赛获奖者的数量呢？如果在竞赛规则里没有规定参与者的参赛资格，还可以通过对参赛对象进行选拔，这种方法有利于主办方有效识别出竞赛促销活动的目标消费群体，提高活动的针对性。具体的选拔方式可以通过问卷完成情况、报名资格筛选、过关游戏等方式进行。

具体的竞赛活动规则内容应包括：竞赛活动的起止时间；参赛资格；竞赛内容；竞赛方式；竞赛评选方法或获奖方法；奖项的设置和奖品的设计；其他相关资料，如中奖名单的公告时间、信息发布媒体名称与发布方法、奖品派送方法等。为鼓励消费者参与活动，主办方应该提前设计好竞赛的评判标准并公开发布（问卷除外），同时，为了保证活动的公正性，规则中还应规定主办方及其协办方的工作人员、直系亲属等相关人员不能参加竞赛活动。

竞赛促销的奖励设置要注意：奖项设置总数不宜太多；奖品设计应考虑参赛对象的特点以增强活动的吸引力；各等级奖品之间的价值不宜悬殊太大以免竞赛现场因争夺奖励发生安全事故；如果奖励办法中需要抽奖确定获奖对象，一定要事先制定好抽奖办法和抽奖程序，以免引起不必要的纠纷。

（三）促销活动费用预算

竞赛促销能够在活动前事先预算出活动所需的经费，而且费用一旦确定之后，一般情况下不会改变，活动费用的可控性和抽奖促销很相似。进行促销活动预算时应考虑的费用项目一般包括：竞赛项目的设计和宣传推广费用、所有奖品的费用、竞赛现场用品用具费用、场地租用费、工作人员劳务费用等。

由于竞赛促销活动的社会影响力比较大，组办方通常会采取和其他厂家联合举办活动的方式，一方面可以获得其他厂家的经费支持，减轻自己的费用负担，另一方面还扩大了活动的社会影响面，增强了活动的吸引力，提升了企业自身的形象。

三、实施竞赛促销活动

（一）做好活动宣传，发动顾客参与

竞赛活动信息的设计和发布关系到消费者参与活动程度的高低，这是决定促销活动能否取得成功的前提条件。

（1）制定竞赛活动公告。竞赛活动信息公告的内容必须简单、清晰，为了提高消费者的参与率、增强公告的关注度可以把公告内容设计得生动、有趣些，但切勿为了增加趣味性把活动信息描述得过于复杂，以免让人心生畏惧、结果适得其反。

竞赛活动信息公告的内容包括：①竞赛活动主题和宗旨；②活动举办单位（包括主办方、承办方和协办方）；③竞赛活动的起止时间；④竞赛内容；⑤竞赛形式；⑥竞赛参与和评选方法；⑦奖项设置和奖励方法，包括具体的奖项与奖品数量、抽奖方式、抽奖时间、中奖结果公布渠道及公布时间、领奖方法等；⑧活动规则。

（2）发布竞赛活动公告和竞赛试题。竞赛活动公告制定完成后，还应制定出具体的比赛规则或比赛试题，两者均完成后应选择合适的渠道进行发布。目前常见的发布渠道有：①柜台领取；②街头传单发布；③网站发布；④专项投递；⑤商品包装袋发布等。

商家在选择发布渠道时要根据活动的目的有针对性地考虑到现实消费者和潜在消费者这两部分群体的消费习惯及地域分布等因素。

（3）通过各种方式如海报、广告、传单等对竞赛活动进行宣传推广，全方位发动顾客参加活动。

（二）精心组织赛事活动

竞赛促销活动能有效达到促销目的取决于赛前周密严谨的策划和安排，具体实施时竞赛现场才能有条不紊、忙而不乱。

（1）按照事前发布的竞赛活动信息准备或购置各类奖品、比赛用品用具等，落实人员分工、场地租用、场地布置和设备调试等工作，确保准备工作细致、到位。

（2）按照活动流程组织好赛事活动，营造赛场的活跃气氛。不论是现场竞技活动还是对抗赛，赛场都应该有符合赛事活动的现场气氛，或者妙趣横生，或者激动人心，否则活动难以聚集人气，促销效果无法达成。活动进行过程中，要注意各个环节的衔接有序、及时。对于现场临时出现的各种突发事件或者小插曲，如比赛过程中有人突然发病、赛场临时停电、比赛进度缓慢等，主持人或主办方要灵活处理、及时调整，确保竞赛活动得以顺利推行，以免影响活动的整体效果。如果赛事具有一定的专业性，为免争端最好请专业人士担任公证员进行监督。

对于竞赛促销，如果竞赛现场辅以样品、抽奖或赠品等其他促销方式，会收到更加理想的促销效果。

（3）开奖和奖品兑换。赛事结束后，主办方应及时公开公布竞赛答案和获奖结果。竞赛答案的公布对于消费者来说其实是让目标消费者充分了解产品的特点，是商品信息的再次强化过程，这有助于企业建立产品忠诚度，培育潜在消费市场。

为避免奖品丢失、错发等情况，奖品最好由专人负责保管和兑换。兑奖时，工作人员要认真核对获奖者的身份或中奖信息，确保奖品的准确发放。

四、评估促销效果

竞赛促销活动结束后，应对活动结果进行效果评估，总结经验和教训。评估的内容主要包括：促销活动目的的达成情况、活动前后营业额的增长情况比对（一般以活动期间的销量和活动结束后一个星期的销量为依据）、活动现场的组织情况、参与活动的消费者的反馈情况（如品牌知名度和美誉度的提升情况）等。

□相关知识

竞赛促销通过厂商事先设计好竞赛规则，让消费者凭借自身的知识或技能参与厂商组织的各种与商品经营有关的竞赛活动并赢取奖励。在游戏或竞赛中，这些构思新颖、趣味无穷的游戏既满足了参与者追求快乐、体验新奇的心理需求，更让参与者的竞争和好胜心理得到了满足。而厂商设计的竞赛活动，不但吸引了广大消费者对产品和品牌的关注，还加深了消费者对产品和厂家的了解及认知，不失为一种培养新用户、巩固老用户的有效促销方式。

竞赛促销与抽奖促销相比，有许多共同点，例如，需要提前制定相关的活动规则；活动都有诱人的奖品；获奖者都是从众多的参与者中产生的；活动形式多种多样且创作设计空间大；可以和其他企业联合举办活动，容易获得其他企业的赞助支持等。但两者也有很大差异：第一，获得活动的参与资格不同。抽奖促销以购买产品为参与抽奖的前提，对参与者没有其他要求；而竞赛促销可以不以购买产品为参赛的前提，但是对参与者有要求。第二，促销目的和结果不同。抽奖促销的主要目的是短期内迅速提升销量，竞赛促销的主要目的则是让目标消费者加深对产品特点的了解，提升产品和品牌知名度，培育潜在市场，短期的销量拉升效果并不突出。

一、竞赛促销的优缺点

作为一种有效的促销方式，竞赛促销具有以下优点。

（1）宣传推广的影响力大。竞赛促销的形式多种多样且创作设计的空间很大，主办方通过趣味横生的游戏、极具挑战的提问或者竞技比赛等，不但能极大地引起消费者的好奇和关注，而且不断创新的各种主题的广告宣传能够加深广大消费者对产品和品牌的印象，增大产品的差异化程度，同时，参与者的口口相传也起到了一般广告所达不到的广告宣传效果，让产品在众多竞争对象中脱颖而出。

（2）有利于提升产品和品牌形象。竞赛促销可以通过竞赛内容和答案的设计，增强参与者对产品和企业的熟悉程度与认可度，通过愉快、激烈的竞赛活动，使消费者能够直观地认识和感受产品与品牌。同时，这种竞赛促销活动大多不以购买产品为参与前提，更有利于塑造品牌的亲和力和企业的社会形象，提升品牌的知名度。

（3）有利于培育潜在消费者市场。竞赛促销通常是针对产品的目标消费者群并结合品牌或产品特性进行设计的，活动目标针对性强，更符合产品潜在消费者的心理需求。

（4）有利于调动现场的购买气氛。竞赛促销通过各种游戏或竞赛活动营造出充满刺激或趣味的热闹场面，如果竞赛现场辅以样品、抽奖或赠品等其他促销活动，将会调动现场购物的气氛，商品的销售量会得到迅速提高。

竞赛促销的缺点主要有以下几方面。

（1）事前难以预计活动的参与人数，特别是竞赛活动通常是针对特定的目标人群而设计的，消费者需凭借自身的知识或技能才能赢取竞赛奖励，因此，竞赛促销活动参与的门槛相比抽奖促销的参与门槛更高，活动的效果更难估计。

（2）在现今消费者对各种促销方式越来越司空见惯的情况下，竞赛活动的形式需要更多更新的创意才能引起人们的关注，因此竞赛活动的策划难度和风险较高，使用不当会落得“竹篮打水一场空”的结果。

（3）竞赛促销要求活动方案必须清晰、明确、可行，竞赛过程中任何一个环节的疏忽都会给大众带来一定的负面影响，因此竞赛促销对活动组织和控制的管理要求比其他促销方式更高。

（4）由于要提前发布竞赛活动信息，大面积进行竞赛活动和规则的宣传推广，活动开展过程中厂商要通过各种现场宣传手段营造竞赛活动的热烈氛围，活动结束后还要在媒体上进行总结，因此活动期间投入的宣传推广费用比较高。

二、常见的竞赛促销形式

1. 娱乐游戏竞赛

娱乐游戏竞赛是厂商通过设计某种娱乐游戏吸引消费者参与活动，根据参与者完成游戏的情况给予相应奖励的一种竞赛促销形式。这种促销形式将促销活动变得多姿多彩、妙趣横生，能极大地引起消费者的关注，加深他们对品牌的了解，帮助厂商塑造良好的企业形象，并有利于目标消费群的促销。娱乐游戏促销适用于有一定知名度的品牌和产品。激发消费者参与游戏的热情是游戏竞赛促销活动取得成功的关键。常见的游戏竞赛有组词游戏、拼字游戏、拼图游戏、收集游戏等。答案可以是企业的产品名称、品牌名称、企业名称、行业术语、企业商标、企业吉祥物或者商品造型等，也可以积累包装袋内或贴在包装袋上的小卡片，然后把它们拼成厂商设计的某种图案。

案例 2-6-1

中国建设银行信用卡微信游戏竞赛

2014 年 5～6 月，中国建设银行信用卡中心为普及信用卡知识推出了主题为“玩转龙卡信用卡 我是卡神”的信用卡知识竞赛，这是一项基于移动互联网平台的融游戏娱乐、趣味猜图、刷卡体验、学习答题、幸运抽奖等于一体的趣味互动类网络营销公关活动。活动历时两个月，中国建设银行信用卡中心先后推出了 1.0 版、2.0 版两个版本的卡神游戏，让客户轻松愉悦地全方位了解龙卡信用卡。活动上线后，客户参与热情高涨，业界关注度高。至活动结束时，客户参与人次突破 1 亿，共有 10.36 万人通过游戏竞赛获得奖品，其中 600 人获得 iPad Air。 活动报道也先后被《金融时报》、《东方早报》、网易财经、人民网、凤凰网、和讯网及新华网等多家媒体刊登或转载。媒体评价运用趣味手游进行信用卡知识传播在业界尚属首次，此次创新型的网络交互式趣味游戏活动既带给客户游戏的乐趣，又提供丰厚的奖品回馈；既普及了信用卡知识，又直接为客户提供最新的产品和活动信息。而中国建设银行信用卡中心也因“玩转龙卡信用卡 我是卡神”信用卡知识微信游戏竞赛在“2014 第一财经营销中国·年度营销奖评选”中获得年度最佳营销案例奖中的年度最佳娱乐化营销案例。

2. 有奖征集竞赛

有奖征集竞赛是厂商设计某些问题，公开向消费者征集解决方案，并根据参与者提供方案的优秀程度给予不同程度奖励的一种竞赛促销形式。例如,征集公司商标、广告标语、产品的商标、新产品的名称、新产品的包装设计及经营点子之类的方案等。有奖征集竞赛的参与者往往无须购买产品就可获得参与竞赛活动的资格，靠参与者自身的智慧获得竞赛奖励。因此，有奖征集竞赛的目的通常是塑造企业良好的社会形象，提高产品和品牌的知名度，培育潜在消费市场，而其短期销售额的增长却并不突出。

案例 2-6-2

天竹广告语、天竹产业联盟会徽征集大赛

为了更好推动天竹纤维及其产品的品牌效应，2006 年，河北吉藁化纤有限责任公司举办了“天竹广告语，天竹产业联盟会徽征集大赛”活动，向社会各界人士征集天竹广告语和天竹产业联盟会徽，作为天竹纤维及其产品宣传的象征。

本次大赛的征集要求如下。

1. 广告语

（1）体现天竹纤维产品的特点（绿色、环保、舒适、柔软、健康、抗菌、抗紫外线等）。

（2）简练、易懂、易记、朗朗上口、易于传播。

（3）18 字以内，越精简越好。

2. 会徽

（1）要求简洁大方，含义明确，新颖独特，适合平面宣传的各种用途。

（2）能够体现企业形象、产品文化及发展远景。

大赛特设奖项如下。

（1）天竹广告语：一等奖 1 名，奖金 10 000 元；二等奖 2 名，奖金 3000 元；三等奖 3 名，奖金 1000 元；入围奖 10 名，各奖天竹系列精美礼品一份。

（2）会徽设计奖：设计状元奖 1 名，奖金 10 000 元；设计榜眼奖 2 名，奖金 3000 元；设计探花奖 3 名，奖金 1000 元；设计入围奖 10 名，各奖天竹系列精美礼品一份。

3. 答卷竞赛

答卷竞赛是厂商围绕产品的品名、特性、性能、使用方法及相关常识等，设计出若干问题邀请消费者参与竞赛，厂商收集问卷后根据参与者回答问题的情况给予奖励的一种竞赛促销形式。答卷竞赛通常不以购买产品为参与活动的前提条件，也不需要参与者具备特别渊博的学识，参与者只要稍微浏览一下企业派发的背景资料，就能轻松找到问题的答案。这种促销方式集企业宣传、产品知识传播和市场调查为一体，目的是通过让参与者完成答卷上的问题，普及企业文化和产品知识，提高企业的知名度，塑造企业良好的社会形象，同时借机了解消费者对本企业和竞争对手的品牌及产品的认知、认可情况，为培育潜在的目标消费群做好数据库的资料统计。

答卷竞赛中设计问题时应尽可能把问题设计得简单一些，这样参与的人才会较多，促销效果才会好。

案例 2-6-3

白马牌威士忌酒的问卷促销

白马牌威士忌酒曾举办过一个问卷促销竞赛活动，活动要求参加者必须回答数个有关商品的问题，其问卷印在瓶子背面的标签上。这个竞赛促销直接与产品紧密结合在一起，因此激励了无数消费者奔赴商店去购买商品，研读标签。结果，促销目的圆满达成：活动期间参赛件如雪片飞来，总计超过 26.6 万封，销售量因而大幅激增。

资料来源：独具匠心的竞赛促销术. 政策与管理，1998，（4）：29

4. 产品消费竞赛

产品消费竞赛是以参与者使用或消费产品的数量为获奖标准的一种竞赛促销形式。一般有两种竞赛方法：一是定量竞赛法，即在规定的时间和地点内，参与者耗费商品的数量达到获奖标准即可获奖；二是相对竞赛法，即在规定时间内，比较参与者实际耗费商品的数量，按照竞赛的奖项设置数量和参与者耗费商品的数量排名进行奖励。

案例 2-6-4

海马汽车青岛啤酒节牛人大赛激爽“80 后”

海马汽车冠名了第 24 届青岛国际啤酒节，并在全国各地同步开展“自在，一起嗨”的海马汽车青岛啤酒节牛人大赛。只要对本次牛人大赛感兴趣的消费者均可在各地经销商处报名参加比赛。本次大赛设初赛和决赛，初赛在各地经销商处进行，设有“吹得响亮”“一气呵成”“大海无量”三个比赛项目，凡参与比赛的消费者即有机会赢取神秘礼品，晋级选手除了可享受不同级别的购车基金外，还有机会前往青岛进入“终极 PK”，获得神秘大奖——由海马汽车倾情赞助的海马 S5。

作为青岛啤酒节的赞助商，海马汽车不仅借牛人大赛为新老车主送去了别样的夏日激爽，更为现场 80 后打造了一场释放自我、开怀畅饮的狂欢盛宴！牛人大赛狂欢盛宴现场，选手们纷纷亮出“绝活儿”，在“吹得响亮”“一气呵成”“大海无量”等环节中，不断刷新各项比赛成绩。比赛最后，来自山东临沂的杨凯一路过关斩将，荣登“啤酒大王”的宝座，将两万元购车基金收入囊中。而在 2014 年 8 月 29 日进行的第 24 届青岛国际啤酒节“海马汽车杯”全球饮酒大赛总决赛上，总冠军最终赢得了由海马汽车倾情赞助的超级大奖—— 海马 S5。

5. 竞技比赛

竞技比赛是以某种特殊技能为比赛内容，通过展示参与者的才华和技能获得奖励的一种竞赛促销形式。这种促销形式一般需要参与者具有某种比赛要求的特殊技能，如唱歌、舞蹈、模仿秀、演讲等，所以不适合普通消费者广泛参与。竞技比赛产生的影响力比较大，有助于厂商推介新产品，提升企业和品牌形象。但同时也要注意，举办这种竞技活动，厂商需要通过各种媒体进行广泛宣传，因此成本费用较高，举办活动的风险较大。

案例 2-6-5

“西部好声音”大型歌手选秀歌唱比赛

青海万方实业有限公司 2015 年 5 月举办了“西部好声音”大型歌唱比赛，赛事从报名到决赛持续近两个半月。评选采用网络投票与专业评委评分相结合方式。选手参加第一轮海选，前 100 名歌手由主办方各录制一首 MV 单曲挂腾讯房产西宁站、搅沫沫网站供大众投票评选，网站大众投票结果前 30 名歌手进入复赛，复赛晋级决赛评选也采用现场评委评分与网络投票得分结合的方式，即评委评分占 50%权重，网络公众投票得分占 50%权重。最终 15 名参赛歌手进入决赛阶段参加决赛夜现场比赛，现场评委评分加观众投票决出前 10 名获奖歌手。

主办方万方城楼盘开发商为赛事提供丰厚的奖金，冠军歌手获奖 80 000 元，亚军歌手获奖 30 000 元，季军歌手获奖 20 000 元，前 4—10 名歌手每人获得 5000 元的优胜歌手奖。

另外，冠军歌手还将与主办方万方城签订一年的项目形象代言合同，前 5 名歌手与承办方西部情文化传播公司签订一年商业演出合约。

6. 智力竞赛

智力竞赛是参与者依靠自身的智慧和创意完成厂商要求的作品或问题，厂商根据参与者作品的创意或问题的正确性给予奖励的一种竞赛促销形式，如猜谜比赛、征文比赛、绘画比赛等。这类竞赛的促销目的主要是塑造企业形象，拉近产品和目标顾客之间的距离，因而促销对象的定位是非常明确的。由于参赛者的参赛难度较大，能够成功吸引目标消费者参与活动是这类竞赛促销活动取得成功的关键所在。

案例 2-6-6

“海丝茶 · 观音韵”安溪铁观音茶文化征文大赛

为进一步扩大安溪在全国的影响力，提升中国第一茶都文化内涵，全面展示茶乡自然风光、历史底蕴、民俗风情、铁观音茶文化，打造醉美安溪，安溪县举办主题为“海丝茶 ·观音韵”的安溪铁观音茶文化全国征文大赛。本次征文体裁包括：散文（5000 字以内，质量特优者不限）、诗歌（现代诗或古典诗词均可，每首不超过 50 行，组诗不超过 100 行，质量特优者不限）。征文内容为展现安溪铁观音茶文化或安溪的自然风光、历史文化、民俗风情、人文内涵等。大赛奖项设置：一等奖 1 名，奖金 10 000 元；二等奖 3 名，奖金各 5000 元；三等奖 5 名，奖金各 2000 元；优秀奖 30 名，各奖铁观音茶礼一份。获等级奖作者将获邀参加颁奖典礼并与部分中国著名作家、诗人共同参加茶乡采风，感受茶乡风情。部分获奖作品将连同中国著名作家安溪采风作品在《文学报》“中国作家看安溪” 专版刊登。

7. 体育竞赛

体育竞赛是厂商通过举办具有娱乐性的大众体育竞赛活动给予参与者奖励的一种竞赛促销形式。这种促销形式参与难度小、门槛低，兼具锻炼身体作用，很容易赢得消费者的好感，因此是一种耗费少、有效提升企业形象的促销形式。

案例 2-6-7

新东安广场借力“三国秀 COOL 篮球赛”聚集人气带动商机

北京新东安广场是一家以 18～35 岁的年轻高消费群体为目标顾客群的休闲娱乐商业中心，为吸引年轻客群，举办了一场三国秀 COOL 篮球赛。比赛为期两个月，采用独创的三支球队同时竞技的比赛形式，还包括三分远投、扣篮大赛、一对一单挑及啦啦队评选等多个分项赛。凡是参与比赛的队员都有获得姚明签名球衣等丰厚奖品的机会，而总冠军更是有机会获得香港鸿基地产豪华购物自由行的大奖。

据统计，开展三国秀 COOL 篮球赛后，新东安商场的客流量比以往平均多出约 15%，特别是总决赛这一天，客流量猛增了 30%左右。比赛期间，商场的营业额已较往日翻了一番，像 Nike、C&A、优衣库的营业额更是有明显的提升。三国秀 COOL 篮球赛的举行，在经济危机的大环境下，对刺激消费起了一定的作用。同时，篮球赛不仅吸引了很多年轻时尚的白领人群，也进一步提升了北京新东安商场时尚年轻化的品牌形象，在此品牌形象影响下，更多年轻时尚的国际化品牌纷纷进店，如 SEPHORA、AZONA 等。

□完成任务

母亲节就要到了，李伟强职校电商创业班的同学们正在策划母亲节的促销活动方案，经过一番讨论，他们决定以有奖竞赛的方式开展本次母亲节促销活动。要如何策划和实施这次促销活动呢？请各位同学为这次活动做一个竞赛促销策划方案并完成本次促销任务。

任务：

（1）以 10 人左右成立策划小组，选出组长，按照竞赛促销所需岗位进行分工和合作。

（2）按照竞赛促销的要求，结合学校电商创业班的实际经营情况和促销的目的等，制订本次促销方案。

（3）竞赛促销方案需包括：促销活动主题、竞赛项目、竞赛内容、竞赛形式、竞赛规则和奖励办法、奖品和奖项设计、竞赛活动信息设计与发布、促销活动费用预算、人员分工、效果预估等。

（4）各小组以 PPT 形式作该促销方案介绍和实施情况总结，采用小组自评（30%）、组间互评（30%）和教师评价（40%）方式进行考评。

<table>
<tr><th colspan="6">任务单</th></tr>
<tr><td>任务</td><td colspan="5">竞赛促销策划</td></tr>
<tr><td>任务描述</td><td colspan="5">1. 根据任务资料制订促销方案
2. 选派组内代表上台介绍促销方案并汇报任务实施和完成情况</td></tr>
<tr><td>执行团队</td><td></td><td>时间</td><td></td><td>地点</td><td></td></tr>
<tr><td>成员出勤情况记录</td><td colspan="5"></td></tr>
<tr><td rowspan="10">任务执行情况记录</td><td>评价项目</td><td>优秀</td><td>良好</td><td>合格</td><td>不合格</td></tr>
<tr><td>促销活动主题</td><td></td><td></td><td></td><td></td></tr>
<tr><td>竞赛项目、内容和形式设计</td><td></td><td></td><td></td><td></td></tr>
<tr><td>竞赛规则和奖励办法的制定</td><td></td><td></td><td></td><td></td></tr>
<tr><td>奖品和奖项设计</td><td></td><td></td><td></td><td></td></tr>
<tr><td>促销活动费用预算</td><td></td><td></td><td></td><td></td></tr>
<tr><td>竞赛活动信息设计与发布</td><td></td><td></td><td></td><td></td></tr>
<tr><td>人员分工</td><td></td><td></td><td></td><td></td></tr>
<tr><td>赛事活动组织实施</td><td></td><td></td><td></td><td></td></tr>
<tr><td>实施效果</td><td></td><td></td><td></td><td></td></tr>
<tr><td>任务汇报情况记录</td><td colspan="5"></td></tr>
<tr><td>任务完成情况总结</td><td colspan="5"></td></tr>
<tr><td>指导教师点评</td><td colspan="5">
成绩：　　　　　　　　签名：</td></tr>
<tr><td colspan="3">组长签名：</td><td colspan="3">日期：</td></tr>
</table>

<table>
<tr><th colspan="6">组间互评成绩</th></tr>
<tr><td>组别</td><td>成绩</td><td>组别</td><td>成绩</td><td>组别</td><td>成绩</td></tr>
<tr><td></td><td></td><td></td><td></td><td></td><td></td></tr>
<tr><td></td><td></td><td></td><td></td><td></td><td></td></tr>
</table>

<table>
<tr><th colspan="4">任务评价</th></tr>
<tr><td>小组自评（30%）</td><td>组间互评（30%）</td><td>教师评价（40%）</td><td>综合得分</td></tr>
<tr><td></td><td></td><td></td><td></td></tr>
</table>

□知识拓展

拓展1　游戏竞赛促销

游戏竞赛促销是企业设计一些构思奇巧、妙趣横生的游戏节目让消费者参与，同时把企业信息、品牌信息、产品信息传达给消费者的一种促销行为。游戏竞赛促销可以在产品售点开展，也可以在户外路演现场开展。

游戏竞赛促销能充分满足人们的兴趣，将枯燥简单的促销活动变得丰富多彩、妙趣横生，从而增强品牌宣传与产品促销的互动性和有效性。例如，在户外路演中，可以设计“一分钟内谁重复的企业名多”“一分钟内说出产品的十大卖点”等游戏。游戏竞赛促销的成功机理在于人们爱玩的天性，游戏竞赛促销容易给消费者带来深刻的印象，从而增加对品牌的记忆度。

一、游戏竞赛促销的主要形式

1. 智力游戏竞赛促销

这类游戏竞赛促销活动以拼字游戏、拼图游戏等智力游戏方式赢取产品、奖品、奖金或价格优惠折扣，使产品促销过程充满趣味，让消费者在购物过程中感受到实惠与快乐。例如，当顾客每购一件商品时，他们就可以随机抽取一个英文字母，如果他们手中的字母能拼写出“cash”（现金）这个有诱惑力的单词，他们就可以得到奖金。

2. 体力游戏竞赛促销

体力游戏竞赛促销以顾客的体力比拼来赢取活动奖励，以促进产品销售和品牌传播。例如，2012 年娃哈哈“启力掰手腕大赛”在全国各地开展。大赛形式与启力产品的功能利益密切关联，与“喝启力，添动力”的广告口号十分吻合。浙江金华 2012 年底的掰手腕大赛中，现场购买娃哈哈启力的 18 岁以上消费者即可参加掰手腕海选，胜者奖启力一罐，并参加半决赛，败者可半价购买启力一罐，参与奖可获启力一罐，优胜奖 3 名可获礼盒版启力一箱，冠军 1 名可获“2013 元现金红包+启力礼盒版一箱”，亚军 1 名可获“800 元现金红包+启力礼盒版一箱”，季军 1 名可获“300 元现金红包+启力礼盒版一箱”。

3. 趣味游戏竞赛促销

趣味游戏竞赛促销或以语言趣味、音乐趣味、技巧趣味等赢取活动奖励，以传播品牌促销产品。例如，在北京大悦城的饮品自动贩卖机前，只要大喊“过年来罐加多宝！”分贝达标，就会自动掉下一罐加多宝。于是整晚都有人在喊，且玩得不亦乐乎。只用一罐饮料就让顾客既开心又卖力地宣传，此营销手段让人佩服！最成功的营销是卖方负责搭台，买方上去唱戏。

4. 集物游戏竞赛促销

活动以收集产品包装中的商标、活动标志、游戏卡片、系列图画、系列人物或系列故事来赢取奖励，集齐活动规则的数量要求，消费者必须购买很多产品，因而带动了产品的销售。例如，家乐拼大运游戏竞赛促销活动是这样执行的：买家乐调味品一份即可得刮刮卡一张。如果两张刮刮卡能拼出“人生美味”“尽在家乐”可获奖金 5000 元；

如果两张刮刮卡能拼出“家乐”“大餐”即可享受价值500元的免费大餐；如果刮出礼盒图案，即可获开心奖一份。

二、游戏竞赛促销的主要作用

1. 有趣的促销游戏能引起消费者较多的注意

新奇的活动主题、丰富的游戏组合，都能引起消费者的好奇，提高消费者进一步了解产品的兴趣，而这是通过其他方式的促销难以达到的效果，吸引人的游戏主题能帮助产品广告创造差异化，使广告更容易受到大众的关注。

2. 促销游戏活动能激励消费者反复购买

大多数游戏活动设计都要求消费者多次购买，才能达到奖励的目标，拼图、拼字等都需要获取足够多的标志才能拼配成。而且，大多数情况下，一旦学会了游戏玩法并参加了游戏活动的消费者一定会持续参加，不会轻易中途退出，这样会增加购买量。

3. 有趣的活动能使参加者加深对品牌的记忆与印象

饶有趣味的游戏活动能够淡化促销活动的商业气氛，并且游戏过程本身是与产品品牌息息相关的，所以，此类活动并不会损害产品的品牌形象。如果对参加者设计针对性比较强的游戏，还有利于特定目标消费群的产品营销。

三、游戏竞赛促销活动的策划要领

1. 游戏活动设计参与对象应与目标消费者一致

虽然每个人都有一定的童趣，但不同年龄、不同阶层的消费者对游戏类型的接受度还是存在着很大差异的，比如，小朋友痴迷的《灌篮高手》令大人们觉得不可理解；而中年人对童年时代玩过的游戏活动所抱有的特殊情感，也会令年轻人匪夷所思。因此，唯有针对产品目标消费群的心理所设计的游戏才能打动他们。

2. 游戏方式尽量从简并具可操作性

尽管游戏内容的趣味性和可操作性在某种意义上有一定的矛盾，趣味性强的内容势必会复杂一些，但是，只要游戏的原理比较简单，并能赋予时尚的含义，同样具有可操作性。就像百事可乐的“爱拼才会赢”一样，参与者并不会少。

3. 游戏参与门槛不能太高

参与门槛越低越好，最好不要限制参与条件，以集聚人气、寻求商机为目的；制造商以产品为载体的游戏活动可以配合优惠券一起开展。应尽可能简洁明了地说明游戏方法，通过演示、图例等方法，让消费者感到方便有趣，再以诱人的奖品作为游戏的鼓励，以便该活动能够成功。

4. 游戏主题要有新意和吸引力

要设计出一个有创意、简单、极具吸引力的主题，其内容不但要具备趣味性，能够吸引顾客的注意力，还要将产品或品牌内容巧妙地融入其中。如果具备一定的新闻性则更好。

5. 游戏的奖励要有吸引力并现场兑现

消费者参与的诱因归根结底还在于奖品上，奖品的设置同样是以少数大奖吸引人、以多数小奖安慰人。大奖可以是超出产品价值的，中奖一般为产品奖励，小奖一般为纪念品。同时，奖品设置不忘品牌传播。中奖面要可控，不宜再设计成最后抽奖的方式来控制奖品数量，这样会大大伤害参与者的积极性。奖励通常需要在游戏现场兑现（金额非常大的奖励除外），否则参与者会感觉到很麻烦，会影响到其参与积极性。

拓展 2　如何提高竞赛促销的实效性

有奖竞赛可以营造出愉悦热闹的活动现场，引起大众对活动的关注，虽然在销量的短期快速提升方面效果不佳，但在塑造企业形象、宣传企业文化、推广产品和品牌、培养顾客忠诚度等方面却是其他促销方式望尘莫及的。因此，不少企业把竞赛促销作为企业品牌推广和社会形象打造的一种单一促销方式来使用。其实，通过改变竞赛的目的、参赛形式或者创新竞赛的形式、奖品的创意等，能够有效提高竞赛促销的实效性，甚至取得意想不到的促销奇迹。

一、打破传统竞赛促销的目的

传统的竞赛促销的目的有营造声势，吸引顾客；宣传产品和品牌；市场信息收集与分析等。其目的最终都是为提高产品销售量、增加销售利润，在这样的方向指引下，结果必然是“用的是自己的人，做的是大家都想得到的事”。如果我们打破这样的竞赛促销目的，以获取人才、方案作为举办竞赛的目的，不但能够收获产品的营销方案、管理创新等，甚至还能用很小的代价收获行业人才、精英，充实企业的发展实力。

例如，以征集某个产品的营销方案、某个企业经营难题的解决办法或建立企业人才库为竞赛目的举办有奖竞赛，由此获得产品营销方案或业界人才和精英。这样一来，不但达到企业宣传推广和塑造形象的目的，还解决了企业经营管理中的实际问题，充实了企业的竞争实力。

案例 2-6-8

2014 宝洁精英挑战赛

2014 年 2 月，由世界快消行业巨头之一的宝洁公司主办的“2014 宝洁精英挑战赛”旋风启动！此次大赛是针对中国大学生的一项挑战活动，旨在培养和选拔具有创新才能、领导能力和商业战略潜质或科技创新能力的大学生精英。各高校、各年级在校生均可参加比赛。

本次大赛分为“商业创新挑战”和“科技创新挑战”两条比赛线路。两项挑战各自评比，分别晋级。

商业创新挑战：以全球最强男士理容品牌吉列（Gillette）和国际领先护肤品牌的男士系列 OLAY MEN 为载体，为指定产品设计整合营销方案提案并执行，享受把灵感和创意变身现实的商业实战！

科技创新挑战：由宝洁最大的综合部门——产品供应部门亲自主持的挑战活动。以全球最强男士理容品牌吉列和国际领先护肤品牌的男士系列 OLAY MEN 为载体，为指定产品进行供应链创新和优化，享受把灵感和创意变身现实的科技实战！

大赛奖励：全国冠亚季军团队，第一名奖金 15 000 元，高管门徒培训，宝洁招聘免一面通行证（冠军团队）；第二名奖金 10 000 元，高管门徒培训，宝洁招聘免一面通行证（优秀个人）；第三名奖金 5 000 元，高管门徒培训，宝洁招聘免一面通行证（优秀个人）。全国决赛参赛队伍有机会获得宝洁招聘免一面通行证（优秀个人）、宝洁总部参观之旅、宝洁精美大礼包。全国晋级赛参赛队伍直接进入宝洁校园招聘人才库，有机会获得 iPad mini 和宝洁精美大礼包。

企业还可以通过真实的商战任务执行竞赛，以赛促销。一方面，参赛者通过执行主办方真实的营销任务，参赛团队或个人的执行能力、创新能力、统筹能力、领导能力等都能得到全面考察和锻炼；另一方面，在比赛过程中，各个参赛方案的可行性和执行效果都得到了市场的检验，既促进了销售，又扩大了竞赛的影响力，一举两得。当然，举办这类赛事一般要有企业的高管对参赛者进行商业技能培训，否则活动很容易搞砸。

案例 2-6-9

2015 Uber 全国商业创意挑战赛

由 Uber 优步中国主办的 #The Uber Challenge# 商业创意营销大赛 2015 年首次登陆中国，在北京、上海、广州、深圳、成都、武汉、重庆、杭州、天津九个城市的高校举行商业创意和营销执行的比赛，旨在寻找敢于挑战、勇于创新的高校商业人才。参赛者通过商业实战，切实了解互联网创业的发展，亲身体验创建事业的过程，把想法付诸行动，把目标变成现实。

此次大赛包括初赛“产品亲力推广”、复赛“方案构思撰写”、决赛“方案筹备执行”三大环节，全面考察、锻炼参赛成员的执行能力、创新能力、统筹能力、领导能力；同时在比赛过程中，会举办“Uber 精英动力营”，让所有的入营精英成员相互交流、合作，并邀请 Uber 高管进行商业技能培训及经验分享；在决赛方案执行过程中，Uber 将提供全方位的支持，让参赛成员能够真正执行一次实实在在的商业推广计划。

其中，初赛“产品亲力推广”是本次比赛的亮点：由参赛小组运用自己的商业头脑，采用合理合法的手段对 Uber 进行新用户推广，每成功推荐一个新用户（注册并使用），增加 15 元比赛基金；每成功推荐一名优步司机（培训并一周完成 10 次行程），增加 150 元比赛基金。也就是说，参赛团队的竞赛成绩越好，Uber 的销售业绩就越好，而且影响力越大。

二、增强竞赛参与人群的针对性

竞赛活动通常是针对特定的目标人群而设计的，消费者需凭借自身的知识或技能才能赢取竞赛奖励，因此，竞赛促销活动参与的门槛相比抽奖促销的参与门槛更高，加上赛前难以预计活动的参与人数，活动的效果也难估计，就更增加竞赛活动的策划难度和风险了。要避免竞赛活动参与率低的现象，除了要做好产品的目标顾客群分析，还可以充分发动行业里的准职业人如大学生来参与竞赛活动，以增强竞赛活动参与人群的针对性和竞赛的实际效果。

三、注意赛事与产品宣传的关联

竞赛促销较折扣促销、赠品促销、样品促销等促销方式设计发挥空间更大，但策划难度和风险也比其他促销方式高。如果单有新颖独特的竞赛形式，竞赛内容与促销产品之间却没有多大关联，这样的竞赛活动也会因缺乏生命力而黯然失色。因此，竞赛内容和形式与促销产品的关联度越大，就越容易吸引专业人士或行业爱好者的积极参与，并能够产生较为轰动的传播效应。

案例 2-6-10

敏捷杯“印象•家”摄影大赛

2013 年敏捷地产成立 15 周年之际，敏捷地产举办了第四届敏捷杯“印象•家”摄影大赛，为感恩新老业主及摄影爱好者的支持，本次摄影大赛的参赛范围从员工、业主扩大至全社会的摄影爱好者。

这次摄影比赛主要分为三个类别：人文、楼盘和自然环境。其中，“七彩社区”以“筑梦想家园，让生活更美好”为主题，以敏捷楼盘的社区生活为题材，表现家庭生活、物业服务、社区活动、友邻交往等内容，展现敏捷地产的生活理念。“建筑物语”以敏捷的楼盘建筑、景观、室内、客户服务工作场景等为题材，表现楼盘外立面、绿化园林、室内装修、景观环境等内容，主要发现敏捷建筑之美。“人物剪影”以敏捷的业主、员工及模特为题材，表现人物最美好生动的瞬间。

本次大赛还专门设立了第四届敏捷杯摄影比赛组委会，作品评比以专家评选方式进行，综合评分高者赢取相应奖项并颁发证书。

据报道，活动当天参赛的摄影师们在现场对项目的恢宏美艳惊叹不已，热情高涨，加上青春靓丽的摆拍模特，活动进行得如火如荼。在样板房拍摄过程中，有的摄影师还询问起了敏捷•黄金海岸的楼盘详情，只因在摄影中“一种想在这里居住、生活的冲动油然而生”。这个比赛最值得称道的成功之处是很多参赛摄影师成为该活动的忠实粉丝，不仅积极参与每一站的摄影活动，还鼓动身边朋友也一同参与。

四、强化奖品的设计

对竞赛促销来说，奖品的魅力是吸引消费者参与活动的关键性因素。传统的竞赛奖励一般是奖金或实务奖品，比赛过后，获奖者不一定会与企业继续维系关系。如果企业设计的奖品是竞赛的目标参与对象所关心的或是对其职业、学业极有影响力的，如企业实习机会、高端培训项目或者职业发展机会等，将有效培养获奖者的品牌忠诚度，扩大和延伸竞赛促销的后期影响力。

此类奖品内容设计比较典型的有：宝洁公司主办的“2014 宝洁精英挑战赛”的丰富奖励——宝洁高管门徒培训、高达 15 000 元的梦想基金、宝洁校园招聘免一面通行证、宝洁中国总部参观之旅、宝洁精美大礼包、iPad mini、加入宝洁校园招聘人才库等；Uber 优步主办的“2015 Uber 全国商业创意挑战赛”的大赛奖励——5000～10 000 元的现金和 5000～10 000 元的乘车金；联想公司主办的“2014 联想 Yoga 平板设计营销大赛”的大赛奖励——暑期国际顶尖学府交流、400 个联想及名企实习岗位、全新联想 Yoga 平板产品、购机特权优惠、联想高管签名证书等。

□角色转换

如果你是一名中职院校的教师，你将如何向学生讲授这部分内容？请思考以下问题：

1. 如何展开本任务的课堂教学和实践教学？
2. 在本任务的教学中，哪些教学方法比较有效？

任务七　演示促销

□学习目标

知识目标

1. 理解什么是演示促销。
2. 掌握现场演示促销的基本步骤。
3. 认识现场演示促销的功能及适用的范围。

4. 理解现场演示促销的优、缺点。

能力目标

1. 能够运用所学分析现实市场中的演示促销案例。
2. 能够设计一个品牌或产品简单的现场演示方案。

□任务导入

电磁炉的电视购物演示促销情景展示

演示促销情景 1

（电磁炉是干什么的）　摆在厨房里，就是个打火灶，可以煎、可以炒、可以炖、可以煮；摆在餐桌上，就是个电火锅，可以煮稀饭，还可以作烧烤。

（电磁炉好不好）　现在人们都说，液化气太贵了，燃气灶太慢了，电火锅淘汰了，微波炉换代了，现在都用电磁炉了。

（电磁炉费不费电）　其实，这个世界上，最费的就是液化气，最省的就是电磁炉。电磁炉速度是液化气的一倍，费用只相当液化气一半。用电磁炉炒个青菜一分钟，炒个荤菜 2 分钟，做个汤 4 分钟，一顿饭四菜一汤只需 12 分钟 3 毛钱。一天 6 毛钱，一个月 18 元——一个月用液化气，至少也要四五十元。一年算下来，省的钱就可买三台电磁炉了：厨房放一台，老婆来炒菜；餐桌上放一台，火锅人人爱；客厅放一台，泡茶更现代。省钱方便速度快，所以电磁炉才普及这么快。

演示促销情景 2

（配合演示动作的语言，强调表演性）

有了奥克斯电磁炉，从此做饭就是享受，以前下厨都推让，现在丈夫老婆抢。不信？我给演示一下：（以下配合全套演示动作）

一进厨房清爽宜人（擦拭、开机、热锅）；

一把抛起鱼跃龙门（捡菜、抛菜、接菜——夸张动作）；

一刀下去风卷残云（在电磁炉面板上快速切菜）；

一把撒开点斗成兵（下菜）；

一锅颠起江海翻腾（炒菜、颠锅）；

一勺搭起日月乾坤（盛菜）；

一桌摆上色彩纷呈（看菜）；

一筷夹上美味食物（尝菜）；

一算细账多快好省（算账）；

一家老小赞口声声。

大姐您真是有眼光，奥克斯电磁炉您先用上，回家炒个下酒菜，保准老公乐开怀，今天您买的可真对，因为我们的活动有四最：

最低价（特价才 198 元）；

最实惠（有买有送直到您买不动）；

最放心（讲售后）；

最旺销（昨天卖了 68 台，今天的销量更是芝麻开花，现在已经突破 78 台啦）。

各位顾客看大姐，现在选择是最对的，正所谓：早也要买，晚也要买，不如现在就来买。多也是送，少也是送，活动肯定多多送。大姐回家您放心用，稍不满意再往回送。速度不比液化气快，效果不比燃气灶好，费用不比液化气低，使用三天不满意，拿到商场放心退。

我知道大姐您会用得好，来人夸夸可别忘了。这就是——金杯银杯，大姐的试用是口碑。金奖银奖，使用满意就是夸奖。怎么样，这位大姐又买一台奥克斯电磁炉，大伯给您也开一台啦！

通过电磁炉的演示，是为了更好地展示品牌形象，活化商品卖点，加深受众印象，是刺激现场购买的重要手段。演示，一是要表演得好，二是要示范得妙，才能真正达到巧刺激、深印象、强拉力的效果。

请思考，你认为上述两个演示促销哪个更好？为什么？做好促销演示应该注意哪些问题？消费者为什么在演示下更容易接受产品或服务呢？

如果春节、元旦、圣诞节即将来临，iPhone7 手机即将上市，苹果公司拟通过电视购物对 iPhone7 做一个演示促销活动，你会如何设计呢？

□任务分析

在促销活动中，产品现场演示的作用很大，现场演示就是将产品的特性与优势以眼见为实的形式促动消费者购买。它是一种立竿见影的促销方式。通过演示可以满足顾客的视觉、听觉、嗅觉、味觉、触觉器官，从而满足其心理，实现即刻购买。

在电磁炉的促销演示中，利用各种道具充分表现出表演性、夸张性、惊奇性、互动性、参与性。所有的动作都要事前演练，熟练连贯，一气呵成，并与语言相配合，具有十足精彩表演性。促销就是在演示的基础上，融入一定的促销策略。紧紧抓住消费者的消费心理，促成交易的完整过程。

想一想：你在日常生活中见到过现场演示促销活动吗？你是否喜欢这种方式？现场演示产品可以给顾客带来哪些好处呢？设计出好的现场演示的方案，我们如何做呢？

一个成功的现场演示离不开一个好的方案设计，一个好的方案设计必然有一个好的执行过程，一个好的执行过程，又是每一个环节无缝对接的结果。见图 2-7-1。

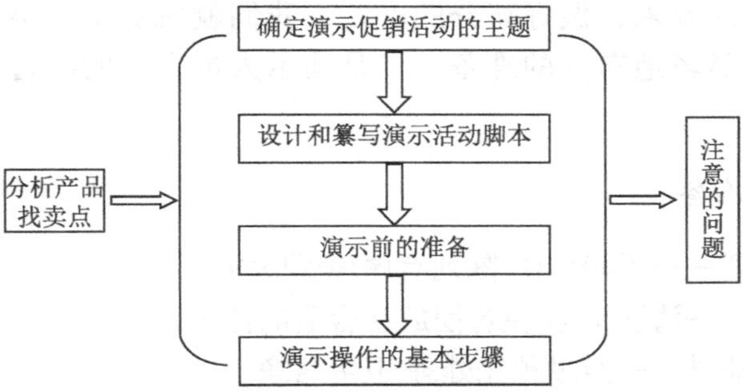

图 2-7-1 演示促销流程

一、确定演示促销活动的主题

经过对产品（或服务）的分析，在找到了产品（或服务）的独特卖点和明显效果的基础上，我们根据产品（或服务）的基本特性和实际情况，确定出一个现场演示促销活动的主题。为了提高活动的品位，应该从商品文化、公众文化或者社会文化中提炼主题，运用文化融合、文化包装策略，强化现场演示促销活动的文化色彩和娱乐气息，最大限度地淡化活动的促销色彩，引导公众在文化享受过程中接受商品，以此为契机，引导顾客购买商品，通过迂回路线，实现商品促销目的。例如，导入案例中的情景 1 中，整个演示促销活动的主题是体现“电磁炉省钱、方便、速度快”这样一个主题中心；而导入案例中的情景 2 则体现的是用电磁炉“做饭就是享受”的主题，从改变生活观念为中心的设计主题，再找“做饭享受”中的产品卖点。

二、设计和纂写演示活动脚本

根据确定的主题，进一步将产品的情况和主题的理念融合，设计一个具有吸引力、创新性和可操作性的场景，最后纂写出演示脚本。

演示脚本作为演示用的教材，它能给促销员以指导激发的作用。一份完整有效的脚本含以下内容。

（1）产品的选择/所需材料的准备。

（2）现场物料的陈列与布置/演示人员的注意。

（3）演示过程中的详细步骤/产品特点介绍。

（4）动作与语言的配合/演示完毕的处理。

（5）促销与成交的方法。

（6）演示中的注意事项。

三、演示前的准备

根据演示脚本的要求，做好充分的准备，我们就成功了一半了。演示前的准备包括三个方面，一是场地布置的准备；二是演示人员自身的准备；三是演示用产品的准备。

1. 场地布置的准备

（1）演示台陈列——干净整洁/陈列有序/美观大方。

（2）演示工具——清洗干净,注意摆放在合适的位置。

（3）演示产品辅材——经过预先处理,卫生洁净。

（4）其他准备——POP 海报/宣传单页/电源线等。

2. 演示人员自身的准备

（1）精神面貌——积极热情/精神振奋。

（2）衣着服饰——整洁得体/不化浓妆/不戴戒指手表/不留指甲、胡须/穿标准工作服饰。

（3）表情——面带微笑/自然亲和。

（4）语言——标准礼貌用语/清晰洪亮。

3. 演示用产品的准备

（1）请确保产品无故障问题，可以挑选一台性能、外观较好的用。

（2）请确保产品的卫生干净整洁，亮丽如新。

四、演示操作的基本步骤

一般的现场演示活动，都会按照一定的步骤来进行。通常我们把它分为五步，分别如下。

（1）致欢迎词——迎接顾客的到来。

（2）简单的阐述——引起共鸣/了解需求。

（3）演示操作讲解——突出优势卖点。

（4）促使购买——帮助决定选购。

（5）成交——送走顾客\售后服务。

要设计出一个成功的现场演示活动，必须综合考虑的因素还有很多。一位权威的演示专家曾研究得出，影响现场演示活动效果的因素有：演示员的仪表（35%）、演示商品的品质（26%）、商品合理的价格（19%）、出众的演示方法（20%）。为规范整体促销形象，提高顾客的消费信心，我们规定员工统一工作装，佩戴工牌，并且规定标准用语，称呼一律去掉“先生、小姐”，改用“叔叔、阿姨、大哥、大姐、靓女、靓仔”更具亲和力；由此所见，演示员的素质是影响现场表演活动成败的关键因子之一。因此，组织现场演示活动时，必须注重演示人员的仪表、素质。

五、现场演示中的应注意的问题

（1）现场演示要能吸引消费者的注意力，就必须具有一定的戏剧性。因此，在遵循基本步骤的基础上，演示的戏剧性越强，越容易激起顾客的购买欲望。例如，一位促销人员为了证明一种洗涤用品的去污能力，他总是将墨水、酱油之类的东西先泼在自己的白衬衣袖子上，然后再演示洗涤剂的洗涤效果，结果，吸引了不少人围观，使不少消费者纷纷购买。这种演示方法就比将墨水泼在毛巾上或布头上要有戏剧性，也更有说服力。因为，如果演示者对产品没有信心，就不会舍得将污物泼在自己的衣服上。

（2）示范表演者的演示水平很重要。现场演示的目的在于将产品的特点、性能真实、准确、直观地传达给消费者，通过刺激消费者的感官来刺激消费者的购买欲望。因此，示范表演者的操作要熟练，要能充分地展示产品的优越性。示范表演者的操作水平直接影响着消费者对产品的信任程度。

□相关知识

一、现场演示促销概述

现场演示促销是指企业、制造商、经营者为推广或销售某种产品（或服务），利用销售现场进行产品的操作表演，近距离接触产品（或服务），突出产品的优点，显示和证实产品的性能与质量，以刺激消费者的购买欲望的一种促销方式。

如今，现场演示销售更是在各行各业大行其道，因为现场演示无疑给消费者形成了强大的视觉冲击，这种冲击力要优于广告何止百倍千倍？成功的现场演示往往能够一下子抓住顾客的视线，激发顾客了解、参与的欲望，迅速达成交易。例如，我们在大型超市卖场常见的蒸汽熨斗、豆浆机、榨汁机等都在应用现场演示促销，效果非常好。

早在战国时期，屈原在《天问》中写到“师望在肆，昌何识？鼓刀扬声，后何喜？”讲的是姜子牙在铺子里卖肉时，有意把刀剁得叮当叮当响，并高声吆喝招揽顾客，“鼓刀扬声”的演示销售在古代就已经开始萌芽了。而如今现场演示更作为一种有别于站柜销售的销售促进方法，起着越来越重要的作用。在如今电视购物的市场上，应用得更是如火如荼。

二、现场演示促销的作用与目的

随着市场竞争的日趋激烈，要想立于不败之地，必须出奇制胜。同质的产品，同样的价格，同样的促销，只会让我们的业绩平淡无奇！演示的操作无疑给我们销售带来了新的亮点。

简单地概括：产品优势只有通过演示的效果，才能让消费者更为直接地感受到。演示的作用与目的是让消费者更为直观地体验产品的独到之处，从而影响购买的心理！

三、现场演示促销的功能

现场演示促销活动具有较强的市场功效，其功能特性主要表现在以下几个方面。

第一，能够有效地解除顾客对商品的顾虑。在现场演示促销活动中，演示者所使用的道具都是实实在在的商品，直观形象，毫无装饰，商品的造型、功效性能、使用方法全部直接展示在消费者面前，可以直接消除顾客的疑虑，引导顾客当场购买所宣传的商品。

第二，对于那些没有消费需要的顾客来说，现场促销具有激发欲望的作用。当公众亲眼看过商品的演示以后，了解到了商品的优越性能，也学会了商品的使用方法和基本技巧，忽然之间觉得自己的生活特别需要这种商品，从而萌生购买愿望。这在客观上壮大了商品的消费队伍。

第三，能够有效地活跃现场气氛，吸引更多的公众观看演示活动，参与到促销活动中来，扩大企业与商品的影响范围。

第四，通过现场演示活动，顾客掌握到比较科学的商品消费方式与使用技巧，有利于提高自己的生活质量，受益匪浅，进而更加感激商品的生产者与经营者，这对于强化企业的品牌忠诚度具有良好的促进作用。

案例 2-7-1

某品牌保暖内衣，为演示其“保暖、抗风”等特点，在京城部分商场组织了一场抗风寒的模特秀，四五个模特在冷风凛冽的露天舞台仅穿着保暖内衣，连续一个多小时，不流鼻涕、不哆嗦，效果非同凡响。尤其厂家邀请现场部分观众参与表现后，现场一下子就引爆了，当场销售内衣达 200 多套。

四、现场演示促销的优、缺点

（一）现场演示促销的优点

（1）促进消费者了解新产品。新产品要想得到顾客的认可和接纳，首先必须取得用户的了解和信任。广告虽然可以向消费者传播新产品信息，但它毕竟只能给消费者一个抽象的概念，而商品示范能让消费者获得更实际的了解。营业员通过现场演示，能将产品的性能、特点全面、真实地展现在顾客眼前。

（2）吸引顾客的注意力。根据推销学中著名的爱达（AIDA）公司理论，要想把一件产品成功地推销给顾客，首先要引起顾客对产品的注意，然后让顾客对产品产生兴趣，继而产生购买欲望和行动，即注意（attention）→兴趣（interest）→欲望（desire）→行动（action）四部曲。所以，能否让顾客注意企业的产品，是决定企业产品能否顺利销售出去的关键一步。顾客进商店之后，除了按计划购买之外，还会即兴购买他们注意到并且感兴趣的商品。现场演示的最大功效就在于能通过带有戏剧性的表演，通过发声、发光、顾客实际操作等来吸引顾客的注意力，使顾客驻足观望、了解并喜爱其产品。

（3）能向顾客提供有力的说服证据。俗话说：“耳听为虚，眼见为实。”一种产品的性能如何，广告上说得再好，也不如亲眼看见让人信服。现场演示可以加深顾客对商品的实际感受，强化媒体广告的宣传效果，所以，对一种知名度尚不很高的新产品来说，若将广告促销与现场示范促销结合使用，则二者相得益彰。广告可以大范围地传播产品信息，现场演示又可以集中在购物场所帮助顾客回忆、证实从广告中得到的信息，因此，必能收到良好的促销效果。

（4）节省促销费用。现场演示促销除了以上三个优点外，促销费用低也是其重要特点之一，其成本费用主要是用于演示的产品样品费用、辅助品（如榨汁器用的水果）费用及专柜的租用费、促销人员的劳务费等，与其他许多销售促进工具相比，费用比较低，但在现场促销效益并不差。

（二）现场演示促销的缺点

（1）现场演示受产品特性的限制较大，并不是每一种产品都可以作商品示范。即使是能做示范的商品，其产品不同，演示效果差别也很大。

（2）促销的对象范围比较窄，只能是前来商店的顾客。

（3）促销效果的好坏受产品演示者的演示水平影响也很大，如果演示不当，反而容易产生相反的效果。

五、适合现场演示的商品应具备的特性

随着整个社会消费水平的提高，越来越多的商品加入到了现场演示的行列当中。通常来说，适合现场演示的商品遵循以下两个特性。

（1）效果明显。顾客购买每一件商品都有他所关心的基本利益，一定要注意时效性，像榨汁机、按摩棒、吸尘器之类，功能单一、操作简单、功能述求性强、适合现场演示的商品，立马就能将主要功能展示出来，效果非常明显，顾客一看，觉得这东西很管用也就买了。

（2）卖点独特。只有更新、更为独特的卖点，才能激发顾客的购买欲望，才能满足现场演示要求。例如，将一款吸尘器的“强劲吸力”功能作为独特的卖点来宣传，以“吸保龄球”为演示手段，“后吹风”比较强劲，诉求“后吹风”功能的实用性，如可以吹干动物的毛发、疏通下水道、清洁门窗等，最后也取得了比较满意的效果。

□完成任务

任务背景：春节、元旦、圣诞节即将来临，iPhone7 手机即将上市，苹果公司拟通过电视购物对 iPhone7 做一个演示促销活动，来进一步提高产品市场占有率，树立企业的品牌形象，请你担任本次演示促销活动的策划员。

任务：以 5～6 名学生为一组，每组完成一份促销演示脚本。

实训活动：将完成的促销演示脚本和本组同学共同演绎出来，并在全班展示分享。

任务单

任务	演示促销
任务描述	1. 根据背景资料分析产品特性 2. 根据分析结果，设计策划促销演示方案，以脚本形式完成 3. 将完成的演示脚本与本组成员上台展示并分享收获

执行团队		时间		地点	
成员出勤情况记录					
任务执行情况记录					
任务汇报情况记录					
指导教师点评					
任务完成情况总结					
组内互评成绩					
姓名	成绩	姓名	成绩	姓名	成绩
组长签字：				日期：	
指导老师签字：				日期：	

□知识拓展

演示促销中的“FAB”[①]

促销员演示产品时必须演示出产品最能吸引顾客的主要优点和顾客最关心的利益点。同时，演示的时间也不能太长，演示也不需要过于全面，因此如何找到一个最佳的演示表达，就成为一个十分关键的问题。从顾客和消费者的角度出发，针对不同的商品和服务，我们应该遵循 FAB 法则。

FAB 对应的是三个英文单词——feature、advantage 和 benefit，按照这样的顺序来介绍，就是说服性演讲的结构，它达到的效果就是让客户相信你是最好的。

1. 属性（feature）

有人经常把 feature 翻译成特征或特点。特征，顾名思义就是区别于竞争对手的地方。当你介绍产品且与竞争对手的产品进行比较时，就会让顾客产生一定的抵触情绪。原因是什么呢？在 FAB 法则中不应把 feature 翻译成特征或特点，而应翻译成属性，即你的产品所包含的客观现实，所具有的属性。例如，讲台是木头做的，木头做的就是产品所包含的某项客观现实或属性（feature）。

2.作用（advantage）

很多人把 advantage 翻译成优点，优点就是你比竞争对手好的方面，这自然会让顾客产生更大的抵触情绪，因为你所面临的竞争对手非常多，相似的产品也很多，你的产品不可能比所有的产品都好。现实中的每一个产品都有各自的特征，当你说产品的某个功能比竞争对手好的时候，顾客就会产生非常大的抵触情绪。实际上，在演示中把 advantage 翻译成作用会更好一些，作用就是能够给顾客带来的用处。

① 资料来源：http://hi.baidu.com/8667586/bolg/item[2012-02-13].

3. 益处（benefit）

益处就是给顾客带来的利益。例如，讲台是木头做的，那么木头做的给客户带来的益处就是非常轻便。FAB应该这样解释，这个讲台是木头做的，搬起来很轻便，所以使用非常方便。这样的结构，就是说服性演讲的结构，只有这样的结构才能让客户觉得你的产品满足了他的需求，并且愿意购买你的产品。

□角色转换

1. 如何在教学过程中，让学生感受到演示促销的场景下消费者的消费心理一步步转变的过程？

2. 演示促销中要求的促销人员素质和一般销售人员的素质有何不同？（让学生分享自己在兼职销售中和演示促销下促销人员的职业标准）

任务八　主 题 促 销

□学习目标

知识目标

1. 理解主题促销的概念。
2. 了解主题促销活动的内容。

能力目标

1. 能够根据具体的主题规划促销活动。
2. 能够根据不同的节日合理地选择、开展主题促销活动。

□任务导入

好百客湖南美食节

2015年7月2日至7月12日，黑龙江远大购物中心好百客食品馆南岗店湖南美食节盛大启幕。美食节期间为顾客展现湖南独具魅力的地道湘味美食，此外还呈现了200余款特色物产及流光溢彩的民族手工艺品。尝美食，赏民风，赢好礼，微信玩转美食节。一场难以抵挡的湘辣诱惑，一次盛况空前的美食盛宴，尽在好百客湖南美食节。

美食节是商场经常举办的主题促销活动之一。王明毕业后，在某连锁企业的企划部门工作，部门经理让他做9月的主题促销方案。王明想到了中秋节，他想在中秋节在商场举办一次以中秋为主题的美食节主题活动。他回忆了一下上学时所学的主题促销知识，又查阅了相关资料后，着手准备方案。

请问：王明应如何做好这次的主题促销方案？ 什么样的美食节主题才能吸引消费者的参与呢？

□任务分析

一、概念认知

关于主题促销一直有许多误区，认为节假日促销活动就是主题促销活动，大型促销活动就是主题促销活动。

主题促销是一种非常规促销，是围绕一个主题而实施的促销活动，常常是多种基本促销形式的综合运用。主题促销的关键在于主题，从目标消费群体中发掘形式新颖、特色鲜明、富于感染力的主题，以此作为活动推广的核心，整合各种要素，在终端与消费者之间形成互动的氛围，最大限度地拉近消费者与产品、消费者与企业的心理距离，发展并巩固一批忠诚的消费群体。所以，主题促销除了要促进销售外，主要在于提高企业的美誉度，对企业形象产生正面效用，从而最有效地推动企业销售业绩的持续增长，这才是其最终目标。

主题促销常常以路演、公益促销等形式出现，但无论以何种形式出现，其基本步骤及要求都是相同的。因此，在任务分析部分我们只针对主题促销的基本步骤进行分析，在拓展部分对路演、公益促销等进行介绍。

主题促销的特点包括以下几点。

（1）针对性强。主题促销最大的特点就是针对性强。针对一个品牌或一个商品门类而展开的主题促销活动，会使商品销量有数倍的爆炸性增长，类似特卖会的作用，可以聚集相当高的人气。当然，对消费者而言，主题消费还有一个好处，就是让理性消费者可以避开消费的高峰，从容地选择。

（2）指导性强。由于主题促销的非常规性，在操作活动时，需要由相关人员对一般工作人员进行指导。通常情况下，是由企业的策划者负责在方案操作、程序、规模、媒体传播等方面给予全面指导。

（3）主题明确。主题促销活动之所以能在消费者心中留下深刻的印象，是因为它具有明确的主题。主题促销通常会在整个活动中提出一个有吸引力的活动主题及口号，以引起更多人的关注，明确传达企业与品牌形象，凸显企业的经营特色。如果缺乏明确的主题，促销活动将会陷入失败的困境。

（4）时效明显。主题促销都有明显的时限，活动仅限于一定时期。这种时效性也是主题促销活动吸引顾客的一个重要特征，这无形中给人们造成了一种紧迫感。

二、主题促销的分类

主题促销可以针对某一品牌的商品，可以结合特定事件开展，目前应用较广的是结合节假日开展的主题促销。因此，如果是制造商主导的主题促销，常以品牌商品或特定事件为契机，零售商主导的主题促销则以节假日为契机开展活动。

（一）以品牌商品为主题的促销活动

主题促销的商品一般选择特色鲜明的商品，市场定位清晰，一般来说，企业会以一个主题策划相关的一系列活动，如康师傅冰红茶的市场定位描述为“冰力十足，无可替代”，公司以此为主题，走音乐主线，在一年时间内开展冰力先锋乐队评选、一线城市路演等活动。

另外，还可以以螃蟹、啤酒等为主题商品，开展啤酒节等主题活动。这类主题活动可连续举办多届，在举办第一届时更要加大宣传力度，在视觉上要给人一定的冲击力，广告语要简洁、明快，使消费者过目不忘。

案例 2-8-1

“醉”美狂欢 2015 中国 · 哈尔滨国际啤酒节

2015 中国·哈尔滨国际啤酒节以“举杯松花江畔、醉美冰城夏都”为主题，于 2015 年 6 月 25 日至 7 月 6 日在哈尔滨市松北区冰雪大世界园区举办，旨在打造一场百姓的狂欢盛宴。

啤酒节参节啤酒品牌、数量又创新高，共有 20 多个啤酒品牌，200 余款啤酒参与其中。哈尔滨啤酒、青岛啤酒、燕京啤酒、盖兰德博格、雪芙豪夫、柏林人、朗克烟熏、城堡、杰歌、力士、弗伦斯堡、猛士、科隆巴赫等世界知名品牌前来参节，为游客带来全新的品饮体验。

与此同时，啤酒节首次设置哈尔滨啤酒博物馆分会场，生动展示啤酒知识、历史、文化及趣闻。啤酒文化展共分为哈啤博物馆展示、啤酒学院、礼品店、啤酒文化展示墙、啤酒实物展示、穿越啤酒之旅——文化衫展示、自酿啤酒鉴赏会及互动合影区等板块，让参节游客从中了解国内外啤酒知识，在吃好、喝好、玩好的同时，更全面地了解啤酒文化。

啤酒节设立多个文化展会，包括啤酒文化展、自酿啤酒鉴赏会、民俗文化展、“精彩瞬间”摄影展、行为艺术（互动）展及啤酒节纪念品（精灵系列产品）展销活动等。各类展会“动静结合”，增添了啤酒节的“文化味”，为游客参节带来多样化选择。

吃喝之余，玩乐更甚，哈尔滨国际啤酒节的重头戏尽在“啤酒达人大奖赛”“首届家庭趣味烧烤节”等七大主题活动。哈尔滨国际啤酒节以酒为媒，打破以往啤酒节活动常态，对活动进行创新，融文化、娱乐、互动、民俗、音乐、亲子等内容为一体，开创玩转哈尔滨国际啤酒节的新方式。

（二）以季节特点为主题的促销活动

商品本身的某些使用特性使很多商品的使用具备一定的季节性，相应地这些商品的销售就有了销售的旺季和淡季，如饮料、啤酒等。针对这些特点，可以把季节性促销分为应季促销和反季促销。

企业在商品旺季采取一定的促销手段来迅速提升销售额的做法称为应季促销；在销售淡季也往往以极大的优惠力度来进行反季商品的销售，就是反季促销。在市场竞争日趋激烈的状况下，如何在商品的销售淡季提升销售额成了完成全年销售计划的关键。而企业在进行季节性主题促销的时候往往把应季促销和反季促销结合起来，而且反季促销的力度越来越大、手段越来越多。

案例 2-8-2

火锅美食节六大活动"涮"出好滋味

秋冬时节天气转冷，三五好友围着热腾腾的火锅，涮着羊肉、海鲜、青菜，其乐融融。就在这个火锅飘香的时节，由半岛都市报社和青岛市饮食文化研究会共同主办的"可口可乐"杯第七届青岛火锅美食节又拉开了帷幕。2010 年 11 月 12 日到 2011 年 1 月 7 日，我们会邀请你一起来评选岛城最佳特色火锅，一起去参与火锅达人的互动节目，还会举行"火锅情缘对对碰"和连环消费中大奖等多个精彩活动……近两个月"热腾腾"的火锅美食季，让你尽享火辣美味"嗨"翻天。

涮锅：吃火锅还有权威推荐

火锅美食节期间，我们在推广不同火锅美食特色的同时，也会对一些大家关注的特点话题展开谈论，如哪家火锅店是用真正地道的材料熬出火锅老汤，谁家火锅店的后厨与卫生让人放心，火锅店的各项主料都是从什么渠道进来的等，让市民每周都能通过《半岛都市报》火锅节的栏目，了解到最权威、最详尽的火锅美食地点、渠道、食材的信息，能够安全、卫生、放心地品尝岛城最地道、最好吃的火锅美食。

评选：最佳火锅店由您做主

"可口可乐"杯第七届青岛火锅美食节上，《半岛都市报》设置了青岛十大人气火锅、青岛十大营养火锅、青岛十大品位火锅三大综合奖项，以及岛城最受欢迎火锅、最具特色火锅、最具知名度火锅、最具文化底蕴火锅等众多单项奖的评选，邀请市民来参与投票。

交友："火锅情缘"促进交流

吃火锅不仅是一个享受美食的过程，同时也可以是一个交友互动的契机。此次火锅美食节期间，"火锅情缘对对碰"将继续与市民见面。据了解，这项活动旨在为年轻时尚、热爱生活、健康向上的都市青年未婚男女提供一个安全、健康又形式活泼的交友、交流机会。

实惠：连环消费中大奖

火锅节期间，吃火锅不仅能享受激情，还能获得实惠。据了解，从火锅美食节开幕初期，一项全新的火锅节连环消费中大奖活动就已经开始推出。在每周《半岛都市报》的火锅美食节专题页面和半岛网“吃情食趣”论坛上都会公布一批参与活动的商家名单，这些商家将给消费者提供消费优惠信息，市民到这些商家消费，不仅可以享受优惠，还可以要求商家在“火锅节连环消费中大奖”消费名单上加盖商家公章，注明消费日期及金额，然后把加盖商家公章的证明邮寄到《半岛都市报》消费事业部，即可参与抽奖活动。

爆爽：看谁能当“火锅达人”

与往年单纯吃火锅不同，此次的火锅美食节还新增了一个互动性很强的“火锅达人”活动，“火锅达人谈火锅”漫画和征文大赛、“火锅达人品火锅”互动活动等都将在火锅美食节期间陆续推出。活动期间，岛城所有热爱火锅美食的读者均可报名加入“火锅达人”俱乐部，并参与“火锅达人谈火锅”漫画和征文大赛活动，凡优秀者均有机会入选“火锅达人”俱乐部，参与推荐相应的火锅商家，并对参节商家进行点评，可获得免费到火锅店吃火锅的机会。

专业：高峰论坛同期推出

在 2011 年 1 月初，“可口可乐”杯第七届青岛火锅美食节还将举行火锅高峰论坛，邀请参节的火锅商家和业内人士就岛城火锅企业目前存在的问题及发展方向进行深入的探讨，分享各自观点，为引领岛城火锅产业快速发展献计献策。

（三）结合特定节日的主题促销活动

在消费者的消费文化中，节日期间各商家一定会搞促销，价格会降低，产品种类更丰富，不急需的商品等到节日再买。在我国，从春节、端午节、中秋节、重阳节等中国传统的节日，到劳动节、儿童节、国庆节、建军节、教师节等现代节日，再到父亲节、母亲节、感恩节、圣诞节等西方节日，甚至开业、店庆等商家自己的节日，一年大大小小的节日有数十个，如何搞好节日期间的促销活动，利用节日提升销售额、扩大企业影响是每个企业必须要考虑的事情。

节日促销与一般的促销最大的不同之处在于节日促销更加需要注意节日的各种风俗、礼仪、习惯等细节，慎重选择促销商品、促销手段。

搞好节日促销，首先要有准确的活动定位，即准确寻找促销活动和节日恰当的结合点，确定促销主题。结合任何节日举办促销活动，一定要让促销显示出与这个特定节日的关联。针对不同节日，结合企业理念与节日文化，塑造不同的活动主题，可以明确传达品牌形象、凸显企业自身的特色，实现差异化促销，设计自己企业独特的促销主张与促销诉求，营造现场气氛，实现节日销售目的。

节日前后的时间安排也至关重要，节日促销的时间一般在节日及节日之前的一段时间，而时间的长短则视节日的隆重程度而定。春节、劳动节、国庆节等节日持续时间一般很长，而教师节、重阳节等通常只在节日当天有促销意义。如果与周末相连，时间一般可以适当延长。

此外，在节日促销的活动中还要注意媒体运用，一方面是媒体的宣传效果，主要是通过报纸、电视、海报等给顾客传达促销活动安排信息。另一方面是媒体的渲染效果，通过促销现场节日氛围的烘托和品牌亲和力的彰显，从视觉、听觉、味觉、嗅觉、感觉等来调动消费者的购买情绪，使消费者的情绪得到感染和“不正常”起来，消费者的节日情绪得到氛围的回应，企业的主题活动也就得到了回报。

案例 2-8-3

雀巢咖啡中秋节促销

中秋节前夕，秋雨潇潇的一个周末下午，在济南的某一大型超市门前，雀巢咖啡举行免费促销活动。促销小姐穿着鲜艳而整齐的公司服装，面带微笑，热情地为每一位路过客人递上一杯热咖啡；另一边的电视中播放着公司的简介和“味道好极了”的广告语。

这次促销巧妙之处在于以下几个方面。

（1）促销时间的选择（when）。中秋节前夕的周末，人们开始高度关注节日的到来，对节日的注意力开始提高，人们开始大量购物过节。此时搞促销，容易引起人们的关注，这体现了注意力促销。

中秋节虽然月饼是主角，但咖啡可以与月饼互补，进行互补营销，在吃月饼的同时喝上一杯芳香的咖啡，那感觉一定很不错。消费者在买月饼时会顺便买咖啡，因为广告语告诉你“味道好极了”。

（2）地点的选择（where）。人们在超市购物结束后，一般都比较累、比较渴，再加上秋后的小雨带给人丝丝凉意。此时热情的促销员为消费者送上一杯热咖啡，以解除劳累和口渴，使消费者心存感激，这一杯咖啡是一杯温情和芳香。消费者会从心里大大增加对雀巢咖啡的美好印象，为以后的消费打好基础。

（3）促销对象的选择（who）。这一大型超市属于档次较高的超市，逛超市者绝大部分都是年轻人和中年人，他们对咖啡有一定消费偏好，并且有购买力，正是雀巢咖啡的目标消费者，在这里作促销针对性强，有效性高。

（4）促销内容的选择（what）。在促销中，服装统一、热情、礼貌、漂亮的促销员体现了雀巢公司的良好企业形象；“味道好极了”体现了公司品牌形象的宣传；品尝咖啡宣传了雀巢咖啡所具有的良好品质。

（5）促销方式的选择（how）。在超市门口促销，体现了决战终端的促销策略，消费者可以近距离感受到雀巢咖啡所具有的品质和魅力；既采用了人员推销，又采用了电视推销，体现了整合传播促销；免费品尝，体现的正是公司的一种晚赢利的营销策略。现在的免费让不知道雀巢咖啡的人知道它，让潜在的消费者变成现实的消费者，让现在的消费者增加对雀巢咖啡的满意度和品牌忠诚度。

（四）以特定事件为主题的促销活动

此类促销活动特别强调特定事件或突发事件的时机掌握，若掌握得当，常会提高企业知名度及业绩。例如，我国台湾的 7-11 便利店除了以社区为邻居商圈之外，还举办过多次极具创意的主题性促销活动。其中，非常成功的一次活动是针对台湾多起绑架儿童案而及时赞助举办的“把爱找回来”活动——呼吁父母们别让孩子走得太远，以免误入歧途，并在每个 7-11 便利店设立信箱，希望通过信箱的协助，让想回家的孩子和想念孩子的父母一起把爱找回来。这一活动温馨、令人感动，成为连锁超市企业关心社会的成功典范。其结果是不仅凝聚了顾客对 7-11 便利店的好感与向心力，而且使它的服务层次提高，让商圈或社区的居民视它为日常生活中不可缺少的便利店。

三、实施主题促销

主题促销必须能够抓住顾客的需求和市场的卖点。一个好的促销主题会成为一个好的市场卖点，而要有好的促销主题，促销人员的创意是相当重要和关键的。

（一）寻找一个有效的主题

促销主题是整个促销活动的灵魂，目的在于提高品牌美誉度。各种促销活动与手法大同小异，因为法律限制，促销活动奖项的设计不会有太诱人的金额，最重要的是靠主题的差异性。一个良好的促销主题往往会产生较震撼的效果，所以应针对整个促销内容拟订具有吸引力的促销主题。促销主题的选择应把握两个字：一是“新”，即促销内容、促销方式、促销口号要富有新意，这样才能吸引人；二是“实”，即简单明确，顾客能实实在在地得到更多的利益。选择一个好的促销主题就是主题促销活动成功的一半，所以企业要针对自身的具体情况制定一个有吸引力的鲜明主题。

一个有效的促销主题应符合以下要求。

（1）相关性。主题促销活动的主题是和消费者的利益息息相关的，所以一定要有可信度，不能使消费者觉得有欺诈的嫌疑。同时，必须要能够吸引消费者的注意，让消费者感兴趣，使消费者能从中感受到一种亲和力，看后留有深刻的印象。

（2）统一性。主题促销活动的主题必须与连锁企业的定位一致，必须能够向消费者传达企业所倡导的信息，切忌所选主题与企业定位脱节。这样，企业的经营理念才会通过促销活动在消费者中有所积淀，进而影响到消费者的长期消费行为，这一点是通过主题促销实施企业战略的关键所在。

（3）独特性。独特性是指主题促销的主题必须鲜明而有特色，结合企业、商品自身的特点，避免陷入甩卖风、打折风、赠送风等促销误区。有的企业搞了点特价、品尝、路演就说自己举办了一次主题促销，结果除了提升了短期业绩外，对扩大企业影响力、提高顾客忠诚度没有太大的影响。由于市场竞争日趋激烈，许多企业一窝蜂地举办各种主题促销，选择一个明确的主题使消费者觉得新颖、时尚，使媒体觉得有价值，愿意报道，使竞争对手难以效仿、跟进等成为主题促销活动成功的关键。

（4）传播性。促销活动的主题必须易于传播，只有传播出去才能被消费者所认知。

所选主题一定要简洁、易记，让消费者一目了然、朗朗上口、过目不忘，最好在一定程度上能够引起正面的社会舆论，使促销主题深入人心。另外，一定要便于表现，活动的主题是通过具体的促销手段体现出来的，从什么角度确定活动主题更有助于提升活动的表现力一定要考虑在内。

（二）把握促销规则

企业在进行主题促销活动的策划时，要解决策略层和操作层所涉及的诸多问题。

策略层要回答下列问题：本次促销活动是否符合促销产品的生命周期、是否可以有效阻击竞争对手、是否有足够的活动预算等。

操作层要回答下列问题：活动计划是否易于执行、消费者是否容易感知、媒体和厂商等合作伙伴是否能够接受。否则，活动规则太复杂，具体执行人员无法充分领会要点，厂商不予支持，活动就很难开展下去。

克服这些问题，充分把握活动规则就一定要做到：制定活动规则的过程要严谨、复杂，尽可能考虑到所有相关问题；而活动规则的执行过程则要简单化、易于操作、易于控制。

（三）传播促销主题

企业开展促销活动的主要目的是巩固老顾客和吸引新顾客。但是，若促销活动传播不到位，老顾客会因为购买习惯而不能从活动中得到实惠，而新顾客会因为不了解活动本身而未被吸引。所以，要实现促销目标，就要在考虑预算的前提下做好主题促销活动的传播。

（1）设计并统一使用主视觉。在确定促销主题后，这个问题很容易被忽略。为了便于主题的传播，要设计一个主题形象，可以是一句广告语，也可以是一个统一的宣传图案，并统一使用，无论在广告里还是在海报上，使用方法要严格统一，大小、比例及颜色都要严格把关。

（2）要均衡传播。许多企业认为促销活动是线下的事，可以通过促销装、终端展示和人员推广等手段达到传播的目的。线下传播的确非常重要，尤其是终端展示尤为重要，制造商企业活动现场或零售企业的各店面一定要把活动的气氛、气势充分营造出来。而事实上主题促销活动一定要在线上和线下均衡传播。线上主要靠电视、报纸、杂志和网络等媒体，必要时采取新闻等方式进行补充。

（3）要不断刷新传播内容。促销传播是有时限性的，要紧随活动进程，及时调整传播角度和方向，刷新活动的传播内容。在充分考虑促销活动短期性特点和节约费用的原则指导下，预先拍摄 2～3 支 TVC（timed vital capacity）广告在媒体和终端传播，根据活动节奏内容也可以随时更新。这样，可以提高与消费者的沟通效率。需要注意的一点是：没有特殊情况，促销活动的主题不能变。

（4）促销资源要均衡匹配。企业自身的市场定位、短期的市场份额目标、商品策略、价格策略、物流能力、企业资金来源、竞争格局、宏观环境等都影响着促销活动的投入和回报。因此，企业在作促销传播策划时必须对全部资源进行均衡匹配，不能在某一方面投入过多的资源，其他方面资源却不足。

在具体促销的传播管理上，充分利用现场的氛围、媒体的宣传攻势来营造、凸显企业自身的整体形象。例如，利用企业大型宣传看板、零售店内指引标识、企业周围的灯箱道旗广告、DM 的发放等使消费者清楚地知道促销的内容；利用电台、电视台、相关报刊等多种媒体将促销活动最大限度地宣传出去。宣传的重点是企业形象、活动的主题及内容、活动举行的时间及地点等。

（四）加强制造商与零售终端的相互配合

无论是制造商还是零售终端主导的主题促销活动在规划和执行中往往需要一定的人力、物力、财力投入，仅凭一己之力开展活动，很容易因为资源不充裕或具体活动实施不够专业而影响到最终结果。如果能够通过有效的沟通获得多方面的全力支持，活动效果会有明显改善。

一般来说，主题活动多是在零售终端执行，在这里就需要制造商的大力支持。

（1）制造商在商品供应或者铺货、赊销等方面给予支持，或者给予折扣点上的特殊支持。

（2）制造商给予促销费用上的支持，如配发免费宣传用品，给予一定额度的广告投入。

（3）制造商派专业人员给予促销活动以专业培训与指导。

四、主题促销的操作要点

（1）注意促销主题与消费者利益的相关性。主题促销活动的主题一定是讲给顾客听的，而不是给老板看的。但很多企业策划的促销活动主题与消费者利益没有关系，可谓我行我素。这好比谈恋爱的时候老跟女友讲纳斯达克股市跌了多少和美国总统大选谁会赢等，对其恋爱进程不会有太大帮助。

（2）注意主题与品牌定位的相关性。有些企业的主题促销活动与其品牌定位毫无相干，形成两张皮。要么就弄个非常牵强的概念，硬邦邦地推下去；要么和自己品牌的定位、特色没有任何关系。如一家奶粉企业搞了一次“健康对口”为主题的买奶粉送牙膏活动。结果怎样？活动一开始就有大量牙膏送不出去，造成积压。经销商和销售人员倒好，那一年基本没有自己买牙膏。一个讲营养，一个讲固齿，怎能走到一块呢？“健康对口”的主题是否有些牵强了？

（3）主题要明确新颖。企业做主题促销活动时主题不明确或主题过多，从而导致失去焦点。例如，巩俐的《漂亮妈妈》电影上映后，不少美容院、健身房积极响应，搞了一系列“漂亮妈妈”为主题的促销活动。乍一看这个主题不错，很有时代感。但仔细琢磨就会明白，“漂亮妈妈”到底说明了什么，是美丽？还是瘦身？或是健康？答案不明确。

（4）注意主题的传播。企业做主题促销活动，总是喜欢用些好听的词汇，诸如真情回报、关爱生命、辉煌十年、让爱永恒等。但从来没有考虑过，这些主题到底怎么传播。线上倒好，大不了拍一支广告片，但线下怎么办？尤其把这些主题落实到具体活动中的时候怎么处理？例如，类似“辉煌”等主题，通过什么样的促销活动表现出来呢？是赠送？是路演？还是特价？你的促销人员到底穿什么？说什么？等等，很多问题都不好解决。

（5）游戏规则不要太复杂。活动要环环相扣，要有突破。尤其“环环相扣”一词促使市场人员设计出错综复杂的游戏规则。例如，你看到报纸广告，剪一角可申请会员；然后购买一次产品便获得优惠券；每次购买达到一定量可免费获得一份礼物；接下来把产品包装收集到一定程度，就可以免费兑换该产品一个等。消费者有这种耐心吗？

□相关知识

企业的主题促销活动计划一般是按年度进行预先规划。这里主要介绍企业如何制订年度促销计划。

一、制订年度促销计划的必要性

促销的目的绝不仅仅是拉动销售量，更重要的是要使品牌的美誉度得到提升，从而进一步提高品牌忠诚度，实现品牌的持续长久发展。很多企业陷入不促销不上量、频繁促销又没有效果的怪圈不能自拔，往往是由于没有系统规划整体促销活动，而是局限在为了促销而促销。当然，促销活动的效果也往往受到产品性质、促销目标、市场特点、产品生命周期和其他营销策略的影响。因此，制订年度促销计划是一项极其重要的任务。

1. 顾客方面

在目前的消费市场上，顾客的购买行为大都属于冲动性购买型，常常受到节令、天气、活动主题、活动方式、促销商品等影响。如何在一定的期间内，安排促销活动来提升顾客购买商品的品类，进而提高顾客交易金额，这是在制订年度促销计划时应有的最基本的认知。

2. 企业方面

企业可通过促销活动提升顾客数量，首先是活跃门店气氛，顾客若是能够上门，则必有一定比例的顾客实现购买；其次可以提升门店的形象和知名度。

3. 商品方面

连锁企业通过促销策划，利用商品应景，再配合现场气氛的布置来告知、提醒顾客季节的更替或节庆即将到来，刺激顾客购物。同时可以将因故未能销售完的或一些换季的商品、滞销商品销售出去，以降低库存、加快资金和商品的周转。

二、年度促销计划的作业流程

年度促销计划的作业流程主要分为以下六个方面。

（1）在上年度末排列下年度重要促销日期。

（2）为每个促销日期注明促销由头。

（3）进行消费调查，并依据经验确定重要促销策划和一般促销策划。

（4）对每次促销策划进行较为详细的方案设计，标明策划的难点和重点。

（5）通过头脑风暴或者其他方式对年度促销计划进行评估。

（6）对每次促销活动进行预算估计，并累计得出年度促销预算。

根据以上作业流程，年度促销计划可按照五个步骤进行，如图 2-8-1 所示。

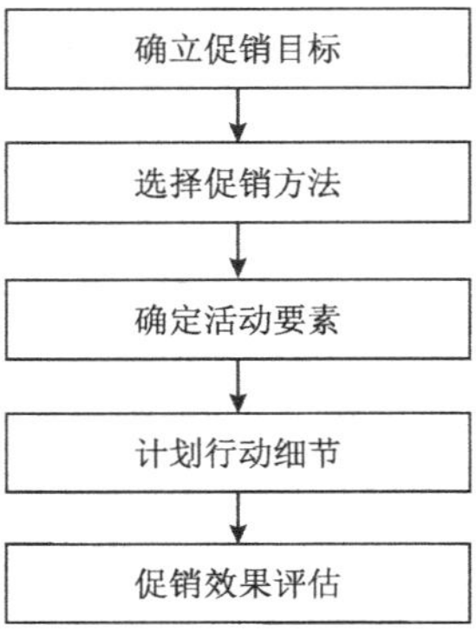

图 2-8-1　年度促销计划步骤

（一）确立促销目标

连锁企业在某一时期会有促销活动的具体目标。根据促销目标的不同，促销方式也不尽相同，所以在制订促销计划时，首先要明确具体的促销目标。

（1）长期促销目标。长期促销目标包括巩固和提升品牌形象、建立和提升美誉度、教育消费者等。为获得长期效应，宜采取公共关系促销策略。

（2）短期促销目标。短期促销目标包括建立品牌形象、建立和扩大知名度、增加品牌认知、吸引消费者进店、促进第一次试用或购买、促进重复购买、吸引竞争品牌的消费者、增加人均购买频率和数量、促进提前购买等。为在短时间内击败竞争对手，宜采取低价促销方式；为获得广泛的传播效果，宜采取广告促销方式等。

（二）选择促销方法

一般来说，促销活动的主要目的在于促进消费者购买及品牌忠诚。常用工具有随包赠送、打折、特价、组合特价、抽奖、竞赛、集包装兑奖、免费试用、赠品、派送样品等。企业应根据这些促销方法的特点和适用范围，综合地选择和运用；同时还要考虑产品属性、竞争状况、产品生命周期和促销目标等因素，必须能够有利于达到所制定的促销目标。同时使用多种促销方法比单独使用一种方法更加有效。因此，在选择促销方法时，应特别重视促销方法组合的创新。

（三）确定活动要素

在确立了促销活动目标、选定了促销方法后，还必须明确以下活动要素。

（1）目的要明确。开展一个促销活动，要达到什么目的，是鼓励试用、扩大购买量、促成品牌转换、刺激新顾客群、扩大铺货率、提高品牌知名度？还是提升品牌形象？针对不同的促销目的，运用的工具、活动主题、使用的媒介都是不同的，促销目的决定促销活动的方向，也决定它的形式。

（2）对象要明确。界定清楚促销活动向谁开展，他们是本品牌原有顾客、其他品牌顾客、游离顾客还是潜在顾客？是购买者、使用者还是决策者？不同的促销对象有不同的购买动机，必须区分对待，采取不同的策略，做到有的放矢。

（3）深入了解促销对象的需求与动机。一个促销活动从主题、形式及购买诱因等方面，如果不能满足消费者的购买动机与消费需求，是很难吸引消费者采取行动的。因此，把握消费者心理，设计合适的促销形式极为关键，弄清楚消费者喜欢什么、关心什么、需求什么、渴求什么，然后去满足他。

（4）设计足够的购买诱因。要有足够的因素打动消费者，消费者才会行动。这要求促销活动具备趣味性，有足够大及足够多的奖项，有好的主题，易于参与。特别是当消费者在尝试使用新产品或进行品牌转换时，他们要承受一定的风险成本。因此，设计足够的吸引因素，让消费者有理由去采取行动非常关键。

（5）一个好的创意及有号召力的主题。促销活动要有足够吸引力来鼓励消费者参与，要采取有新意的活动形式，同时有一个好的主题。主题是促销活动的灵魂及旗帜，要让消费者感到参与促销活动有趣味、好玩、有意义。如果仅仅是某些常规性的优惠及奖励，消费者不一定会有热情和兴趣参与。根据对那些成功促销案例的分析，它们的共同特点是主题突出、形式新颖活泼，只有这样，才能从众多的促销活动中脱颖而出，激发消费者的热忱。促销活动的同质化非常严重，若要制造差异，建立本品牌的个性，从众多品牌中“跳出来”，那么发展好创意、好活动形式与有号召力的主题是唯一的办法。

（6）合适的促销时机及周期。有些促销活动必须在旺季开展，有些促销活动必须在淡季开展，同时还要充分考虑竞争对手的举动。有时避开对手促销的时期，会有更好的效果；有时则应借对手促销活动带来的机会进行促销。另外，促销活动开展周期长短也不可忽视，周期太长，消费者没有紧迫感，不会立即采取行动；周期太短，信息尚未传达，消费者没来得及行动活动就结束了，达不到预期的促销效果。促销活动周期短则一两周，长则一两个月，最长不要超过三个月，时间长短应根据实际情况而定。但在较长的促销活动中，一定要在中间设计一些别的活动，不断提醒和激发消费者参与，最后达到高潮，那样效果才会更好。

（7）足够的预算。一个好的促销活动还必须有足够的预算来支持，否则再好的创意也难以实现目标。促销预算是否合理的衡量标准是：是否有足够吸引力的优惠？是否有足够的促销宣传费用确保促销信息的有效传达？是否有足够费用让相关部门来配合促销？不能单纯地把促销看成一种短期的商业行为，它具有长期的宣传价值，若在费用预算上过于计较利益得失，促销将难以达到效果。

（8）有效的信息传达。促销活动开展以后，有多少人会参加呢？一个重要的影响因素就是有多少人知道。也就是说，若促销活动的信息没有传达到目标对象的身上，目标消费者不知道，创意再好的促销活动，都会是白费力气。观察那些促销活动中的成功与失败案例，会发现成功的促销活动一定会有足够的广告宣传投入，对各种宣传形式也整合得比较好，无论大众媒介，还是终端的宣传都配合得很好；相反，失败案例中有相当一部分有好的创意，但宣传力度不够，信息没能有效传达。

（四）计划行动细节

根据活动规模确定促销人员数量、产品储备数量及物料需求；根据超市的历史销量，综合考虑促销政策对产品流速带来的影响，做出促销期间销量的预估。根据销量预估配备相应的物料，如广宣品、礼品，并根据零售店的规模和促销期长短，预估销量，准备相应的促销人员及预算。

各项人员、物料准备工作有排期表，实质性的准备工作需细分责任，落实到人，规定完成时间，避免某项工作出现疏漏而影响整体进程。

（五）促销效果评估

促销活动结束后，采用科学的方法对促销活动的效果进行评估是促销的重要一环。促销的负责人员应对此次促销活动的效果进行调查、测定。例如，对活动进行评价，包括对本次活动的方法、赠品的选择、促销人员的总体评价，以及活动的成功与不足之处。并对照目标检查完成了哪些，分析实现目标与未达成目标的原因；为以后的促销活动积累经验。

以下列举了每年1～12月常见的主题促销活动。

1. 1月

常用的促销主题有：新春大优惠、春节礼品展、除旧迎新活动、冬季大出清、结婚用品礼品展、迎春纳福庆丰年、年终回馈、岁末酬宾特卖、新春玩具总动员、新年新装特卖会、年度生肖动物博览会等。

推荐商品礼品：春节礼品，如香菇、南北货、酒类、糕饼、干果等礼盒；时令商品，如糖果、糕饼、瓜子、春联、红色内衣、生肖饰品等；童装玩具；家庭清洁用品等。

开展的活动：名家春联现场挥毫赠送；传统的舞狮表演；开门有礼送红包、糖果；各式趣味竞赛等。

2. 2 月

常用的促销主题有：欢乐寒假嘉年华、情人节礼品特刊、元宵节活动、开学用品展销会等。

推荐商品礼品：情人节用品，如玫瑰、巧克力、内衣、绒毛玩具、对表、对杯等；开学用品和文具、书包、簿册等。

开展的活动：浪漫情歌夜、我爱你分贝赛、元宵猜灯谜晚会、亲子搓汤圆趣味竞赛、名师现场滚元宵制作示范表演等。

3. 3 月

常用的促销主题有：春装上市活动、妇女节活动、冬季拍卖最后出清、春季展销会、春季郊游烤肉上市、春暖花开早春特卖会、春色彩蝶缤纷女人节等。

推荐商品礼品：春夏新品、过季出清品等。

开展的活动：服装动态秀、现代妇女新知系列讲座等。

4. 4 月

常用的促销主题有：夏装上市、泳装上市活动、化妆品新妆介绍会、春夏酬宾总动员等。

推荐商品礼品：化妆品新品、泳装等。

开展的活动：泳装秀等。

5. 5 月

常用的促销主题有：劳动节商品大优惠、家电商品展售、春季服装大出清、母亲节商品展售、温馨五月情、夏装登场等。

推荐商品礼品：优惠品，以过季流行女装为重点；母亲节礼品等。

开展的活动：满额送康乃馨、蛋糕、母亲卡等；才艺妈妈选拔赛；婆婆妈妈服装秀等。

6. 6 月

常用的促销主题有：儿童节活动、端午节活动、父亲节活动、清凉用品热卖会、父亲节礼品展售等。

推荐商品礼品：童装玩具；端午节礼品；凉夏商品；毕业礼品等。

开展的活动：儿童剧团表演、四驱车竞赛、亲子堆积木大赛、宝宝爬行比赛、儿童才艺大赛、我爱爸爸绘画比赛；包粽子竞赛、名师现场包粽子示范表演等。

7. 7 月

常用的促销主题有：欢乐暑假嘉年华、快乐暑假乐翻天、夏装服饰大出清等。

推荐商品礼品：凉夏用品；年轻人、学生喜爱的商品等。
开展的活动：青春才艺街头大放送；街头篮球赛等。

8. 8 月

常用的促销主题有：八一军人情、七夕情人节礼品特价、中秋特惠区、开学用品展销会等。
推荐商品礼品：七夕情人节礼品、开学用品、中秋月饼等。
开展的活动：七夕情人节活动等。

9. 9 月

常用的促销主题有：中秋节礼品展售、感恩教师节、秋装上市、欢乐中秋联欢庆等。
推荐商品礼品：中秋节商品、过季品、新品等。
开展的活动：月饼制作 DIY 示范、免费试吃月饼、嫦娥玉兔征画大赛、秋冬装发布会等。

10. 10 月

常用的促销主题有："十一"国庆、运动服装用品联合热卖、秋季美食上市、秋季感恩庆、秋季特卖、重阳节敬老商品展售、新婚居家用品展售等。
推荐商品礼品：敬老商品、运动服装、新婚居家用品等。
开展的活动：婚纱秀、敬老活动、登山比赛等。

11. 11 月

常用的促销主题有：秋季旅游商品展售、冬季用品展售、火锅上市、超惊喜周、年度盘存大出清、冬装上市等。
推荐商品礼品：旅游商品、冬季用品、火锅料等。
开展的活动：周年庆活动等。

12. 12 月

常用的促销主题有：保暖御寒用品展售、冬令进补商品展售、圣诞礼品饰品展售、年终回馈庆、点灯祈福之夜等。
推荐商品礼品：圣诞礼品饰品、秋冬用品等。
开展的活动：创意圣诞树征选、圣诞卡片饰品免费教学、以旧换新送爱心活动等。

□完成任务

中秋节王明想在商场超市举办一次以中秋为主题的美食节主题活动。请各位同学策划此次促销活动。
任务：
（1）以 5 人左右成立策划小组，选出组长，分工合作，以组为单位完成策划。

（2）按照主题促销的要求，结合实际，制订促销方案。

（3）各小组以 PPT 形式作该促销方案介绍，各组讨论发言，老师给予考评。

<table>
<tr><th colspan="6">任务单</th></tr>
<tr><td colspan="2">任务</td><td colspan="4">主题促销策划</td></tr>
<tr><td colspan="2">任务描述</td><td colspan="4">1. 根据背景资料确定策划的内容
2. 策划报告以书面形式完成
3. 选派组内代表上台汇报任务完成情况</td></tr>
<tr><td colspan="2">执行团队</td><td></td><td>时间</td><td></td><td>地点</td></tr>
<tr><td colspan="2">成员出勤情况记录</td><td colspan="4"></td></tr>
<tr><td colspan="2">任务执行情况记录</td><td colspan="4"></td></tr>
<tr><td colspan="2">任务汇报情况记录</td><td colspan="4"></td></tr>
<tr><td colspan="2">指导教师点评</td><td colspan="4"></td></tr>
<tr><td colspan="2">任务完成情况总结</td><td colspan="4"></td></tr>
<tr><td colspan="6">组内互评成绩</td></tr>
<tr><td>姓名</td><td>成绩</td><td>姓名</td><td>成绩</td><td>姓名</td><td>成绩</td></tr>
<tr><td></td><td></td><td></td><td></td><td></td><td></td></tr>
<tr><td></td><td></td><td></td><td></td><td></td><td></td></tr>
<tr><td colspan="4">组长签字：</td><td colspan="2">日期：</td></tr>
<tr><td colspan="4">指导老师签字：</td><td colspan="2">日期：</td></tr>
</table>

□知识拓展

这部分主要介绍主题促销的两种常见的表现形式——公益促销和路演。

拓展 1　公 益 促 销

一、认识公益促销

“再小的力量也是一种支持”，农夫山泉通过一瓶水一分钱的形式开展公益活动，使人们在 2001 年认识了农夫山泉。更是由于“一分钱”公益活动的持续投入，农夫山泉给人们留下深刻印象，也为后期农夫山泉提出“我们只做大自然的搬运工”等市场定位奠定了基础。

公益促销也称为社会关心促销或利他主义的促销，是以关心人的生存发展、社会进步为出发点，借助公益活动与消费者沟通，在产生公益效益的同时，使消费者对企业的产品或服务产生偏好，在作购买决策时优先选择该企业的一种促销行为。

企业在实施公益促销时，应坚持有益于公众的原则，为社会公众谋取相应的利益；坚持有利于促销的原则，注意公益活动与产品促销的融合，以达到产品促销的目的；坚持量力而行的原则，在企业人力、物力、财力允许范围内执行。

二、公益促销的种类

（1）显示人性化的公益促销。现代社会人们的工作日趋繁忙、工作压力增大，人与人的交往、沟通越来越少，人情也显得冷漠。人性化的公益促销主要针对这种社会现象，显示企业的温馨面、人性化。

案例 2-8-4

万家超市隆重推出敬老感恩节活动

“九九”重阳，今又重阳，浓浓万家情，感恩敬老人！2010 年 10 月 26 日重阳节期间，万家超市隆重推出敬老感恩节活动：90 岁以上的老人，凭本人身份证，万家超市赠送价值 318 元的中国名牌“三枪”保暖内衣一套或朝鲜高丽参一盒或重庆迎春手杖厂生产的精美手杖一把。

资料来源：赵敬明. 连锁门店促销技巧. 大连：大连理工大学出版社，2010

（2）利用消费者普遍关心的具有新闻性的事件进行新闻性公益促销。把握消费者普遍关心的新闻事件的契机，对新闻事件中的人物或事件予以支持和帮助而展开促销活动。例如，许多企业为建立希望小学而捐款开展促销活动。又如，许多企业为下岗人员再就业创造条件，东方航空公司招聘“空嫂”便是一种成功的新闻性公益促销。

（3）吸引消费者共同参与的参与性公益促销。从民心的角度，对某种社会现行提出善意的建议或尖锐的批评，换取消费者的共同参与，以达到关心社会、回馈消费者的目的。

案例 2-8-5

星巴克邀您共爱地球，持随行杯消费集点活动

2009 年 10 月 6 日～10 月 30 日，自备杯子到星巴克全台湾岛门店消费茶或咖啡饮料，除了可享 10 元（台币）的环保折扣外，还可获得门店送出的星巴克店章一点，凡集满 5 点就赠送饮料一杯（口味任选）。

资料来源：赵敬明. 连锁门店促销技巧. 大连：大连理工大学出版社，2010

（4）反映时代潮流的趋势化公益促销。社会在不断地前进，同时也存在着某些负面效应，通过趋势化公益促销预示未来的发展及揭示即将面对的问题，引起消费者的注意并顺应时代发展。

案例 2-8-6

康师傅优悦矿物质水"母亲水窖"公益促销

秉承上善若水的精髓，将关怀作为品牌的核心精神，康师傅矿物质水正式更名康师傅优悦。同时，康师傅优悦携手中国妇女发展基金会发起成立的公益项目"母亲水窖"，号召大家集合点点滴滴的公益力量，帮助缺水地区同胞也能喝上好水。此次康师傅优悦携手中国妇女发展基金会"母亲水窖"，开启"点点滴滴，优水悦人心"公益项目，将共同为缓解中国缺水地区的饮水问题贡献力量。

从 2015 年开始，康师傅优悦将助力缺水地区，为身陷饮水问题的同胞们提供力所能及的帮助。届时，康师傅优悦将通过全国健康跑、手机 QQ 甩水滴、咕咚 APP、滴滴打车等多个平台，联合线上线下，通过一系列活动，向消费者募集 14 亿水滴。这些水滴将全部转换为善款，用于"母亲水窖"公益项目。预计此次首批善款将达到 600 万元，用于改善西部缺水地区的集中供水工程，以期缓解广大缺水同胞的饮水问题。

康师傅优悦始终相信，每一滴优质的水，不仅能带来身心的愉悦，还将转化成向善的力量，实现更大价值。此次康师傅优悦携手"母亲水窖"，凝聚每个人的点滴贡献，集小善、聚大爱，让越来越多的人亲身投入到公益行动中，帮助缺水地区，实现真正意义上的悦人悦己。

三、公益促销的操作要点

（1）制订具体的实施计划。企业举办公益活动应有计划地进行，应根据企业的活动方针和政策，制订年度公益促销计划，如公益促销的范围、费用预算、活动形式等。对公益促销项目要进行审核评定，确定可行性，决定具体的促销方式，选择最佳的促销时机，制订具体的实施方案。同时，必须对公益促销活动进行效果预测。

（2）加强与传播媒介的关系。大众传播媒介承担着传播信息、引导舆论等社会职能，传播媒介对企业公益活动的报道对消费者具有极强的引导作用，因而也在很大程度上影响企业的公众形象。企业必须充分利用传播媒介为其服务，与之建立良好的合作关系，及时提供相关活动信息，使媒介了解企业。同时，也要积极创造具有新闻价值的公益事件，争取媒体的主动报道。

（3）公益活动要有持久性。公益行为不仅要符合企业及品牌的核心战略，还要坚持到底。公益行为不等于一次活动、一次捐赠，而应成为企业的一种长期战略。企业的公益促销活动一定要遵循品牌战略，并围绕一个主题坚持下去。

案例 2-8-7

农夫山泉"一分钱"公益活动——再小的力量也是一种支持

一分钱已经买不了什么了，它显得那样渺小。一分钱真的就没有价值吗？农夫山泉企业连续几年开展了"一分钱"公益促销活动。

2001 年第一届“一分钱”活动：支持北京申奥。农夫山泉公司和北京 2008 年奥林匹克运动会申办委员会联合推出第一个“一分钱”活动，买一瓶农夫山泉就为申奥捐出一分钱。

2002 年第二届“一分钱”活动：体育希望工程。农夫山泉公司向全国 24 个省份、329 个市县的 395 所学校赠送了价值 500 万元的体育器材。

2004 年第三届“一分钱”活动：支持中国体育事业。“2008 年，我要去北京跑”，农夫山泉公司特地拍摄了农夫山泉《大脚片》，进一步展开“一分钱”的公益活动。

2006 年第四届“一分钱”活动：饮水思源。“一瓶水，一分钱，每买一瓶农夫山泉就有一分钱用于帮助水源地的贫困孩子”，农夫山泉将筹集 500 万元，向长白山、千岛湖、丹江口、万绿湖四个水源地，捐助 1001 名贫困生及 10 所学校，感恩水源地人民为保护水源做出的巨大贡献。

拓展 2　路　演

顾名思义，路演是在马路上进行的演示活动。早期的华尔街股票经纪人在兜售手中的债券时，为了说服别人，总是站在街头声嘶力竭地叫卖。路演（roadshow）一词就是由此而来的。现在的路演是指企业或商家在人员集聚的户外场所［通常为 KA（Key Account）卖场门口、广场、步行街等地方］通过现场表演和互动游戏来宣传及推广其产品或主题活动的一种消费者沟通方式。路演活动能够直面、快速地与消费者产生“化学反应”，实现深层次、大范围的品牌/产品沟通，使新品上市或促销活动直接、迅速展开，从而实现品牌形象提升、品牌知名度积累的目的。

路演还推广应用到多个行业，已不再是发行新股进行推介活动的专属。路演的概念和形式也得到了发展及延伸，成为包括媒体发布会、产品发布会、产品展示、产品试用、优惠热卖、以旧换新、现场咨询、填表抽奖、礼品派送、有奖问答、才艺展示、文艺表演、游戏竞赛等多项内容的现场活动。

路演活动能够通过互动性、趣味性的沟通传播方式诠释品牌和产品的特征，加深受众的理解和记忆，还可以通过与现场促销的紧密配合，促进消费者的尝试性购买，因此对于缺乏知名度和理解度的处于导入型市场的企业、品牌及产品来说，路演展示活动是一种能够看到实际效果的促销推广活动形式。

路演活动还可以运用到成长型市场和成熟型市场的促销活动中来，但这些市场背景下的路演活动，品牌和产品传播推广的成分及意义会逐次降低，产品促销的成分和意义会更加明显。

一、路演活动的时间、地点和受众

路演活动举办的时间、地点和受众有着紧密的相关关系，并可以由此区分出高、低端两种完全不同受众对象、两种完全不同品位的路演展示活动。

1. 室内高端路演

高端品牌、高端产品运用路演方式向高端消费者推广新产品时，不能采用低端的户外路演形式，而应采用高端的高调性的室内路演方式。路演的时间一般应安排在工作日，如果只能安排在非工作日，开始时间不宜太早，持续时间不宜太长，以免影响高端客户休闲计划。

室内高端路演地点应该选择在品位较高的商务酒店和娱乐休闲等场所。高端路演的受众需要根据品牌和产品的定位甄选并提前邀请预约，通常应邀请最典型的目标客户，尤其是目标客户中的意见领袖，还可以邀请部分经销商、代理商或者有合作意向的商业客户。为吸引高端客户，路演还应邀请一些嘉宾，如品牌和产品的明星形象代言人、相关政府机构的官员、社会名流和媒体记者等。路演应安排品牌和产品的主创人员、研发人员和设计人员，分享品牌和产品的创意设计理念，并与现场客户开展深度交流和沟通，让客户深度体验和感受品牌与产品。

路演的室内布置陈列应具有创意和格调，并与品牌和产品定位相吻合。路演全程应提供优雅体贴的人性化服务，如温热适度的茶饮服务等，让客户深深感受到被尊重的感觉，对企业和品牌留下深刻而美好的印象。

2. 户外低端路演

这是在城市和乡镇的广场、街头、路边及商场门前举办的最为常见的路演活动。这种路演活动吸引的通常是随机路过的路人和到商场购物的消费者，少数是事先听到路演活动消息特地过来看看的特殊受众，还有一些无所事事的社会闲杂人员及跟着看热闹、参与游戏抽奖、拿奖品或赠品的人。这种路演通常是在双休日和节假日开展，以利用自然人流量来聚集活动现场人气。高端消费者路过户外路演活动现场，通常不会驻足停留、长时间观看并参与活动。因此，户外路演活动的受众比较低端，也比较随机。因而，一般形式上的户外路演不适合高端品牌、高端产品，也不太适合高价值的耐用消费品或高科技产品，除非在路演地点和场地布置上有特别高品位的呈现、路演方式有特别与众不同的创新。

户外路演是路演活动最常见的形式，也是本书讨论的重点，接下来就以户外路演为主题作更多介绍。

二、户外路演活动的策划与执行

1. 抓住品牌和产品传播主旨

在户外路演活动中，路演只是活动的表面形式，品牌和产品展示才是活动的重要内容。在路演活动的策划和执行过程中如何突出表现品牌价值主张和产品消费利益是最需要关心的问题。为此，需要在户外路演活动中注意以下几点。

（1）要有较为明确的户外路演活动规划。要对品牌和产品的市场拓展过程中需要开展什么样的路演活动、开展多少场次的路演活动、路演活动应坚持什么主题等进行明确界定，使路演活动与品牌和产品的市场拓展能够得到有机结合。

（2）路演活动的主题设计、现场布置设计应与品牌和产品宣传相结合。如果宣传产品是来自大草原的，活动的背景可设计成草原风光，活动现场的工作人员应穿着大草原特色的服饰。活动现场应该设置醒目的产品展示位置并配备产品介绍人员，使得消费者在欣赏路演文艺和游戏节目的同时，能够近距离地接触到活动主题、品牌和产品，要尽量利用一切可以利用的场地和方法，形成产品信息、促销信息与消费者的良好沟通。但实际上很多路演活动都简化到只是搭台演出，完全失去传播品牌、推介产品的价值和意义。

（3）在路演活动节目内容和形式的选择及编排上，应尽量贴近品牌和产品。很多路演活动为了聚集人气，一味地选择歌舞、游戏等活动，却忽视了对品牌和产品的宣传。为了吸引人群驻足观看，适当的文艺演出必不可少，但必须注意与产品的有效结合，不能搞成一场纯粹的草台文艺演出活动。即使是文艺节目或观众参加的游戏也要加强对产品诉求点的宣传。比如，通过剥花生比赛来强调食用油的原料是纯正的花生。

（4）路演活动派发的礼品、赠品和广告品也要与品牌和产品相结合，或者直接用产品做礼品或奖品，这在快消品和日用品中最为适用，相当于做了一次样品免费派送，让观众不但参加活动还体验了产品，一举两得，效果更好。如果无法将产品作为赠品至少也应该选择与产品有关联的礼品（如化妆品送美容手册、电脑送键盘等）或在赠品上印上企业名称作为广告物品。

2. 优选路演活动执行机构

路演活动涉及场地订购、场地布置、演艺人员选择等很多具体细节工作，而且通常在一个推广期内需要连续举办多场路演活动，企业内部一般没有这么多、这么全的人员配置，因此通常外包给广告公司或专门做活动执行的公司。但是，企业需要优化路演执行的机构，并加强活动执行控制和效果评估，以保证路演活动的质量和成效。

为了能揽到生意，活动执行机构不惜以低价来争取客户，但为了保证活动的利润，就只能牺牲活动的质量和水准。随着路演活动数量的增多，路演机构将路演产品标准化和同质化了，缺乏应有的路演创意和品牌特性。这周从这个商场看到的几个人在表演节目，下周在另一个商场门口还是那几个人在表演那几个节目。

企业的业务员也往往把主要精力放在跟踪客户打款提货上，对路演活动的品牌宣传与产品推广关注程度不够，更有甚者，将路演活动作为对经销商和卖场的支持性活动，只要打款就支持一场或者是几场路演活动。很多厂家会与活动执行公司形成长期合作关系，只要厂家一个电话，就能在短短几天之内策划出一场路演，但这种以路演公司为主要策划者的路演促销活动，基本上是与厂家促销主题相脱离的，也就达不到厂家和商家促销的目标。

因此，企业必须优选路演活动执行公司，在路演活动策划环节，加强与执行公司的沟通，加强路演活动方案的检核和审查，确保路演活动对品牌和产品推广的针对性及有效性。在路演活动执行过程中要加强活动监控，在路演活动执行之后应及时进行评估。

3. 强化路演活动执行细节管理

户外路演活动要事先到当地城管、消防等机构办好手续，在商场外场开展的路演活动也要与商场有关部门及安保部门做好必要的沟通工作，否则会受到城管等部门的干涉，甚至被勒令停止并被处以罚款。

活动开始前工作人员应提前到位并检查：路演活动场地布置是否及时完成，舞台高度是否合理，舞台是否牢固，舞台上悬挂的装饰品是否牢固，音响是否准备就绪，赠品是否准备妥当，宣传品是否准备妥当，演员、主持人是否到位，等等。

活动现场如何吸引人气是执行细节中的一个重要问题。路演活动现场吸引的受众人群越多效果越好。那么如何才能吸引更多的人前来观看甚至参与活动呢？

（1）活动现场的布置必须有吸引力，尽可能用气球、彩带、音响来提高现场气氛，如果所推广的产品外包装比较耀眼，也可将包装拼起来美化现场或直接制作一个大型包装。

（2）活动开始前先来一段吸引人的节目（如活动针对老年人可先来一段京剧，活动针对年轻人可先来一段活力四射的街舞）将人群聚集到活动现场，主持人趁机介绍企业、产品及开展此次活动的目的。

（3）活动进行当中，可派人就近散发精美的DM单，吸引消费者到活动现场；更好的办法则是制作大型的产品气模，请人穿上在现场及周围四处游走，吸引人群。蒙牛集团在重庆的某次路演活动就曾经请了两头“奶牛”，大大提升了活动现场的人气。

活动的内容要有创新，不要一味地唱歌、跳舞或是模仿电视上的游戏节目。早期消费者很少有机会能观看现场演出，所以路演能够取得较大的人气优势，厂家和卖场能够借助人气，在品牌宣传和销量上得到比较满意的结果。而如今电视选秀节目、才艺展示节目充斥荧屏，各种娱乐歌厅遍地开花，消费者的欣赏水平也得到了极大的提升，很少有消费者能够长时间驻足现场看舞台上的歌手在那里演唱了。再加上一些演员的艺术水平有限，更降低了路演的水平和品味。

路演活动必须做好应对天气变化（如暴雨、酷暑和暴风雪等恶劣天气）的措施、应对突发事件（如突然停电、人群拥挤）的措施，保护路演活动中人员的人身安全、财产安全。

4. 路演活动应注重产品推广与销售的整合

在路演活动策划和执行过程中，应该注意路演活动现场和产品销售现场的整合与联动，形成路演现场和销售现场的内外配合，通过路演活动调动消费者的参与热情，增进消费者与品牌的情感交流和共鸣，增添消费者对品牌的理解，引导消费者到销售现场实现尝试性购买，促进产品市场的成功开拓。

案例 2-8-8

柳泉啤酒户外路演

柳泉啤酒各区域市场的路演活动于春节过后全面展开。

（1）时间选择：农村、城镇路演定于集市和庙会期间的每天上午9时至12时；城市路演定于周末或节假日的上午9时至12时。

（2）地点选择：当地的繁华地区广场（提前与有关部门打招呼，以得到支持，尽量争取到免费使用的场地），搭建中小型简易舞台（城市小型演出则无需舞台）。

（3）演出内容：策划公司、市场部和演出团体共同制定演出节目单，农村、城镇路演主要以名家名段的地方戏为主，中间穿插歌曲、小品等节目，由当地演出团体负责落实，并不断创新节目，达到节目场场不重样，场场有新意。城市路演分两种：一种是大型演出，由演出公司、电视台组织策划节目内容，公司市场部和销售分公司负责审订；另一种是小型演出（最主要的方式），由公司市场部、销售分公司和高校演出团体共同制定演出内容，主要是流行音乐和观众互动游戏等。

（4）演出宣传：提前在演出地张贴海报、散发传单或悬挂条幅“广而告之”，让群众知道柳泉啤酒为回报消费者，开展送文化下乡活动，写清时间、地点和节目内容，并突出免费观看，而且可现场品尝和参加抽奖，以吸引广大群众。城市大型演出可提前在当地电视媒体上打广告。

（5）现场宣传与促销：在现场悬挂“柳泉啤酒向淄博父老乡亲问好”“柳泉啤酒，激情浪漫的源泉”等宣传条幅，散发有“柳泉啤酒”字样的小气球、开瓶器、遮阳帽等；在演出前由节目主持人代表公司致辞，对广大消费者表示感谢，并简要对公司和新产品进行介绍，演出中间安排现场品尝和组织饮酒大赛，对获奖者奖励数量不等的柳泉啤酒或广告伞、小家电等；鼓励观众上台即兴演唱地方戏或流行歌曲，参与者均赠送柳泉啤酒；由当地总经销提供产品现场优惠销售。

（6）其他事项：各区域市场的路演活动要提前报计划至市场部，经公司总经理批准后方可执行；请当地公安部门或聘请保安人员维持现场秩序，防止出现安全事故；当地经销商要在场地选择、舞台搭建、宣传促销等方面积极配合，并利用社会关系协调好有关部门，确保演出顺利进行；请当地有关新闻媒体到现场进行采访报道，扩大宣传范围和效果。

□角色转换

如果你是一名中职院校的教师，你将如何向学生讲授这部分内容？请思考以下问题：

1. 如何展开本任务的课堂教学和实践教学？
2. 在本任务的教学中，哪些教学方法比较有效？

项目三

针对中间商和企业内部的促销

任务一　认识通路促销

□学习目标

知识目标

1. 认识什么是通路促销。
2. 了解通路促销的目的及优点。
3. 掌握通路促销中中间商的分类。
4. 理解通路促销中中间商购买行为过程。

能力目标

1. 能够认识影响中间商购买行为的主要因素。
2. 能够运用所学分析通路促销中中间商购买行为过程。

□任务导入

百事与经销商的双赢活动

百事可乐公司通过对各级经销商特性的分析和研究，制定出一套较为完善的销售政策。

在百事可乐公司与其经销商签订的合同中，对返利奖励政策的规定包括年扣、季度奖励、专卖奖励和下年度支持奖励五个部分。这五个部分的奖励除年扣在合同中明确规定为 1%外，其余四项均不明确表述，事后才告之经销商，这样厂家在销售活动之初就让经销商感到“稳”（年扣 1%），销售过程中还肯定会“赚”（季度奖励、年度奖励、专卖奖励、下年度奖励）。

针对销售活动的复杂性和多变性，百事可乐公司在合同文本中清楚规定以下内容。

（1）季度奖励。是对经销商前三个月销售情况的肯定，也是对经销商后三个月销售活动的支持。这样就促使厂家和经销商在每个季度合作完成后，对前三个月的合作情况进行反省和总结，相互沟通，共同研究市场情况。百事可乐公司规定季度奖励在每一个季度结束后的两个月内，按一定比例以产品形式给予支付。

（2）年扣、年度奖励。是对经销商当年完成销售情况的肯定和奖励。年扣和年度奖励在次年的一季度内按进货数量的一定比例以产品形式配送发放。

（3）专卖奖励。是经销商在合同期内专销百事可乐公司的产品，在合同结束后，厂方根据经销商销量，以及与厂家合作的情况给予奖励。

（4）下年度支持奖励。是对当年完成销量目标，且次年继续和百事可乐公司合作并签订次年销售合同的经销商的肯定和奖励，同时也是对次年开展合作销售活动的支持。

此奖励在经销商完成次年第一季度销量的前提下，在第二季度的第一个月以产品形式给予奖励。

除了返利奖励政策外，百事可乐公司还针对经销商采取价格优惠和折扣的办法。在1999年的碳酸饮料销售中，百事可乐的批发价在各竞争品牌中处于最低行列，具有很强的竞争力。除直接价格低廉之外，百事可乐还对经销商提供了诸如一个月的赊销支持、免费旅游、季度抽奖等活动。

为了让更多的经销商对百事可乐公司及其产品有足够的忠诚度，百事可乐公司在合同文本上还规定每季度对经销商进行如下项目的考评。

（1）经销商实际销售量。

（2）经销商销售区域的市场占有率情况。

（3）经销商是否维护百事产品销售市场及销售价格的稳定。

（4）经销商是否在碳酸饮料中专卖百事可乐系列产品。

（5）经销商是否执行厂家的销售政策及策略。

思考讨论：

（1）你认为上述案例中百事可乐为什么要给经销商各种奖励和价格、折扣的优惠呢？

（2）作为经销商来说，它有什么功能呢？它对于百事可乐公司又有什么重要的意义呢？

如果年底校园连锁超市一年的营业完成了，对于明年新学期的开始，店长想做一个新的采购计划，要考虑哪些问题呢？

□任务分析

通路促销的实质就是针对渠道成员开展有效销售促进，就是企业以各种经济上的优惠让利或奖励方式，提高低层级中间商的积极性，促进他们为销售某个或某些特定品牌产品提供积极配合和支持。在这里，销售促进的主体可能是制造商，也可能是各个层级的批发商；销售促进的对象则是低层级的批发商或零售商，而非最终用户或消费者。

想一想：中间商有哪些购买特点呢？

□相关知识

有统计数据表明，2001年美国在消费者促销方面的花费近1000亿美元，而针对零售商和经销商的促销支出约为1500亿美元，占总促销费用的60%以上。现在的厂商早已告别了过去那种只管向中间商出货的时代，因为市场状况让他们认识到，要绕开中间商去实现市场直接运作，将会疲于奔命，不但达不到预期的效果，甚至会破坏企业的有序发展。因此，应让企业尽量避免处于被动应对的状态，积极地与中间商建立密切的合作与共赢，不断地鼓励和支持中间商对消费者开展促销活动，只有这样企业在做大、做强的道路上，在企业发展的历程中才有可能取得成功。

现在就让我们一起来认识一下通路促销，并深入地了解一下通路促销中中间商的情况。

一、通路促销概述

由于市场竞争激烈、可供用户或消费者选择的产品或服务很多、中间商的地位迅速增强，假如你的产品得不到中间商的青睐，在销售终端不能很好地得到展示、宣传、营业员的推介及其他形式的促销，产品销量和市场占有份额就不可能达到理想水平。

所以，很多制造商或生产商的营销人员的核心工作并不是针对消费者或最终用户开展各种促销工作，而是针对渠道的中间商开展销售促进活动，以提高批发商或零售商的积极性。而这种由生产商提供给中间商的销售促进，我们就称为通路促销。

二、通路促销的目的

生产商通过提供通路促销，主要想实现三个方面的目的：赢得广泛分销、控制存货和鼓励本品牌的零售促销。

通路促销最为重要的目的是实现品牌的广泛分销。所谓广泛，包括两方面的意思：既要有足够数量的经销商经营这一品牌，还要保证每一个经销商都能为该品牌提供充足的货架空间。对于新上市的品牌或市场需求不大的品牌来说，这一点尤为重要。当然，这一点对于成熟品牌也是同样适用的。在成熟的市场中，品牌间的差别很小。当消费者所熟悉的品牌因为缺货或者货架陈列不便，无法找到时，他们会很容易地转向店内陈列的其他竞争品牌。有时候，甚至在经过货架通道的时候，他们也会因一时冲动而移情别恋。由此可以看出，保持广泛的分销渠道、充足的货架空间和良好的商品展露度对于新的或者成熟品牌是何等的重要。

三、通路促销的优点

（1）通路促销可以引起销售人员、零售商和消费者对某一品牌的注意。而这种关注可能正是该品牌迫切需要的，如那些新上市的、被忽视或正受到对手攻击的品牌。

（2）通路促销及它们引起的零售促销为消费者的购买带来了更多的选择和惊喜。这些活动不仅可以将消费者吸引到商店中去，而且会激发起他们对特定品牌的购买热情。促销活动的时效性也为消费者带来了一种紧迫感。

（3）通路促销不仅可以使生产商对零售商实现价格区分，而且可以使零售商对消费者进行价格区分。这样，生产商就可以只为那些价格敏感的细分市场提供价格优惠。

（4）通路促销为生产商提供了一种既可以与价格更低的对手相抗衡，又不必长期降低产品价格的竞争手段。这一点对于那些面临着自有品牌或无品牌商品威胁的全国性品牌尤为重要。因为这些竞争者正在逐步蚕食其市场份额。研究显示，全国性品牌通过提供折扣可以鼓励自有品牌或无品牌产品的消费者进行品牌切换，反之则不然。

案例分析 3-1-1

嘉士伯啤酒进货，附送出租车票

嘉士伯啤酒公司为激励广大二级批发商对嘉士伯啤酒的配合与支持，于 1996 年 8 月 1 日至 8 月 31 日开展了进嘉士伯啤酒送计程车票的促销活动，目的在于鼓励二级批发商在销售旺季多多进货。其奖励标准如下：

凡进货达 100 箱，奖励计程车票 5 张，折扣比例为 5%；

凡进货达 200 箱，奖励计程车票 12 张，折扣比例为 6%；

凡进货达 300 箱，奖励计程车票 20 张，折扣比例为 6.7%；

凡进货达 400 箱，奖励计程车票 30 张，折扣比例为 7.5%；

凡进货达 500 箱，奖励计程车票 40 张，折扣比例为 8%。

所有二级批发商在规定时间内购进嘉士伯啤酒达到如上数量者，即按实际进货数给予相应的折扣奖励。

资料来源：顾松林，菲利斯. 消费品营销策略. 上海：上海远东出版社，1999

四、通路促销中的中间商分类

从通路促销的角度分析，本书中所使用“中间商”专指分销渠道成员中的经销商和零售商，即产品从厂商转移到消费者的过程中所要经过的所有企业。这些企业是通过购买和销售产品、转移产品的所有权而从中获取利润的。

经销商按照经营产品的所有权归属，又可分为三种类型：对经营的产品具有所有权的独立批发商、受厂商委托承担销售责任的代理商和经纪人、厂商自办的销售机构或办事处。

零售商是将所购买的产品直接销售给最终消费者的商业组织，处于商品流通的最终环节，按照经营产品的范围，可以分为专业商店、百货商店、超市、购物中心和便利店等类型。

在商场上，经销商与零售商同时具有买方和卖方的双重身份，对厂商或批发商而言，他们是买方，具有购买者的一般特征；而对次级批发商、零售商或消费者来讲，他们又是卖方。因此，对于厂商组织的通路促销来讲，要时刻关注中间商层次和他们之间的购买特点及方式，以便更好地设计通路促销的策略和方案。

五、通路促销中中间商的购买特点

中间商的购买通常被称为“采购”，由于购买目的和购买商品的用途不同，其购买行为与消费者的购买行为有很大差别，中间商的购买特点主要表现在以下五个方面。

（1）购买规模较大。中间商要以销售所购买的商品来获得盈利，因此，必须要有足够大的购销利润空间才能弥补经营费用和获取利润。通常情况下，这需要相当大的购买规模才能实现。

（2）购买的理智性比较强。中间商的购买活动是其经营活动的重要内容之一，为了获利，采购行为必须十分冷静、理智，完全从经济利益的角度考虑问题和做出决策，而较少掺入个人感情因素。

（3）重视商品的获利能力。中间商的购买是为了转卖，因此，他们在购买商品时，主要考虑商品在市场上是否有较好的销售前景，能否赚取利润。没有销售前途和获利能力的商品，中间商是不会购买的。

（4）购买者的专业性较强，购买经验丰富。中间商一般应对产品的特性、功能非常熟悉，在同厂商的贸易洽谈中也具有熟练的技巧和才能。

（5）非常注重购买时机。经销商和零售商要尽量减少购买与销售的风险，同时还要尽量降低购买后的储存、运输费用。因此，他们十分注重购买的时机。

六、通路促销中的中间商的购买行为过程

通路促销中中间商购买行为是指经销商和零售商在寻找、购买、转卖或租赁商品过程中所表现的行为。经销商和零售商处于流通环节，是制造商与消费者之间的桥梁，因此企业应把其视为顾客采购代理人，全心全意帮助他们为顾客提供优质服务。在通路促销中，中间商采购产品仍用于转售，其与生产企业一样，采购后并不用于个人消费，而是最终要满足消费者的需要。因而，中间商的购买决策过程要经历八大步骤。

1. 提出需要

当通过市场分析和预测，经销商和零售商发现现有产品需求量将上升，或现有产品滞销，或消费者对新产品的需求欲望加剧而使新产品的需求增加，或现有商品配货组合不尽合理时，就会产生采购欲望。可见，通路促销中的中间商的购买需求直接来自消费市场中的消费需求，是一种直接性的派生需求，因而，对于经销商和零售商来说，加强消费市场的需求调查、分析与预测更为重要。

2. 确定需要

确定采购产品组合的广度、深度与相关性（关联度），即决策配货策略。一般而言，经销商和零售商的配货策略有四种。

（1）独家配货。指在同类产品中只销售同一品牌或同一厂家的产品。

（2）深度配货。即同时经销不同厂商、不同品牌、不同规格型号、不同花色、不同款式的同类产品。

（3）广度配货。即经销某一行业的多个系列、多品种的产品，比深度配货的产品组合要宽。

（4）综合配货。即同时经销多家厂商生产的互不相关的多种类、多规格的产品，如百货商店、超市、仓储式商店等都属于综合配货。与广度配货相比，它的产品组合的关联度要弱。

3. 采购需求说明

贸易中间商编写采购说明书，详细写明所要采购产品的品种、规格、质量、价格、数量、进货时间等。前面已分析经销商和零售商对商品的需求属直接引发需求，由消费者市场需求决定，因此，经销商和零售商购买商品对时间和数量往往有相当苛刻的要求，采购活动计划性强，总希望既能及时、适时、按量满足市场需求，又能最大限度地减少库存，加速资金周转，提高资金效益。

4. 寻找供应商

采购人员根据采购说明书寻找合适的供应商。由于经销商和零售商采购计划性强，对供应商的选择比较慎重，品牌、声誉、价格、商品质量、品种规格、供货能力和及时性、合作诚意等是甄选供应商时需考虑的主要因素。

5. 征求供应建议

要求合格的供应商提供供应建议书和一些相关的产品图片等，为下一步选择供应商提供参考。

6. 供应商选择

中间商采购来自派生需求，经销商和零售商不需要对采购的商品进行加工，从事着转售经营活动，因而，其收益取决于进货价格与销售价格，而销售价格又是影响消费者购买行为的一个重要因素；同时，市场瞬息万变造成的市场风险压力迫使中间商尽可能从供应商那里获得尽量多的优惠购买条件，如价格折扣、促销津贴、广告折让、运费折让等。因此，供应商价格高低和价格折扣程度是中间商选择供应商时考虑的重要方面。此外，由于中间商市场对采购商品的时间和数量有严格要求，选择时还要考虑供应商供货能力和及时性。当然，供应商的合作意愿和态度、诚信状况、促销支持、售后服务、作用条件等也是选择供应商应考虑的重要因素。

7. 签订合同

除了新购，中间商也期望与供应商建立长期友好的合作关系，这样，对中间商可以减少采购成本，稳定货源；对供应商，产品有了稳定的销路，可以稳定生产，降低市场风险。

8. 运行检查与评估

记录供应商供应状况，然后进行分析，掌握供应商履行合约的质量、信誉、合作热情与态度等状况，并据此进行评价，为是否继续交易和交易策略提供决策依据。

七、影响通路促销中间商购买行为的主要因素

通路促销中的中间商作为组织购买者之一，其购买行为也要受到环境因素、组织因素、集团因素和个人因素的影响。但是，经销商和零售商的营销目标、营销活动内容、购买决策及购买行为又有自己的特点，在制定购买决策、采取购买行为时，受到以下因素的制约。

（1）消费者需求。为顾客购买是经销商和零售商的一个显著特点，因此中间商有顾客采购代理人之称。经销商和零售商购买什么、购买多少、以什么价格购买，都必须考虑其购买者——消费者个人及家庭的需求和愿望，按照他们的需求和愿望制定采购决策。

（2）存货管理。储存是经销商和零售商的基本职能之一，储存什么、储存多少是影响经销商和零售商购买行为的重要因素。

（3）供应商策略。经销商和零售商购买商品是为了转售给他人，供应商的策略、供货条件、价格折让、运费折让、促销津贴等对其商品转售有直接关系，因而影响经销商和零售商的购买决策。

□完成任务

任务背景：又是一年岁末时，校园连锁超市一年的营业完成了，对于明年新学期的开始，店长想作一个新的采购计划。

任务：以 5～6 名学生为一组，作一简单的调查，然后根据所学内容，每组为校园连锁超市店长提供一个采购计划的思路。

实训活动：将完成的采购计划思路在全班展示分享。

<table>
<tr><th colspan="7">任务单</th></tr>
<tr><td>任务</td><td colspan="6">认识通路促销</td></tr>
<tr><td>任务描述</td><td colspan="6">1. 根据背景资料作调查访问
2. 根据调查结果，结合所学，提出采购思路
3. 将完成的采购思路与本组成员上台分享</td></tr>
<tr><td>执行团队</td><td></td><td>时间</td><td></td><td>地点</td><td></td><td></td></tr>
<tr><td>成员出勤情况记录</td><td colspan="6"></td></tr>
<tr><td>任务执行情况记录</td><td colspan="6"></td></tr>
<tr><td>任务汇报情况记录</td><td colspan="6"></td></tr>
<tr><td>指导教师点评</td><td colspan="6"></td></tr>
<tr><td>任务完成情况总结</td><td colspan="6"></td></tr>
</table>

组内互评成绩					
姓名	成绩	姓名	成绩	姓名	成绩
组长签字：				日期：	
指导老师签字：				日期：	

□知识拓展

通路促销中的中间商采购过程

在通路促销中，经销商和零售商店采购过程中是否每次采购均要经过这八个阶段呢？显然不是。那又有什么判断的标准和依据呢？这要依据采购业务的不同类型而定。

通路促销中的中间商的购买行为的复杂程度和采购决策项目的多少，取决于经销商和零售商采购业务的类型。我们一般把它们分为三种类型：直接再采购、修正再采购和新购。

（1）直接再采购。指经销商和零售商按即定方案不作任何修订直接进行的采购业务。这是一种重复性的采购活动。按一定程序办理即可，基本上不用作新的决策。在这种情况下，采购人员的工作只是从以前有过购销关系的供应商中，选取那些供货能满足本企业的需要和能使本企业满意的供应商，向他们继续订货。入选的供应商应该尽最大的努力，保持产品和服务的质量，以巩固和老客户的关系。落选的供应商则应努力做一些新的工作，消除买方的不满，设法争取新的订单。

（2）修正再采购。指经销商和零售商对以前已采购过的产品通过修订其规格、价格、交货条件或其他事项之后的购买。这类购买较直接再采购要复杂，购销双方需要重新谈判，因而双方会有更多的人参与决策。在被选掉的“名单”中的供应商压力会很大，为了保持交易将加倍努力。而对“名单”之外的供应商来说，这是一次机会，他们将会提供更好的条件以争取新的业务。

（3）新购。指经销商和零售商第一次购买货品的购买行为。新购的成本费用越高，风险越大，参加决策的人数就越多，所需信息量也越多，制定决策的时间也越长。厂商应设法接触主要的采购影响者，并向中间商提供有用的信息和协助。许多公司设立专门的机构负责对新客户的营销，厂商称其为“访问使用推销队伍”，一般由最好的推销人员组成。

在直接再采购的情况下，经销商和零售商所作的决策数量最少。而在新的条件下，他们所作的决策数量最多。经销商和零售商必须决定产品规格、价格限度、交货条件与时间、服务条件、支付条件、订购数量、可接受的供应商及可供选择的供应商。不同的决策参与者会影响每一项决策，并将改变进行决策的顺序。

因此，经销商和零售购买阶段并非每次采购都要经过这八个阶段，这要依据采购业务的不同类型而定。表 3-1-1 说明了各阶段对各类采购业务是否有必要。

表 3-1-1　不同采购任务采购决策过程的比较

购买阶段	购买类型		
	新购	修订再采购	直接再采购
1. 提出需要	是	可能	否
2. 确定需要	是	可能	否
3. 采购需求说明	是	是	是
4. 寻找供应商	是	可能	否
5. 征求供应建议	是	可能	否
6. 供应商选择	是	可能	否
7. 签订合同	是	可能	否
8. 运行检查与评估	是	是	是

从表 3-1-1 中可以看出，新购最为复杂，需要经过所有阶段；直接再采购最简单，只需经过两个阶段；而在修正再采购或直接再采购的情况下，其中有些阶段可能被简化、浓缩或省略。例如，在直接再采购的情况下，采购者可能会有一个或一批固定的供应商而很少会考虑其他供应商，而在实际购买情况中，也有可能发现这八个阶段以外的其他情况，这要求组织营销者对每一情况分别建立模型，而每一情况都包含一个具体的工作流程。这样的购买流程能为营销人员提供很多线索。

总之，通路促销中中间商是一个富有挑战性的领域，其中最关键的问题就是要了解经销商和零售商的需要、购买参与者、购买标准及购买步骤。了解以上各点，组织的促销就能够因势而动，为不同的中间商设计不同的通路促销计划。

□角色转换

1. 如何在教学过程中，让学生明白中间商的重要意义及其购买行为？

2. 如何让学生理解，正所谓知己知彼，方能百战百胜，了解通路促销中的中间商的购买过程和特点有助于我们在通路促销方法应用上能够更有针对性。

任务二　实施通路促销

□学习目标

知识目标

1. 认识中间商通路促销的目的。

2. 了解中间商通路促销的实施步骤。
3. 掌握通路促销实施中常见的促销方法。
能力目标
1. 能够组织设计通路促销的方案。
2. 能够把握通路促销的事实与控制环节。
3. 能够灵活应用各种通路促销的方法。

□任务导入

亿家能对经销商的服务促销

山东亿家能太阳能有限公司是一家专业生产全玻璃真空集热管、太阳能热水器及其配套产品的大型股份制企业。2002 年，亿家能仅用一年时间就走过了太阳能企业 4～8 年所走过的路程，跃居中国太阳能行业“三甲”，2006 年，亿家能在获得了“国家免检产品”和“中国名牌产品”的称号后，一路高歌，公司旗下 2000 多个营销网点遍及全国 30 个省份，迅速跃居全行业第二，并赢得了广大消费者的普遍赞誉。

作为一家耐用消费品生产企业，亿家能对经销商的服务有其独到之处。公司宣称：“以现代化的 24 小时后勤保障、信息处理、物流运输等全方位体系，随时随地为经销商提供业界最为完善的迅捷服务。”

（1）智力支持。由公司高层亲自介入经销商市场操作层面，以多年市场经验，帮助经销商量身定做市场营销方案，全方位解决经销商铺货、区域市场推广、人员绩效考核、客户关系管理等各种经营难题。同时该公司利用其网站开设“经销商培训学校”，推出“全新 100° 服务”，以此提供对经销商的全面支持。

（2）资金支持。提供市场初始广告、特殊广告的费用支持，以及各种丰富的终端物料，包括各种 POP、DM、陈列架等。全年在全国市场共计投入近亿元整体推广费用。

（3）市场推进支持。由公司市场精英团队与经销商一同作战，协同拜访客户、协同检查终端陈列、协同收集市场信息，并以“传、帮、带”的形式，帮助经销商建立一支最具战斗力的营销队伍，培养一批业界实力过硬的安装队伍。提供产品售后服务专用车辆，以及协助工程开发，提供方案设计、投标、安装等全程支持。

（4）制订一整套周密的市场推广方案，指导经销商更快速启动市场。包括提供市场整合传播方案、亿家能品牌完全手册、网络建设与管理指南、亿家能终端导购手册、亿家能促销员培训手册等。

（5）经销商能力提升支持。亿家能对经销商进行长期的系统培训，使经销商具备包括专业市场策划、品牌经营、市场运作、专卖店和员工管理在内的运作市场的能力。

（6）新经销商开业模式支持。总部专门配备市场启动队，负责新经销商的开业支持和开业庆典指导，并由业务系统根据开业方案在大造声势的同时迅速打开销售局面。

（7）经销管理支持。包括品牌专卖店选址、设计规划、装修安装、协助进入各大商场、建材市场、家电市场，以及开设太阳能行业绿色通道，保障渠道通畅。

思考讨论：

（1）你认为山东亿家能太阳能有限公司为什么要给经销商提供这么多种的服务支持呢？

（2）作为厂商来说，这样帮助经销商的意义何在呢？还有什么其他方法吗？厂商之前又该如何策划和设计呢？

2014 年到 2015 年，加多宝和王老吉的战争愈演愈烈，加多宝率先推出“金罐”加多宝。为让市场的风险降到最低，提高产品市场占有率和保有量，加多宝应如何作通路促销呢？

□任务分析

目前，通路促销正在被企业广泛使用，而对于太阳能生产企业来说，企业本身对经销商的依赖程度就比较大，如何全面地设计和策划好对经销商的促销方案是亿家能营销管理的重要内容。在现实的市场运作过程中，不少企业却发现通路促销的效果并不如预期那么理想，更为突出的问题是，同样是促销，对渠道的促销却不一定能完全落实到终端，对终端的促销有时候却会影响到渠道商的利益。因此，怎样能够增强渠道商对厂商的认同度，加深厂商和渠道商的了解与合作，有效掌控通路促销的步骤和方法，实现企业、渠道商和消费者的共赢，是企业促销需要解决的问题。

想一想：一个成功的通路促销离不开一个好的促销方案设计，一个好的设计又是每一个流程准确把握的结果。那我们如何做呢？有哪些步骤呢？

一般来讲，针对渠道成员（代理商、批发商、零售商等）开展通路促销是企业渠道推广策略的重要内容之一。企业在进行通路促销实施之前，应进行周密的市场调查和促销规划，并在实施之前与分销商进行充分的沟通。这样，通路促销才能有序进行并得到分销商的配合和支持，也只有这样才能达到各项预定目标。综观我们身边的促销活动，真正有战略、有目的、有规划、有创意的通路促销活动有几个？因此，在实施通路促销时，要在对中间商充分调研基础上，将其实施过程分为六步，详见下面的通路促销流程图（图 3-2-1）。

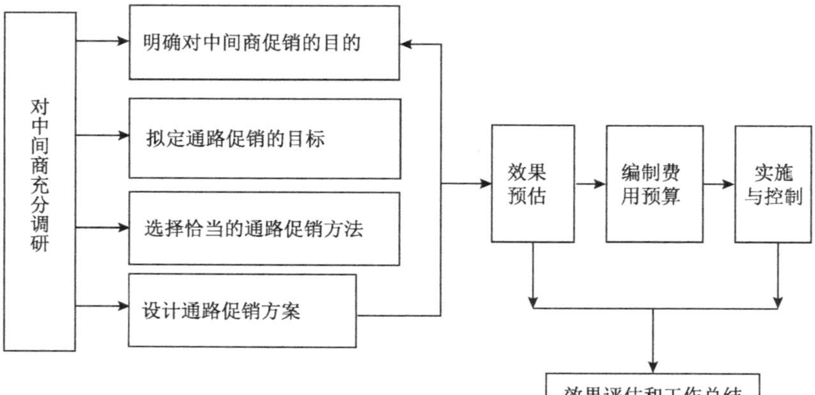

图 3-2-1　通路促销流程图

一、对中间商充分调研，明确对中间商的促销目的

通路促销的实施第一步的任务是明确促销目的，只有在明确促销目的前提下来制定相应的促销政策、拟定促销方案，才能成功地实现既定目标。通常，针对中间商开展通路促销的目的有六个：实现铺货率目标、扩大销量、新品上市、消化库存、季节性调整、应对竞争。

（1）实现铺货率最直接的手段。产品推广成败的一项重要指标是铺货率。在产品上市阶段，一定的铺货率对产品推广、广告配合、稳定市场等都有着极为关键的作用。为确保铺货率目标的实现，企业需要按计划来组建、扩大或调整分销网络。

（2）扩大销量的最有效途径。在相应市场达到较高铺货率之后，企业的主要目标是提高市场占有率。此时，促销目标已经由实现铺货率目标转为扩大销量（即增加分销商的订货量，获取企业预期的利润）。

（3）新品上市的充分准备。由于顾客需求呈多样化和多变性趋势，企业往往需要及时向市场推出新品。在新品上市过程中，企业需要进行大量的宣传并制定相应的销售政策。在新品上市过程中，必须处理好新旧产品之间的关系（矛盾和竞争）。

（4）实现处理库存压力的有效办法。受生产规模、运输及仓储等条件的限制，企业需要定期清理库存。一方面，大量处理库存可能会打乱市场价格体系并减少企业利润；但另一方面，如果在处理库存时能巧妙运作渠道资源，却可以借此提高市场占有率。

（5）完成季节性调整的重要策略。有些行业产品的销售会受到季节性因素的影响（典型的如空调、冷饮、礼品等行业），这是由产品特性和消费者需求变化引起的。产品不同，淡旺季也随之不同。企业不仅要分析本企业产品的季节性变化趋势，更要分析竞争品和行业等方面的变化趋势。在进入销售淡季的前期，分销商往往会提前停止订货，从而使产品销量急速下降。此时针对渠道开展促销活动可以减缓销量下跌的趋势，甚至可以促进经销商大量“囤货”。这样，企业既可以回收资金、减小库存压力，也可以占用渠道资源，防止竞争对手挤入；此外，还可为铺货做好准备，以便在旺季到来的时候达到热销。

（6）应对竞争的有效武器。竞争对手的市场行为是企业制定促销政策时必须考虑的重要因素。当某行业生产企业不多、少数企业占据大部分市场份额（市场集中度较高）、产品差异性不大、消费者有相当的识别能力并了解市场情况时，分析竞争者的市场行为就显得尤为重要。

二、拟定通路促销的目标

当在通路促销进入第二步，需要制定具体的促销目标时，首先要明确的是促销目标必须有助于强化并达成营销总目标，必须以确保企业营销总目标的完成为前提。而且要根据通路促销的目的拟定通路促销目标，针对不同的通路促销目的，就会有不同的促销

目标设计，其衡量的指标和执行的要素也是不同的，例如，以实现扩大销售为目的时，促销目标的衡量指标和要素就更加关注销售量、净销售额、销售利润率等；而以实现铺货率为目的时，则更关注网点的覆盖率、产品的铺货率、产品销量占同类产品的销量百分比等。

因此，在制定通路促销目标时，首先，要将目标具体化、数字化，尽量避免含糊不清的目标，否则对规划工作没有任何益处，对评估工作也毫无贡献可言。其次，要把促销目标清楚地写出来，分发给每一位负责执行的人，并指明某项促销目标由何人负责。目标定得太高，容易导致气馁，当目标无法达成时，士气也会显得很低落。若目标定得太低，就会失去激励的意义。所以,促销目标必须是经过持续不断的努力，就有可能达成的。

三、选择恰当的通路促销方法

选择什么样的通路促销方法要考虑到促销的目标、产品因素和企业自身因素。这一部分是下一阶段通路促销方案设计的核心部分，应该力求创新，使活动具有震撼力和排他性。

比如，如果目的是促进新产品尽快铺货，就应运用延期付款的方法；如果目的是缓解库存压力，可选择进货折让或者进货奖励的方法；如果目的是抢占节日市场先机，争取更大的节日销售份额，可以给予渠道成员较大幅度的进货折让或者免费附赠较多的产品，同时给予延期付款优惠，以鼓励批发商大量进货、大胆铺货等方法。

四、设计通路促销方案

通路促销方案的设计阶段是一项系统工程，需要对其中的每一个环节进行一系列的策划。这个阶段主要包括策略的选择、效果的预估、预算费用的编制。

淡季策略选择经销商为促销对象。当销售处于淡季时，整个行业消费力极其低下。企业此时将竞争目标定位于经销商的流动资金和仓储能力上，当你的产品能够占据经销商的仓库和流动资金时，在市场回升时，你自然就抢占了先机，并且给其他竞争企业产品快速进入设置了壁垒，因为任何一个经销商的资金和库存都是有限的。此时还要注意，一定要做好市场回升时为经销商分流库存的计划，以免经销商产品分流不及时而使企业的促销前功尽弃。

回升期策略选择零售商为促销对象。市场进入回升期，消费潜力开始拉动，市场出现一个快速拉动的过程，这个阶段的时间一般十分短暂，之后销售迅速进入高峰期。回升期是企业竞争最为关键的阶段，企业必须将产品置于消费者能够买到的地方。此时，只有批发商与零售商才能真正将你的产品放上货架，摆到消费者面前。企业应将促销对象锁定为零售商，给他们更多额外的诱因，顺利实现铺货。

预测这次活动会达到什么样的效果，以利于活动结束后与实际情况进行比较，从中间商应对方案的程度、通路促销方法应用、促销策略执行的计划等各方面总体评价与测算。

没有利益就没有存在的意义。对通路促销的费用投入和产出应在实施前做出预算。这直接关系到企业的经济利益，可能还会影响到企业的投资和运营。在作通路促销预算编制时，可以运用销售额百分比法、量入为出法、目标任务法和竞争平衡法等方法。

五、通路促销实施与控制

我们将实施和控制分为以下三个阶段。

第一阶段是促销实施前期。我们主要注意以下方面：一是审订促销方案，主要是看方案是否严密、可行；方案目标是否明确，是否有针对性；方案是否有一定的适应、协调能力，能否适应市场。二是落实有关促销的人员及组织。确定促销活动的领导部门、日常管理部门、具体实施部门及实施过程中所必须依托的其他部门和其他配合部门，明确各部门的分工、权责及相关的配套机制。三是做好促销商品及促销工具与方法的准备。四是必要时应进行促销开始之前的促销信息传播和宣传工作。

第二阶段是执行通路促销方案的过程。要保证严格执行促销方案进程，及时发现问题、解决问题，确保促销活动顺利进行。对促销计划执行情况实施全程跟踪管理。对有关部门配合情况、人员执行促销计划的情况，对促销过程中的物资控制、使用情况，对促销过程中的资金、财务数据进行监督管理。建立在发生紧急事务时的预警机制及应对机制。

第三阶段是通路促销活动后的管理。促销活动结束后，企业相关的部门和人员首要的任务是促销收益的核算分析，为下一步的评估和总结提供数据分析依据。最后当然还要对促销各项人员的业绩进行评估与奖惩。

六、通路促销的评估和总结

这一步是在通路促销结束后对促销活动进行效果评估，以总结经验和教训。主要包括：促销前后市场占有率的比较、消费者调查、获利率比较等。效果评估按时间分为三类：事前、事中、事后。

在实际的促销活动中，有许多进行得不到位的促销，这就需要我们在评估结果的基础上不断总结。比如，通路促销方案设计者对实效促销缺乏清晰的认识；就商家而言，企业不了解“淡季做市场，旺季做销量”的道理；对执行者来讲，未严格按照通路促销方案完整执行；企业的销售部门与渠道成员常因各自的利益而发生冲突，导致促销过程中不能互相支持、配合，使促销不能按预定计划执行；反思检查促销活动是否存在盲点及促销时机是否合理；总结给予促销对象的额外利益是否具有实用性和人性化的特点。

□相关知识

一、通路促销常见的方法

现在就让我们一起来认识一下通路促销常见的方法，以便我们可以根据企业的行业状况、产品情况等实际来选择不同的方法。

1. 进货坎级奖励

一般采取进货坎级制，即为控制配额，给中间商设定进货的上限。例如，有的厂家采取一次性进货 1000 件，赠送 100 件市场旺销产品；达到 2000 件，赠送 300 件；达到 3000 件，赠送 500 件。

弊端是因为产品推广，且有旺销产品搭赠，客户愿意进货，一旦市场推广失利，将会造成客户库存大量积压，赠品回收利润后，积压产品就会低价甩货，导致产品价格体系混乱。产品积压过多，占据库存的另一个弊端就是造成其他品项进货困难。

这种手段操作较为成功的前提是具有终端市场较强的掌控力，根据市场的售点数量分配配额，客户进货并堵截竞品的情况下，进行迅速而有力的分销，实现库存的良性循环。

有的厂家采取先铺货，后兑现奖励的方法，效果也比较不错；有的厂家采取一次性进货金额以几个点奖励货款的方式，此操作做法必须严格要求客户的分销价格，防止终端价格体系混乱。

案例 3-2-1

加佳岁末大酬宾

加佳洗涤用品公司曾针对加佳洗衣粉在二级批发商和零售商之间进行了一次酬宾销售。厂商根据不同的进货规模给予不同的奖励，使各种级别的批发商和零售商都能够获得利益，鼓舞了销售的积极性。

以下是加佳洗涤用品公司针对二级批发商和零售商推出的特别酬宾活动。

（1）购进 1 箱加佳洗衣粉即可得兑奖券 1 张，凭兑奖券可参加抽奖（兑奖券数量为 125 万张）。具体奖项包括：特等奖 50 名，奖价值 2000 元的奥林巴斯照相机 1 台；一等奖 500 名，奖价值 380 元的全毛衬衫 1 件；二等奖 5000 名，奖 350 克加酶洗衣粉 1 箱；三等奖 12 500 名，奖不锈钢饭盒 1 个；四等奖 25 万名，奖 350 克加酶洗衣粉 1 袋。

（2）一次性购买加佳产品 100 箱，另赠不锈钢汤盆 1 套（5 件装）。

（3）累计购买加佳产品满 2 万箱，另奖价值 2000 元的奥林巴斯照相机 1 台。

资料来源：周国林. 100 个成功的促销策划. 北京：机械工业出版社, 2002

2. 价位组合奖励

根据区域市场价格带竞争情况及本品牌主推价格带要求，进行价位组合。例如，某市场白酒大众主流的消费价位基本上聚焦在 30 元、60 元、80 元几个价格带。企业根据本品牌在消费者心目中的价格定位，来制定渠道推广策略。如果本品牌在消费者心中的定位为中低端品牌，但企业现在想将价格带升级，品牌升级，但又不能因为价格升级而过分影响产品销量。而采取 30 元品项占分销比的 50%左右，60 元占比 30%左右，80 元占比 20%。30 元的品项不会给厂家带来更多的毛利点，但可以产生销量与打击竞品，60 元、80 元产品才是企业真正的推广重点。

为了合理地调整产品的价位比例，厂家在促销组合中，按价位进行了配额分配，要求客户按价位比例进行推广。某种程度上，按价位进行促销配比的办法，保证了厂家在市场上品项推广比例的合理性。

3. 渠道组合促销

为了保证渠道各环节的有效执行，更好刺激各级利益点，厂家往往采取渠道分级组合促销策略。在渠道分级组合促销策略中，一定要保证终端利益大于分销商利益，分销商利益大于经销商利益，否则通路促销的积极性就会降低。

例如，某酒厂为提升老产品销量就采取了如下的促销措施：对总经销增加 2%年返，对分销商增加 3%月返，对终端陈列增加进货奖励，对消费者实行“喝 3 瓶换 1 瓶”等组合促销模式，取得了不错的效果。

4. 累计销售奖励

厂家为了保证产品推广上市的成功，保持产品销售的强力势头，对客户设定了产品销售的坎级奖励制度，产品销售累计达到 10 万～30 万元，进行 3 个点的奖励，直接计入下次进货的货款奖励或奖励同等价值的产品，达不到的不享受以上奖励。依此类推，30 万～50 万元奖励 4 个点；50 万～80 万元奖励 5 个点；80 万元以上奖励 7 个点。

此做法更多局限在区域性小厂的操作上，最显著的效果就是直接奖励现金，客户为了争得现金奖励，进行了大力度的分销和储货，在一定程度上抢占了部分终端，对竞厂形成压力。此做法更适用于厂家利用一批商进行分销的市场，对于厂家直营市场，效果不是很理想，直营市场的功夫下在了终端上。

案例 3-2-2

百威啤酒二级批发商销售奖励协议

百威公司规定二级批发商的销售目标是：旺季月销量不低于 800 箱，每季度不低于 6000 箱，淡季月销量不低于 400 箱，每季度不低于 3000 箱。并规定其销售方式是货物不放交易市场，不低价抛售，不跨区域销售。

二级批发商可额外享受由一级代理商提供的每瓶 0.1 元的奖励，每季度反馈一次。

此外，厂商每半年奖励给二级批发商价值 8000 元的物品。不过，如果二级批发商愿意一年后一次性接受制造商的奖励，其奖励价值将增至价值 20 000 元的物品。

5. 返利组合奖励

为了掌控客户，防止产生货款风险、打击窜货，约束客户按合同条款履行义务，厂家可施行月返、季返、年返、明返、暗返、过程返利等返利机制。

按时间分类：月返、季返、年返等。

以兑现方式分类：明返、暗返。

暗返就是指同一经销商在不同的时期、不同的产品的利润不同；不同的经销商在同一时期、同一产品的利润不等。厂家在和经销商、分销商签订返利协议时，其中的返利数字必须用黑色遮住，经销商和分销商都不知道返利的具体数字，在结算返利时，他们才有资格知道返利的多少。暗返的好处：不仅能够有效制止窜货，而且能够使渠道更加顺畅；加大了经销商和分销商的利润，有效刺激销售，打击竞争产品和同类产品，价格也更加稳定。

以目的分类：过程返利、品类销量返利、整体销量返利。

过程返利就是厂家针对销售过程的种种细节设立各种奖励。例如，产品的铺货率、产品市场占有率、合理库存率、回款率、执行厂家价格政策的程度、配合厂家新产品推广与促销活动的力度等这些指标，都可以与厂家的返利政策挂钩。

企业在制定返利政策时，将这些指标纳入评估系统，可以有效防止经销商的不规范运作。约束那些想利用销量返利进行窜货行为或者破坏产品价格行为的经销商。

品类销量返利，就是厂家为了刺激经销商大力主推某个品类的产品而采取的一种激励方式。

例如，经销商都比较喜欢销售市场上比较畅销的品类，如果不想办法刺激他们对其他品类产品的销售积极性，就有可能使其他产品在市场上表现得不如人意。

例如，当不同的经销商在同一市场同时经销同一品类产品时，如果有人不遵守市场经销规则，很容易发生价格混乱，产品夭折、经销商利润降低、销售积极性降低。这个时候厂家一般会采取把畅销性产品让大家共同经销，然后各经销商彼此经销不同品类产品作为独家经销的品种，给予独家经销产品以不同返利政策，来刺激经销商把重心放在独家经销的产品上。

整体销量返利是根据销量的多少而定，销量越大，返利比例越高，虽然能够刺激经销商为了拿到更高台阶返利而努力销售，但是不足的是，经销商往往会为了多得返利，千方百计地多销产品，容易造成市场混乱。

在使用返利过程中，为了发挥返利政策的最大激励与约束功能，必须把握住一个度。在制定返利政策时，多用过程返利，少用销量返利。把返利细化，不要仅仅出现一个简单的销量返利，而是设计成一个综合考核评定的返利政策，使之形成一个系统，避免产生负面作用。

例如，某酒厂给经销商的返利政策这样的：①完全执行企业的价格政策，返利2%；②超额完成规定销售量，返利5%；③没有窜货行为，返利2%；④积极配合厂家市场推广和促销计划，返利2%；⑤完成产品铺货率，返利3%；等等。

根据这样的返利政策，经销商心里很明白，只有实实在在地与厂家合作进行销售才能获得最大利润。

在兑现返利政策时，多实物，少现金。实物方面的返利如生活用品、境外旅游，以及有助经销商提高经营业绩的电脑、交通工具或者培训学习等。

6. 回款速度奖励

出现这种情况，厂家一般是为了提高经销商主动、自觉回款的速度，加快企业运营的现金流。回款速度越快，回款时间越短，得到的奖励越多。例如，在成交 10 天内现金付款，可给予 3%的奖励；超过 30 天付款，除按照正常结算外，还要支付利息。这样可以督促经销商加紧销售，积极回款。许多企业为了缓解资金压力，经常激励经销商提前预付货款，不仅给予高额奖励，并且根据打款日期，提供经销商高于银行计算的利息。

7. 销售季节奖励

根据销售季节进行激励，是指厂家为了促使经销商或零售商在淡季购买产品，厂家在价格上给予一定的优惠，即给予一定的价格奖励。季节奖励的幅度根据季节的转换决定，有些产品是在转季的时候也转换了淡旺季的关系。厂家在旺季转换到淡季的时候给予经销商奖励，目的是期望大型经销商能够帮助囤货，在进入第二个旺季之前能够帮助抢占市场。这样的奖励幅度一般比较小，通常保持在百分之几。

8. 任务完成率奖励

根据销售任务完成情况进行激励，是指厂家为了鼓励经销商积极推销自己的产品而设立的，在规定单位时间内完成任务目标数量的一种价格补贴。这种奖励行为一般在事前约定好：一是规定销货时间；二是规定应销售的货品量；三是规定不同情况下给予的奖励幅度。在最短时间内，销售尽可能多的货物，任务完成情况越好，奖励就会大，反之则比较小，甚至没有奖励优惠。

9. 付款方式奖励

这种奖励方式分为延期付款和分期付款。经销商先进货，过一段时间后向厂家付款，或分几期向厂家付款。这样，可以照顾到一些经销商的资金周转困难，同时也是为了吸引更多的经销商积极进货和售货。

压批付款的方式也是一些制造商常用的方式之一。压批付款厂家把第一批货定的一个数量给经销商进行压货，当经销商进第二批货的时候，将已经约定好的压货货款减去后，付清其余货款。

10. 实物奖励

实物奖励的出发点是增进客情关系，激励客户的经销热情，保持品牌经销的忠诚度。厂家一般采取进货奖励、年度奖励、客户营销会议、阶段性的销售竞赛等方式。

一是进货奖励：以一定量为单位，给予高价值的实物奖励，来刺激客户进货的积极性。例如，一次性进货 500 箱，则奖励面包车一部，目的是让经销商或分销商多进货。还可以采用随箱赠其他礼品等不同的方式，目的是让终端客户能够把产品迅速上架。

二是年度奖励：采取的方式是对销售排名前几名的客户，年底除了正常的合同约定奖励外，赠送背投电视一台或电脑一部，对贡献较大的客户，厂家甚至提供配送车辆，供客户免费使用，厂家具有所有权，客户具有使用权。

三是客户营销会议：采取的方式是赠送所有与会客户礼品，如高档西服、高档衬衫等。

阶段性的销售竞赛上，采取按销售排名奖励不同实物的办法，如在一个月内销售排前三名的客户，第一名获得一部手机、第二名获得一台洗衣机、第三名获得一台微波炉等。

11. 陈列补贴

陈列补贴主要是厂家为刺激下游经销网点把自己产品陈列在主要、显眼的货架上或者能够积极对自家产品进行堆头陈列、户外堆箱陈列等，而给予客户一定的补贴。这种情况尤其在商超、烟酒店屡见不鲜，许多商超、烟酒店、酒店往往利用其品牌效应和巨大的影响力、销售力，让厂家拿出一部分钱补贴经销商，让经销商要求下游网点有效陈列。

案例 3-2-3

淘大产品陈列比赛

在亚洲金融危机期间，受经济不景气影响，消费者缺乏购物热情。淘大食品有限公司推出了针对零销售的“美味尝不尽，淘大至正宗”产品陈列比赛。由于零销售的踊跃参加，各商户尽显创作心思，将淘大产品的优点表露无遗，极大地吸引了消费者的目光，激发了他们的购买热情，令淘大产品的销量再攀高峰。

淘大食品有限公司举办的淘大产品陈列比赛分设超市组和杂货组，由于参赛者水准极高，经过多番讨论与甄选才决出名次。其中，祥康超市的庞大堆头设计独特，巧具心思，配上自制的精美大挂牌及厨师形象更显出色，不但主题突出，而且非常醒目，荣膺香港特区超市组冠军；澳门特区超市组冠军泰丰超市陈列出多款淘大产品，配以书法写成的标语，独具特色；胡须洪平价市场别出心裁的堆头置于相当显眼的位置，配以鲜艳的装饰，缤纷耀眼，荣获香港特区杂货组冠军。其他商场有的因奇异有趣的人物形象非常抢眼，有的自制黄色夺目挂牌、层次分明，还有的加上金光闪闪的堆头标志，令陈列的产品生辉不少。

淘大食品有限公司为感谢零售商多年来对淘大产品及对本次陈列比赛的支持，特设宴款待各商户并当场颁奖。其中，超市组冠军奖港币 5000 元，亚军奖港币 3000 元，季军奖港币 2000 元，优异奖 3 名，各奖港币 800 元；杂货组冠军奖港币 3000 元，亚军奖港币 2000 元，季军奖港币 1000 元，优异奖 6 名，各奖港币 500 元。

资料来源：周国林. 100 个成功的促销策划. 北京：机械工业出版社，2002

12. 配送、仓储补贴

许多厂家为了能够加强企业本身对市场的掌控能力和对市场的精耕细作，开始实行自己来做重点市场，让经销商从原来开拓与维护市场的角色向重点市场的储备中心或物流配送中心的服务角色转变，但在重点市场周边的其他需要分散过多投入、精力的城镇及县市，继续保留他们原来的职能。 当然，在职能转变的过程中，经销商利润空间可能与原来相比会有明显降低，厂家为了保证经销商积极性，会适当提供仓储补贴、配送佣金等补贴政策。

例如，一些深度分销的厂家做操作市场，经销商只需打款发货配送，厂家承担一切市场与销售事宜，同时厂家把利润率都设定好。厂家深谙在商言商的道理，不赚钱的生意没人做也不长久，所以他们有诸如卸车费补贴、仓储补贴等名目给予经销商补贴，使经销商保持一个平均稳定的盈利水准，当然，赢取暴利不现实，也不可能。

13. 人员补贴支持

在新市场开发时期，一切工作都是从头开始，难度很大，同时市场开发阶段需要采取一定的策略和大量的人力、财力、物力的投入，这个时候许多厂家会根据经销商对产品操作热情，为经销商提供一定的人力支持，要么厂家派驻销售人员协助经销商共同操作市场，要么经销商招聘人才，厂家提供相应的工资补贴。

另外一种情况就是经销商非常忠实于厂家，产品销售尚可，但产品利润空间相对较低，对于经销商来说成本较高，尤其对于经营快速消费品的经销商，需要大量的人力资源。厂家为了鼓励经销商经营信心与热情，会针对专门操作本产品的营销人员提供基本工资，经销商提供绩效工资，管理权由双方共同拥有，来对经销商进行补贴。

14. 销售补贴支持

许多畅销品牌的厂家，为了避免经销商、分销商彼此窜货，破坏市场，采取市场统一价格，厂家规定好产品的统一的批发价、零售价，即经销商、分销商、零售商彼此都是相同的供价，经销商、分销商享受销售补贴，零售商不仅享受销售补贴而且赚取零售差价。经销商由于市场大，销量大，而分销商由于属于经销商的下游客户，销量相对较小，为了彼此平衡和激励彼此信心与热情，经销商销售补贴的比率空间要小于分销商的。

15. 广告补贴支持

对于中小企业来说，通常资金还不足，大张旗鼓地进行广告推广显然心有余而力不足。但是，广告又不能不做，只能对经销商进行广告补贴以提升其积极性来促进产品快速进军终端市场。许多中小企业根据产品在市场上目标表现的需要，通常把广告补贴按不同分类标准分成以下几类。

（1）按广告补贴的形式分类。根据广告补贴的形式不同，可以将其分为实物补贴和资金补贴两种。

（2）按广告补贴的方法分类。根据广告补贴的方法不同，可以分为以下几种：第一，按进货量的百分比进行补贴，如按进货量 2%进价配置；第二，按季度市场增长幅度进行补贴，如季度市场增长 5%，返点 1%；第三，按铺货目标进行补贴，例如，完成季度铺货目标返点 2%。

16. 铺货支持奖励

厂家在新品上市初期，为了让产品能够迅速进入市场，往往会给经销商及终端客户提供铺货政策作为奖励，来刺激客户的积极性并增强其执行力。例如，给予首批进货金额的 10%作为铺货支持奖励。

17. 培训支持、人员助销

随着市场竞争的加剧，市场状况因客户的自身运作水平较弱，越加难以把控。在这种状况下，多数客户改变思路，向厂家要资源、要支持，市场运作的重心发生转移。为此，厂家会为客户及员工提供培训支持，提高客户的运营水平，增加客户的竞争力，同时会匹配业务人员进行助销，指导客户的运营操作，根据客户的状况，提供合理的员工考核体系、建立完善的配送体系、提高客户的自身管理水平、健全客户的财务制度、制订合理的竞争方案。

一般情况下，厂家会根据不同的时期，召开区域内的营销会议，对客户进行培训，同时委派公司的培训人员，对客户的员工进行培训，调整员工心态、分析行业动态、公布销售政策、树立销售信心，给予一些销售技巧的指导，重点城市会派驻一名业务人员，在客户那里进行长期的助销，指导客户的同时，及时反馈信息。

18. 厂家市场攻艰小组支持

在区域内二、三级市场处于低迷的状态时，有的厂家会采取组织一支配送队伍，杀入区域内所属二、三级城市，对终端市场进行直接政策性铺货。

市场攻艰小组具有以下几个方面的意义：第一，进行了区域内的销售造势；第二，对网络售点进行一次彻底的排查；第三，检阅客户的配送能力及网络覆盖情况；第四，给予客户销售的信心。

市场攻艰小组一定要组建最强势的团队，选拔最优秀的配送司机、最优秀的终端业务，公司自担费用的情况下，和客户的配送队伍进行为期一到两天的集中配送，车体悬挂宣传条幅，产品以单品的组合促销为主，配以 POP 张贴（在条件允许的城市）。攻艰小组一定要选择好时机，避开竞厂大力度促销的情况下进行，以保证攻艰的效果。

19. 产品包销制

随着市场竞争中众多产品渠道扁平化与深度分销工程的开展，区域市场的客户设立已突破传统意义上的一批商独家垄断经营的局面。区域内评估优秀客户进行分品项包销，既增加优秀客户的利润点，调动其经销和推广热情，同时也刺激其他客户，提高自身的运作水平，争取产品的包销权。按品项进行的包销，也在一定程度上抵制了同区域的客户争相低价倾销，扰乱整个区域价格体系的行为。

在厂家要求销量最大化的今天，能实施这种规范化的操作的厂家多是区域市场的强势品牌。

20. 客户授牌制

有些市场，客户的分销实力是非常强的，他们一般具有完善的配送队伍和较强的配送能力、掌控区域内绝大部分网络，资金充裕。对于这样的区域，厂家一般采取独家经销制，授予客户诸如“××市场独家经销”的牌匾，或者授予“××年度销售状元”“××年市场开拓状元”“××年度市场增长率状元”等称号。对于客户而言，物质奖励和精神鼓励同样需要，授予这样的牌匾也是对客户销售的认可，同时也刺激了一部分其他客户。

把握客户互相攀比的心理，不失为一个好的激励手段。同时，我们要看到，随着营销重心的下移，竞争更多地体现在终端争夺上，独家经销有它特有的优势，也暴露出终端上精耕细作方面的不足，因此，协助客户发展下面的分销体系，掌控终端，才能保持区域市场上的长期优势。

21. 提升地位奖励

如客户原来是二级批发商，可以将其提升为区域经销商；如原来为区域经销商，可以将其提为一级经销商。低位提升可以调动渠道成员的积极性。

22. 提供平台奖励

许多厂家为了能够进一步与下游经销商进行更深度的合作，开始让一些实力雄厚的经销商参与到公司的经营层面上来，让经销商进行参股或控股、让经销商成为合伙人之一，形成厂商联盟体，共同组建销售公司。

区域市场大经销商被吸引为公司的股东，甚至成为董事会成员，最终成为战略联盟关系。这样就能够博取厂家充分的信任。对经销商来说，就可以充分利用厂家的资源及品牌，厂家也愿意给予经销商充分的利润空间与支持，最终在厂商的共同努力下，成功启动和维护区域市场，达到双赢的目的。经销商的利润与目标得到了充分的实现。

二、通路促销的 5W1H 思维

从思考层面回答如何策划通路促销，只要回答六个问题就行了，即做什么（what）、为什么（why）、时间（when）、在哪里（where，部门/流程）、负责人/团队（who）、如何完成（how）。

（1）做什么（what）：做什么样的通路促销，没有固定的方法。通路促销的方式、方法多种多样。活动策划书大致可分为销售型促销与市场型促销。一般来说，销售型促销以完成销售额为唯一目的，以奖励返点为唯一手段，以增大经销商库存为最终结果，短期行为明显。而市场型促销以完成销售额为最终目的——不是唯一目的，以市场的管理工作、市场基础投入、培训导购、终端建设、卖场活性化、现场促销、市场研究等为手段，以市场的良性建康发展为结果。长期效果显著。

销售型促销主要包括：台阶返利、限期发货奖励、销售竞赛、福利促销、实物返利、模糊返利、滞货配额、新货配额、阶段奖励（季度、年度奖励）。

市场型促销的手段与方法较多，主要有：针对消费者促销、市场支持奖励金、终端建设及后期维护投入、培训支持、市场推广活动支持、人员支持、广告投入等支持。

（2）为什么（why）：策划何种通路促销，首先是基于促销的目的，其次是当地市场面临的主要困难、区域市场特性、客户特性。一般而言，通路促销的策划一般基于以下四个目的：①完成月度（或阶段性、年度）销售为首要目的与最终目的；②新品上市实现良性库存、合理展示、最终销售为目的；③消化老品、滞销品库存，优化库存结构为目的；④健康网络，实现市场的良性、稳定发展为目的。

当然，我们作渠道推广或促销，还因为很多小的目的，如应付突发事件等。

（3）时间（when）：通路促销的策划一般没有时间限制。但对于明年通路促销来说，原则上应做好如下几点：①通路促销时间跨度以 1～3 月为宜；②通路促销的返利额度与任务完成进度挂钩，合理避开发货高峰期；③未雨绸缪，通路促销在时机上将问题消灭在萌芽状态。

（4）在哪里（where）：哪类产品？哪类市场？哪类渠道？哪类客户？如果是渠道与终端联动的促销，还应当包括哪类目标消费者。

（5）负责人/团队（who）：执行人？协助人？跟进人？

（6）如何完成（how）：如果说做什么（what）只是决定通路促销的方向，那么如何完成则决定促销的具体策略、达成的方法、有效的保障措施、奖惩措施、投入预算。

三、针对渠道成员开展销售促进是否适合于所有行业和产品？

针对渠道成员开展销售促进，并非适用于所有行业和产品。美国西北大学罗伯特·布拉特伯格教授建立的“布拉特伯格通路促销网络”的理论说明：渠道成员的持有成本高、消费者对销售促进敏感性强的产品，针对渠道成员的销售促进才会最有效。

依据此理论，根据消费者对销售促进敏感性的大小和渠道成员持有成本的高低可将产品分为四种不同类别，如图 3-2-2 所示。

A 类产品：渠道成员的持有成本高，即相对于成本或利润而言，体积比较庞大的产品。由于持有成本较高，渠道成员和消费者都不愿意因促销优惠而大量囤积，企业在销售促进活动结束之后以正常价格销售时，销量不会因此而受到太大的影响。另外，由于消费者对销售促进比较敏感，如果价格降低，消费者会增加购买和消费量，渠道成员可能把供应商给予的促销优惠部分或全部转让给消费者，并特别为此做广告以促进该产品零售量的大幅度增长。所以，对于这类产品，针对渠道成员的销售促进最容易成功。

渠道成员的持有成本

消费者对销售促进的敏感性	高	低
强	A 类产品：最有效 ·消费者购买量增加 ·渠道成员几乎不囤积 （如软饮料、面巾纸等）	B 类产品：暂时提高销售量 ·消费者购买量增加 ·渠道成员囤积较多 （如固体饮料）
弱	C 类产品：没必要 ·消费者几乎不会额外购买 ·渠道成员几乎不囤积 （如狗粮、瓶装水等）	D 类产品：暂时有效 ·消费者几乎不会额外购买 ·渠道成员囤积较多 （如奢侈品、调味品等）

图 3-2-2　通路促销网络图

B 类产品：渠道成员的持有成本低、消费者对销售促进敏感性强的产品。对于这类产品，针对渠道成员开展销售促进，渠道成员会大量囤积并且把促销优惠传递给消费者，促使消费者大量购买，以便日后逐渐消费。然而，促销结束后，销量会明显下降。

C 类产品：渠道成员的持有成本高、消费者对销售促进敏感性弱的产品。渠道成员不愿意储存较多产品，消费者也不会因促销优惠而大量购买。针对渠道成员开展销售促进不一定能使产品销量明显增长。

D 类产品：渠道成员的持有成本低、消费者对销售促进敏感性弱的产品。当针对渠道成员开展销售促进时，产品销量会因渠道成员的囤积而暂时增长。然而，几乎所有增加的销量都可能是以牺牲日后的销量为代价的，也即促销结束之后产品销量可能在长时间内低水平徘徊。不过，在激烈竞争情况下，针对新渠道成员开展销售促进，争取他们合作，还是有一定效果的。

□完成任务

任务背景：2014 年到 2015 年，加多宝和王老吉的战争愈演愈烈，虽然还没有一个明确的结果，但双方都已经为下一步自己产品的营销作准备了，加多宝率先推出了“金罐”加多宝，一改往日的风格。为了让市场的风险降到最低，进一步提高产品市场占有率和保有量，树立企业的品牌形象，请你担任本次通路促销的策划员。

任务：以 5～6 名学生为一组，根据任务情景和任务分析，为“金罐”加多宝设计一个针对渠道成员的通路促销方案。

实训活动：各组选派一位代表在全班分享介绍完成的通路促销方案，最后由教师进行点评。

任务单					
任务	实施通路促销				
任务描述	1. 根据背景资料分析中间商的情况 2. 根据分析结果，设计策划通路促销方案 3. 各组派代表上台分享介绍完成的通路促销方案				
执行团队		时间		地点	
成员出勤情况记录					
任务执行情况记录					
任务汇报情况记录					
指导教师点评					
任务完成情况总结					
组内互评成绩					
姓名	成绩	姓名	成绩	姓名	成绩
组长签字：				日期：	
指导老师签字：				日期：	

□知识拓展

如何进行通路促销与终端促销的平衡及管理①

通路促销与终端促销针对的促销对象有所区别，通路促销以推动为主，终端促销以拉动为主，那么应该如何进行通路促销与终端促销的平衡及管理呢？

一、通路促销要避免经销商短期利益

从企业的角度来讲，提升销量最直接有效的手段就是通路促销。通路促销不仅可以降低企业的营销费用，减少促销流程的复杂程度，可控性强，同时还可以争取渠道商的资金，使渠道商投入更多的精力分销产品等。目前通路促销也有很多形式，如进货奖励、搭配促销、限量赠送、销售折扣、联合促销等。由于通路促销常常采取的是在一定时期内可以让渠道商获得可观利润的方式，如果不把握良好的促销尺度和加强监控管理，很容易让经销商“钻空子”，会将通路促销变成急功近利的短期行为。

拿进货奖励来说，进货奖励是企业以赠品、奖券等促销品为诱饵来刺激渠道商进货，

① 资料来源：肖明超. 渠道促销与终端促销的平衡与管理. 销售与管理，2005，(2)：25-26.

在一定程度上，这可以提高渠道商推荐和推广产品的积极性，由于部分渠道商可以将厂家给予的赠品、促销品等部分让渡给次级中间商，也可以起到让渠道商因争相拉拢下级客户而促进经销商之间积极竞争的作用。进货奖励可谓是经销商促销的一剂强心针，对经销商的刺激作用是立竿见影的，但是，如果进货奖励的促销品价值超过正常销售产品所预期的利润回报，就会引起经销商为追求短期利益而低价抛售或窜货。旭日集团曾经做过一个大型促销，其促销设置是每 30 件冰茶搭赠一辆价值 180 元的自行车；每 50 件搭赠价值 300 元的人力三轮车；不足 30 件则赠购物卡，各地区搭赠物品不尽相同，但原则是平均每件 6 元的促销费。促销政策一出台，就立刻收到了前所未有的效果，仅保定某县级经销商就进货 1 万件。但是一些经销商却在极短的时间内低价将货迅速出手，并要求再次进货。这样，厂家名义上的促销让利就演化成了事实上的降价。经销商把价格降下来，会导致利润减少，但就短期而言，因有厂家给予的补偿，经销商的利润并没有减少，反而可能有所增加。

因此，企业在设计通路促销方案的时候，需要针对给予经销商的实惠和产品的销售价格找到一个平衡点，避免经销商让产品低价涌入终端，破坏产品的价格体系，最终影响品牌的建设与发展。

二、严格管理是通路促销的关键

很多企业认为只要制定了合理的通路促销政策，然后交给经销商去做就行了，以为经销商为了利益一定会按照规定执行，但是经销商却时刻都在思索着怎么样能够多角度获利，因此不会放过任何一个可能的机会。

目前赠品促销在通路促销中也比较常见，很多企业都会统一规划，设定一定的买赠额度，让经销商按照规定去操作，例如，满 100 元送一种赠品，满 200 元送另一赠品，购买的额度越高则送得越多，或者是在某段时期购买某款产品可以获赠品，这样做有利于直接拉动消费者的购买，对于销量的提升是非常明显的。

但是当企业把促销赠品交给经销商之后，如果对促销赠品不能进行有效的管理，那么很容易导致赠品流失，甚至经销商还会将赠品直接出售给消费者。现在数码产品的经销商就经常采用这样的手段，厂家规定在某个时期购买某个型号的数码相机，就可以赠送三脚架、电池等，但是一些经销商为了获利，要么降低相机价格，将赠品捆绑销售给消费者，依靠捆绑销售来获取更大利润，要么将厂家的好的赠品用次品替换给消费者，而将厂家的产品高价卖出，但是很多消费者是不知情的，特别是一些限量赠送的，经销商可能都没有赠送就说送完了，其实是留着自己单独销售，这样就直接影响到了终端销售，如果消费者了解了真相，损失的还是企业。要解决这个问题，企业对于赠品的管理就很重要，企业可以在促销赠品上粘贴“赠品”标签，以此服务于终端促销，防止经销商把赠品作为商品出售，同时还应与促销地区的市场部加强沟通，可以根据往年数据，在准确估计销量的基础上发运促销赠品，这样，既不会造成人力、物力的浪费，还可以防止销售环节中出现讨好经销商而有意使赠品进入终端的行为。

因此，要想让通路促销得到良好的执行，企业还需要进行严格的控制和管理，包括对经销商执行的监督，这样能够保证促销不会白白浪费，让促销实现既有效提升销量，又达到提升品牌和消费者感知的目的。

三、终端促销与渠道商配合以提升价值

通路促销是厂家改善渠道状况、改善与下级经销商的关系，以提升销售业绩的一种杠杆启动方式，而一些大的渠道商为了不断提高销量，也会自行组织促销。因此，通路促销也是激励渠道商将产品推向终端消费者的手段之一，通路促销和终端促销有着紧密的关系，如果生产商取消通路促销，零售商就会取消针对消费者的促销，到头来受影响的必定是产品的市场份额。一项研究发现，宝洁公司在 20 世纪 90 年代初期到中期大幅削减通路促销活动后，其品牌渗透率开始下降，而品牌忠诚度也并未提高。尽管它的广告支出提高很快，但无论是对品牌渗透率还是品牌忠诚度的提高都无济于事。最终，宝洁公司许多产品系列的市场份额都出现了大幅下降。这个例子说明，对于企业来说，把通路促销和终端促销独立地割裂开来是不合理的，势必造成利益的不均衡。因此，终端促销不仅要考虑消费者的利益，还要特别照顾渠道商的利益，因为在终端，促销政策的不同带来的利润不同使经销商在排队经营品牌时，明显做出了手心手背的区别，如果能够让渠道的终端促销人员主动推荐，促销的效果就会更好。

现在国产手机及一些新品牌的崛起，就是采用了数量巨大的销售代表及驻店促销员介入手机零售终端，一线促销力度极大，对零售店的影响相对也较大，而新老渠道商突然发现，原来卖国产品牌的比卖国外品牌的更赚钱，因此就会积极推荐，因为在一定时间内，进入终端的消费者数量是有限的，消费者的数量也基本上是固定的，购买洋品牌的消费者改换国产品牌，卖场的收益就要大幅增加。

四、价值链整合

在竞争越来越激烈的时代，企业之间相互竞争的不仅是品牌、资金、渠道优势等，更加重要的是资源的整合，因此促销也面临整合。通路促销和终端促销如果能够实现整合，将面对渠道商和面向终端的促销形式整合在一起，那么就可以形成合力，形成优势互补，增强促销能量。因此，不论是通路促销还是终端促销，都必须考虑到渠道各级成员间是一整条价值链，成员之间是联动的，利用大家的联动，调动各个环节的积极性，促销就不只是一次简单的活动，而是企业提升销量和品牌的系统战术。

□角色转换

1. 在本任务的教学过程中，可运用哪些教学方法让学生感受到通路促销的重要性和

必要性？

2. 如何合理组织本任务的课堂教学和实践教学？

任务三 企业内部促销

□学习目标

知识目标

1. 了解销售人员对促销活动的态度和偏好。
2. 掌握内部促销的策略要求。
3. 了解内部促销的活动要点。

能力目标

1. 能够策划销售提成促销。
2. 能够撰写销售竞赛促销方案。
3. 能够策划年终激励促销。

□任务导入

总经理巧发奖金激励员工

某企业的一名销售人员兢兢业业，当年取得不错的销售业绩，公司决定奖励他 13 万元。

年终之际，总经理单独把他叫到办公室，对他说：“由于你本年度工作业绩突出，公司决定奖励你 10 万元！”这业务员一听，非常高兴，拿着 10 万元谢过总经理后拉门要走，总经理突然说道：“回来，我问你件事。今年你有几天在家陪你妻子？”业务员回答说：“今年我在家时间一共不超过 10 天。”总经理惊叹之余，拿出 1 万元递到业务员手中，对他说：“这是奖给你妻子的，感谢她对你工作无怨无悔的支持。”然后又问：“你儿子多大了，你今年陪他几天？”业务员回答说：“儿子不到 6 岁，今年我没有好好陪过他。”听到此处，总经理又从抽屉中取出 1 万元放在桌子上，说：“这是奖给你儿子的，告诉他，他有一个伟大的爸爸。”这时，该业务员热泪盈眶，对总经理千恩万谢之后刚准备走，总经理又问道：“今年你与你父母见过几次面，尽到孝心了吗？”该业务员难过地说：“一次面也没有见过，只是打了几个电话。”总经理感慨地说：“我要和你一块去拜见伯父、伯母，感谢他们为公司培养了如此优秀的人才，并代表公司送给他们 1 万元。”话到此时，这名业务员再也控制不住自己的感情，哽咽着对总经理说：“多谢公司对我的奖励，我今后一定会更加努力。”

同样是 13 万元，如果企业老总直接将钱发给这名销售人员，而不假以各种调动感情的方式发放，那么效果会怎么样呢？

□任务分析

企业内部促销主要有销售提成、销售竞赛和年终激励三种形式。

一、销售提成策划

销售提成是激励销售业务人员努力销售公司产品的一项基本制度，在中国企业销售系统中应用广泛。但是不同行业、不同企业的销售提成制度差异较大。同一个企业在不同的发展阶段，由于营销策略不同、市场地位不同、销售任务目标不同、市场竞争环境不同，销售提成制度也会有很大变化和调整。销售提成通常与销售团队的薪酬制度一起制定，是企业销售团队薪酬体系的一个重要构成部分。在特定的时间段，为了提高产品整体销量或重点推广特定产品，增加对销售团队的激励，也可以制订特定时间段适用的促销提成方案。

（一）销售薪酬体系的基本模式

销售薪酬最主要的构成包括基本工资、销售提成、奖金、社保福利和销售费用等五个部分。在薪酬体系的五个构成要素中，最影响企业和销售人员销售业绩的是底薪、提成和奖金三个要素，影响比较小的是社保福利和销售费用因素，因此通常不单独重点分析。而提成和奖金这两个因素既可以单独计算，也可以合并到一起。因此，销售人员的基本薪酬体系可以简化成“底薪+提成”和“底薪+提成+奖金”两种模式。

1. “底薪+提成”模式

销售人员的薪资由底薪和提成两部分构成，通常按月计算和发放。底薪每月是固定的，提成每月因销售业绩不同而有所差异。因此，刺激销售人员提升销售业绩的主要经济动力是提成。此外，在“底薪+提成”总金额一定的情况下，底薪和提成所占的比例不同，对销售人员的心理影响、销售行为刺激和销售业绩达成结果也有所不同，具体又可分为以下三种模式。

（1）“高底薪+低提成”模式。这种销售薪酬模式固定底薪较高，销售提成较少。与业内企业相比，底薪高于同行，提成低于同行。主要适用于销售接近饱和，难以大幅增长的市场。优点是有利于吸引和留住销售人才，缺点是销售业绩差异对收入变化的影响较少，容易滋生懒散松懈情绪。

（2）“低底薪+高提成”模式。这种销售薪酬模式固定底薪较低，销售提成较高。与业内企业相比，底薪低于同行，提成高于同行。主要适用于知名度不高但成长企图心较强的企业，企业财力还较欠缺无力支付高底薪，但创造了高业绩的销售人员能够得到高提成。

（3）“中底薪+中提成”模式。这种销售薪酬模式固定底薪和销售提成的比例差不多。基本是以同行的平均底薪和提成为标准，适用于求稳定的中型企业。

2. “底薪+提成+奖金”模式

“底薪+提成”模式的优点是很简洁的，但缺点也就是过于简洁带来的简单化。比如，提成只与销售结果的业绩挂钩，没有与销售过程的行为挂钩，容易引起销售人员的短期行为和投机行为，为了个人短期销售业绩和提成而损害企业利益。为此，有些企业采取延期和分期发放提成的办法，在确认销售人员没有违规行为之后再发放提成。这又造成了新的问题：延期发放造成激励不及时，对遵守规则的销售人员是一种不公平，形成销售人员和销售管理者之间的不信任感。再有就是销售人员没有参与企业总体的经营绩效的分享，难以培养销售人员的归属感和忠诚度。为此，大多数优秀企业采取“底薪+提成+奖金”模式，将销售人员行为过程和销售质量考核的结果放在奖金里体现，将销售人员对企业总体经营绩效的贡献放在奖金里体现。并且设置月度奖、季度奖和年度奖（年终奖）等形式，持续依据员工对企业的贡献进行奖励。

（二）销售薪酬模式的设计和选择

1. 企业规模和发展阶段与薪酬模式

企业规模和发展阶段与薪酬有较大的关系。大型著名企业更加注重企业的中长期发展和雇主形象，品牌较有影响力，市场较为稳定，销售难度不大，因此多采用“高底薪+低提成”模式。小型企业由于自身财力较弱，必须注重当期投入产出比，产品市场份额小但提升空间大，销售困难较大需要较强的销售提成激励，因此多采用“低底薪+高提成”模式。

2. 销售业务类型与薪酬模式

销售业务一般分为效能型销售和效率型销售两种类型，两者应选择不同的薪酬模式。

（1）效能型销售适合“高底薪+低提成”模式。效能型销售是指产品价值大、销售周期长、销售技能要求较高的工业品销售业务类型。工业设备、工程机械、大型计算机软件等企业的产品需要采用这种销售方式，这类产品的销售要求销售人员基本素质高、销售技能好，能长期跟踪和服务客户，因此需要高底薪养高手，但由于产品价值大，提升比例虽然不高但提成总额还是比较可观的。

（2）效率型销售适合“低底薪+高提成”模式。效率型销售是指产品价值不大，销售周期较短的消费品销售业务类型。快速消费品销售属于典型的效率型销售业务类型。保险产品销售也属于这种销售方式。这类产品销售的覆盖面要广泛，拜访或接待的客户要多，销售业绩的取得主要靠销售人员的销售激情和行动效率，对销售技能的要求并不是很高，因此适合“低底薪+高提成”模式。

3. 销售运作模式与薪酬模式

在营销实战中，销售运作模式分为闪电战、阵地战、攻坚战和游击战四种，在销售薪酬设计和考核上需要配合不同的模式。

（1）闪电战：低底薪、高提成。市场有大片空白，企业追求快速销售、快速回款、快速盈利，打一场漂亮的闪电战，高提成制度能够激励销售人员快速行动并实现销售目标。

（2）阵地战：中底薪、低提成、高奖金。市场有大片空白，企业追求长期占据市场并深耕细作，谋求长期效益，讲究销售质量，不急于短期提升销量和市场份额。

（3）游击战：中底薪、高提成。市场竞争激烈，企业追求短期效益，打游击战，打得赢就打，打不赢就跑。因此，需要适度的底薪筑底气，以高提成励斗志，冲击销售业绩。

（4）攻坚战：中底薪、低提成、高奖金。市场竞争激烈，企业追求长期坚守，打阵地战，赶走对手，霸占地盘。因此，采用适度底薪维持销售团队稳定，以低提成保销售质量，不追求浮夸的销售数据，以后期高奖金愿景激励团队打耗时的攻坚战。

（三）销售提成的具体设计

1. 销售提成期限的设计

销售人员的业绩计算和考核大都按月进行，因此常规销售提成的计算和考核都以月度为基本周期。在企业开展特定主题的产品推广活动或促销活动时，也可以制定相关的销售提成政策，这种提成政策一般与企业常规月度提成不冲突，可以单独计算、考核和发放，提成周期则与推广活动或促销活动周期一致。

2. 销售提成依据的设计

（1）以不分产品结构的总体销售业绩为依据。产品结构简单的企业及销售管理比较简单和粗放的企业通常采用这种提成依据。

（2）以区分产品销售结构的销售业绩为依据。产品品种较多，产品结构复杂，销售难易程度差异大，价格和盈利区间差异较大，产品营销策略差异较大，营销管理精细化的企业会采用这种依据，以引导销售人员努力销售高端产品、高利润产品、重点推广的新产品和重点促销的产品等。

将销售费用放在销售提成里考核的，在计算销售提成时需要以扣减销售费用之后的销售业绩数据作为计算销售提成的依据。销售费用按照规定标准另行报销的则不需要扣减。

业务员和导购员的销售提成依据标准存在差异。业务员的销售提成通常以销售回款为标准确认销售业绩，较少以销售发货金额为标准确认销售业绩，除非在非常时期需要加快出货。导购员一般是企业派驻在重要零售卖场的面向终端消费者的销售人员，其销售货款是由零售卖场收取的，销售回款任务是由负责零售卖场销售的业务员承担的，因此导购员的销售提成通常以实际产品零售数量作为销售业绩标准。

3. 销售提成比例的设计

销售提成比例一般以提成占销售业绩的一定百分比或千分比计算。月度销售提成比例通常以业内同等层次企业常规比例标准为主要依据，结合企业的营销策略和财力来制定。以总体销售业绩为依据的月度销售提成比例一般一年一定，一年之内一般不变，上一年和下一年会有一定的调整，但调整一般也需要考虑延续性。区分产品销售结构的销售提成比例调整变化的可能性会大一些，调整频率会高一些，尤其是产品更新换代较快、寿命周期较短的消费电子行业，产品销售提成比例变化需要跟上产品推广和产品销售变化的节奏。

企业开展特定主题产品推广活动和促销活动期间的销售提成比例，通常按照企业自身推广和促销的力度来设定，考虑本企业自身的情况和参考企业过去经验的比较多，参考其他企业的不太多。

提成比例的形式包括统一比例、差异比例、累进比例等。统一提成比例，可以是企业所有产品的销售提成都是统一的、不分销售业绩等级档次都是统一的、不分销售区域销售难易程度都是统一的等几种情况。差异提成比例体现在：产品不同销售提成比例不同，畅销产品、成熟产品销售提成比例低，新产品、高价格产品、重点推广产品销售提成比例高；区域不同销售提成比例不同，市场基础好、品牌影响力大的销售区域销售提成低，市场进入时间短、市场基础差、品牌影响力弱的区域销售提成比例高；销售渠道不同销售提成比例不同，城市连锁渠道大客户和城市便利店渠道不同等。销售业绩等级档次不同提成不同，销售业绩等级档次越高销售提成比例越高，这种差异比例就是累进比例。

4. 销售提成条件的设计

大多数企业都会设置获得销售提成的限制条件，以防止销售人员的短期行为和弄虚作假行为。主要的限制条款包括以下几点。

（1）销售业绩总量和结构条件。比如，销售业绩没有达到要求的基本数量，不享受销售提成。没有达到重点产品销售占比的，不享受销售提成或降低销售提成比例。

（2）销售过程管理和市场管理条件。比如，没有达到客户拜访量、客户满意度和市场推广要求的，出现产品窜货的，出现价格混乱的，不得享受销售提成或需要扣减销售提成。

案例 3-3-1

某公司 2012 年销售提成方案

1. 目的

激励销售人员更好地完成销售任务，提高销售业绩，提升本公司产品在市场上的占有率。

2. 适用范围

销售部所有业务人员。

3. 制订营销人员提成方案遵循的原则

（1）公平原则：所有营销员在业务提成上一律平等一致。

（2）激励原则：销售激励与利润激励双重激励，利润与销售并重原则。

（3）清晰原则：销售员、部长分别以自己的身份享受底薪。部长对本部门的整个业绩负责，对所有客户负责。

（4）可操作性原则：数据的获取和计算易于操作。

4. 销售价格管理

（1）定价管理：公司产品价格由集团统一制定。

（2）公司产品根据市场情况执行价格调整机制。

（3）指导价格：产品销售价格不得低于公司的指导价格。

5. 具体内容

（1）营销人员收入基本构成。营销人员薪资结构分底薪、销售提成两个部分（福利待遇根据公司福利计划另外发放）。

（2）底薪按公司薪酬制度执行。

6. 提成计算依据

（1）回款率：要求 100%，方可提成。

（2）销售量：按产品划分，根据公司下达基数计算。

（3）价格：执行公司定价销售，为了追求公司利益最大化，销售价格超出公司定价可按一定比例提成。

7. 销售费用

销售费用按销售额的 0.5‰计提，超出部分公司不予报销。

8. 提成方式

按照每个销售人员及其销售业绩分别计提。

9. 提成发放规则

（1）客户回款率需达到 100%，即予提成兑现。

（2）公司每月发放 80%的提成奖金，剩余 20%的提成奖金于年底一次性给予发放。

（3）如员工中途离职，每月 20%的提成奖金公司将扣除不予发放。

（4）如员工三个月内没有销售业绩，公司将根据岗位需求进行调岗或辞退。

10. 提成奖金发放审批流程

按工资发放流程和财务相关规定执行。

11. 提成标准

1）销售量提成

主产品：铁路发运基数为 X 吨/月。发运量在 X 吨以内，不予提成；发运量在 Y 吨，超出部分按 0.5 元/吨提成；发运量在 Z 吨以上，超出部分按 1.0 元/吨提成。（注：$X<Y<Z$）

副产品：地销副产品基数为A吨/月。销售量在A吨/月以内，不予提成；销售量超过A吨/月的，超出部分按照1.0元/吨提成。

2）价格提成

销售价格高出公司价格开始提成，提成按高出部分的10%计提。

12. 特别规定

（1）本实施细则自生效之日起，有关提成方式、系数等规定不作有损于销售人员利益的修改，其他规定经公司授权部门进行修订。

（2）公司可根据市场行情变化和公司战略调整，制定有别于本提成制的、新的销售人员工资支付制度。

13. 附则

（1）本方案自2012年1月起实施。

（2）本方案由公司管理部门负责解释。

二、销售竞赛策划

销售竞赛是企业用来激励销售团队和销售人员的常见方式。策划销售竞赛时要注意合理安排和设计竞赛的时机、竞赛的期限、竞赛的内容、奖励考核的标准、奖项的设置，并合理设置获奖面与获奖人数，以调动大多数业务人员的积极性，全面提高销售业绩。

（一）销售竞赛的类型

企业销售竞赛开展得比较普遍，类型也多种多样，用于各种情况下激励销售团队和销售人员完成市场与销售目标的需要。

1. 以竞赛单位区分销售竞赛

（1）销售团队竞赛。这是以销售团队作为竞赛单位的销售竞赛。按照大型企业的全国销售机构层级设置，可以组织销售大区竞赛、销售分公司竞赛、销售经营部（营业所）竞赛、销售办事处竞赛、销售门店竞赛、销售渠道竞赛等。

（2）销售人员竞赛。这是以销售人员个人作为竞赛单位的销售竞赛。按照企业销售岗位的设置，可以组织业务员销售竞赛和导购员销售竞赛两类竞赛。

（3）销售团队个人混合竞赛。这种销售竞赛包括销售团队和销售人员两类，既考核和奖励参加竞赛的销售团队，也奖励参加竞赛的销售人员个人。这样的销售竞赛规模更大，考核内容和指标设计更复杂，奖励项目更多，奖励影响力和作用也更大。

2. 以竞赛方式区分销售竞赛

（1）统一组织竞赛。竞赛组织者要求下属所有销售团队或个人必须统一参加销售竞赛，按照统一的标准进行竞赛考核和奖励。

（2）自愿组织竞赛。同一层级市场类型相近的销售团队，出于友好关系自愿组织销售竞赛，竞赛过程接受上级销售管理机构的指导、考核和监督。组员组织竞赛可以两两结对竞赛，也可以在 3～5 个销售团队之间展开竞赛，但一般竞赛团队数量不多。

3. 以竞赛时间区分销售竞赛

（1）年度总业绩竞赛。这是以全年度为竞赛期限的销售竞赛，采用得不是很普遍、很频繁。

（2）阶段性业绩竞赛。这是以一定销售阶段为竞赛期限的业绩竞赛，时间段一般为 1～3 个月。阶段性业绩竞赛采用得比较普遍和灵活，可以根据企业阶段性市场目标、阶段性销售任务或突发性销售竞争需要来策划和实施。最为常见的有客户拓展竞赛、新品推广竞赛、老品排空竞赛、旺季销售冲刺竞赛和淡季销售抢量竞赛等竞赛类型。

4. 以竞赛内容区分销售竞赛

（1）销售业绩竞赛。这是以销售业绩作为考核内容的销售竞赛，采用得最为普遍、最为频繁。在年度业绩竞赛、旺季销售冲刺竞赛和淡季销售抢量竞赛等阶段性竞赛中均可采用。

（2）销售能力竞赛。这是以销售能力作为考核内容的销售竞赛，通常在淡季销售竞赛和新产品上市推广销售竞赛中使用。有些企业采用淡季比武练兵、旺季冲刺销量的销售策略，淡季相对来说比较清闲，开展销售能力竞赛既有较为充分的时间，又能让销售人员兴奋起来不至于因为清闲而松懈斗志，还能为旺季销售冲刺储备能力和能量。新产品上市需要使销售人员了解新产品知识和销售方法，因此借助销售能力竞赛，将新产品知识和销售方法传递给销售人员，对于新产品上市销售的启动和销量增长能起到很好的支持作用。

（3）业绩能力综合竞赛。这是既考核销售业绩又考核销售能力的综合性竞赛。一般在销售团队竞赛中的运用少于销售人员竞赛，因为销售能力以个人为单位考核比较容易操作，以团队为单位比较难操作。因为既要考核销售业绩又要考核销售能力，所以这种竞赛需要分阶段分环节进行，比如，先通过销售业绩竞赛选出符合优胜标准的参赛团队和个人，再开展销售能力竞赛。

（4）销售业绩市场推广综合竞赛。这是既考核销售业绩又考核市场推广成绩的综合性竞赛。市场推广是取得销售业绩的重要前提之一，但是在销售业绩竞赛中，有些经销商驾驭能力比较强的业务员为了获得奖励，可以和经销商合谋以损害企业长期利益的方式达成短期销售业绩虚假性或透支性上升，而不是通过扎扎实实做市场、走正道实现销售业绩的良性上升，因此有必要在销售竞赛中加入市场推广的内容。当然，这样的销售竞赛活动也因为考核内部的复杂多元变得比较复杂，开展的频次相对来说低一些。

上述各种销售竞赛，既可以作为内部促销手段单独使用，也可以和通路促销及终端促销一起使用，成为整合内部和通路两者的促销方案、整合内部和终端两者的促销方案，甚至是整合内部、通路和终端三者的促销方案。

上述各种销售竞赛还可以在新产品上市推广、广告和公关宣传攻势的大背景下使用，借助线上宣传攻势，销售竞赛的氛围会更浓、销售团队的人员的士气会更高，销售业绩会更好。

（二）销售竞赛时机、时间策划

开展销售竞赛的时机、销售竞赛持续的时间期限应根据销售竞赛开展的目的及销售竞赛的类型来策划。

虽然说销售竞赛的总体目的是促进销售，但是不同时间段开展的不同销售竞赛所能达成的具体促销目标、能够解决的具体销售问题还是有差异的。因此，还是需要通过区分促销的具体目的来策划促销活动推出的时机及持续的时间期限。

从销售或财务年度开始到结束全年实施的年度销售竞赛不适合年年开展，比较适合年度销售竞赛的是企业内部销售模式转型的年份或者外部市场有较大变化的年份。

阶段性销售竞赛中的旺季销售冲刺竞赛，可以从销售旺季开始的时间开始到销售旺季结束之前结束，为销售旺季冲刺加油鼓劲，但一般不要从旺季开始做到旺季结束，而是要短于整个旺季，除非全年销售压力比较大，销售任务距离大，必须整个旺季全程促销。大多数选择在旺季结束前的一个月左右开展冲刺竞赛。也有选择在旺季开始的时候率先促销冲刺或者在旺季中间冲击销售高峰的。

阶段性销售竞赛中的淡季销售抢量竞赛可以选择销售淡季来临以后至转旺之前结束。淡季销售竞赛的持续时间大多长于旺季销售竞赛，但一般不超过 3 个月。针对业务员开展淡季促销，主要以销售业绩竞赛为主，促使业务员发挥通路产品蓄水池的作用，抢占经销商资金和仓库，为旺季销售准备充足的货源。促销时间不宜太长，也不能太短。时间期限太长，业务员不能及时看到销售业绩完成情况，不能及时得到奖励，积极性难以调动起来或调动起来以后难以保持；时间期限太短，又会出现业务人员的短期行为，比如，竞赛期间销量集中，奖励兑现后，销量又迅速下降，甚至出现竞赛期间经销商积极进货，竞赛结束后又以各种理由退货等经销商“支持”业务人员得奖的现象。淡季针对导购员的销售竞赛一般是销售能力竞赛多于销售业绩竞赛，因为终端销售没有蓄水池，销售抢量比较有限。但是在开展淡季大型终端促销或者新产品淡季高调上市的背景下，针对导购员的淡季销售竞赛可以且需要有销售业绩任务内容。

由于不同行业、不同产品的销售淡旺季开始和结束的时间不同，持续的时间长度也不同，无法给出一个确定的时间起点和终点，需要具体情况具体分析。

（三）销售竞赛考核指标设置

销售竞赛的竞赛内容与考核指标设计是否合理，对竞赛目标的达成和团队士气的影响非常明显。竞赛内容和考核指标设计不合理，不仅不利于达成竞赛的目标、完成竞赛制定的销售任务，还会造成销售团队和个人之间的矛盾，影响到销售团队建设和企业文化氛围。

合理的竞赛内容、考核指标需要依据竞赛的目的与任务、市场环境与背景、竞赛团队之间的市场差异、产品特性、参赛单位的层次和特性、竞赛的类型方式等因素进行综合考核与合理设计。

以内容丰富的综合性销售竞赛为例，应该从以下几个方面考虑竞赛内容和考核指标选择，以及各考核指标的权重系数，形成合理的考核指标体系和考核方案。

1. 销售业绩指标

销售业绩可以用销售业绩绝对量指标和销售业绩相对量指标来衡量。销售业绩绝对量是大多数销售竞赛追求的目标，但由于参加竞赛的销售团队单位市场区域大小不同、市场容量和规模不同、市场培育程度不同、绝对量有很大差异，难以在同一个层次上用统一的指标进行考核。为此，可以将绝对量作为销售竞赛的内容，以各销售团队单位过去的销售业绩作为基础，结合竞赛的总体目标任务，制定各个销售团队单位的销售任务绝对量指标，再以竞赛任务完成率等相对指标作为竞赛的考核指标，这样就比较公平合理了。

具体到销售业绩的细分内容和细分指标，应该根据销售竞赛的目标任务要求确定具体指标及其在指标体系中的权重系数。例如，全部产品的销售金额或数量、主推产品的销售金额或数量、销售任务总体达成率、主推产品销售任务完成率、销售业绩同比或环比销售增长率等。

2. 财务效益指标

有些企业不仅只重视销售发货数量指标，更重视销售质量指标，销售质量指标可以通过销售回款数量与比例、完成销售业绩所花费的销售费用等指标来考核。因此，在销售竞赛考核指标体系中还包括这样一些财务指标：销售回款数量与比率、费用支出与比率等。

3. 市场推广指标

市场推广和品牌建设是取得销售业绩的基础。追求销售业绩质量可持续增长一定要以市场推广和品牌建设为支撑。扎扎实实做市场的企业会尽可能地将市场推广和品牌建设的内容列入销售竞赛的考核范围。考核指标包括：品牌和产品广告传播的数量和质量；销售人员产品知识掌握程度；新通路新客户开发数量、速度与质量；产品铺货率；产品陈列展示状况等。

厂家的销售机构、供应商和流通企业自己在销售门店之间开展的销售竞赛相对较为简单。

门店之间销售业绩竞赛。内容和考核指标包括：考核门店之间月销售额增长比例、销售增长额度、客单价增长比例、客单量增长比例、会员增长等。这些指标可以交叉进行，多指标综合考核。销售增长率主要是针对小店，因为小店销售基数小，增长额无法与大店相比。销售增长额主要是针对大店，大店销售基数大，增长率往往不高。这两个单项给予权重可以再结合成一个综合奖。

门店之间特定单品销售竞赛。一般是公司的主推品种或者厂家的战略合作品种。按月统计每个门店主推产品的销售总金额，超过规定的金额，且销售额排前三的分别按销售金额的一定比例进行奖励。

此外，还有同一门店不同班次（早、晚班）之间的竞赛和特定单品同一门店不同员工间的竞赛，但不常见。企业在竞赛的同时应兼顾业态的分类。

（四）销售竞赛奖励方式策划

1. 奖励方式设计

在奖励的设计中，要把物质奖励与精神奖励结合起来使用，如果只有精神奖励而无物质奖励则往往没有吸引力，只有物质奖励而无精神奖励则不利于敬业精神的倡导。因此，奖励方式最好能同时满足销售人员对利益和荣誉的双重追求。个人奖励一定要有精神奖励，颁发奖励证书，这是销售人员在这个职业中成长的见证，也是有利于职业提升和发展的凭证。

物质奖励的方式也可以灵活设计，尤其是针对销售人员个人的物质奖励，也可以发奖金、发奖品，奖品可以选择销售工作需要并且时兴的外显性产品，如笔记本电脑、苹果手机等，以激起销售人员的自豪感。还可以奖励企业内部培训、企业外部培训机会及旅游度假等。奖励销售团队集体的，不需要再次分配到个人的，可以奖励集体使用的办公设备设施，而需要再次分配到个人的，则奖励现金比较好。

销售竞赛的奖励最好以召开奖励大会的方式公开发放，以激励先进、弘扬正气，并将销售竞赛的销售促进作用与销售团队建设结合起来，打造具有销售竞争力的销售团队。销售竞赛的奖励应该及时，趁热打铁，以免冷了销售团队和销售人员的心，降低了他们的热情。

2. 奖励项目设计

奖励项目简称奖项。奖项设计是销售竞赛策划的关键内容之一，对激励销售人员行为的导向、激励销售人员行为的程度有着重要影响，需要结合销售竞赛的目的、销售竞赛的参赛对象性质及数量、企业资金状况、企业文化和销售团队建设等因素，合理设计。

（1）奖项名称设计。奖励项目一般有综合奖励、单项奖励之分。奖项名称的设置一般应与竞赛项目内容相一致。比如，集体综合奖励的名称可以设计为最佳销售分公司奖、最佳销售门店奖等；个人综合奖励的名称可以设计为销售状元奖、销售明星奖、最佳导购奖、导购明星奖等；单项奖励名称可以依销售竞赛内容不同分别取名为高端推广奖、新品推广奖、最快销售增长奖、最佳客户拓展奖、最佳终端陈列奖等。

（2）奖项等级设计。可以采取同一奖项下面分设一、二、三等奖的方式，或者金、银、铜奖的方式。也可以不分奖项等级，但依据考核名次设置排名顺序，如第一名、第二名、第三名等。

（3）奖项数量设计。奖项数量应根据竞赛结果考核情况、参赛单位（人员）数量设计，一般来说，凡是达到竞赛考核标准的都应该获得相应的奖励，保证一定的获奖面，这对于销售团队建设和销售人员积极性的保护具有积极意义。设置一、二、三等奖的，奖项等级越高，奖项数量名额越少。最佳、优秀、先进等奖项下面不再设置一、二、三等奖或金、银、铜奖等的，一般奖励数量名额设置为 3 名、5 名或 10 名。对于参赛单位和人员比较多，但由于客观原因，不能获得正式奖项的，可以设置一定数量的优秀奖、鼓励奖和组织奖等，以激励参赛积极性。

3. 奖励标准设计

各奖项物质奖励标准应根据企业财务状况、产品价格与利润空间、对销售人员的刺激力度等设计，销售竞赛的市场背景不同、目标任务不同、完成目标任务的难易程度不同、产品价格和利润空间不同，应有奖励标准差异。当处于销售下滑较大、销售人员士气不振的困境下，奖励标准的刺激力度可以大一些，以提振士气，这时的实际士气比表面利润更重要。

案例 3-3-2

某公司引进 X 品牌系列保健食品，包括天然 VE、鱼油、大豆卵磷脂、葡萄籽等。为促进该系列产品的销售，公司制定“X 品牌系列产品销售竞赛活动”，在各门店间开展。

1. 竞赛目的

培养新品。

2. 竞赛规则

（1）竞赛时间为一个月。

（2）考核指标：销售金额完成率。

（3）奖励：一等奖 1 名，二等奖 2 名，三等奖 3 名。获奖者可以得到相应物质奖励，所有参赛门店均可获得产品销售毛利额 10%的现金反馈。

3. 竞赛前准备

（1）根据门店保健产品历史销售数据，确定门店销售任务，并与店经理达成共识。

（2）产品知识培训：成分、适用人群、保健效果等。供应商与门店部/市场部一起组织，培训后要考核通过。

（3）销售技巧的培训：联合推荐、员工间配合、顾客如何切入、顾客异议处理等。

（4）陈列指导：将一家门店作为样板店，大家一起完成商品陈列与卖场布置，如货架陈列位置、端架/堆头展示、收银台随意性购买位置的利用、POP 制作与张贴。样板店卖场活性化布置完成后，其他参赛门店依照样板店布置。

4. 竞赛过程中

（1）店经理将销售指标分解到班（人）。

（2）每天进行销售状况的检讨，提高员工对商品的熟悉度，提高员工间的顾客服务配合度，提高员工销售技巧（通过销售竞赛提高员工服务力比单纯产品销售金额的提高更重要）。

（3）避免出现极力推销的状况。

（4）注意观察是否影响到同类产品的销售。

5. 竞赛结束

（1）严格按照竞赛规则进行奖励。

（2）做好销售竞赛过程的总结。

三、年终激励策划

（一）年终奖励策划

年终奖励是对销售人员全年销售业绩的奖励，虽然在年终发放，但是应属于全年性奖励，而正是由于在年终发放，对于引导销售人员持续规范销售行为、稳定销售队伍、培养销售人员的归属感和忠诚度有较好的作用。在很多地方，由于销售人员有过年调整工作的普遍习惯，再加上近年来的用人紧张，有些企业还将年终奖改在春节后发放，或者至少是将年终奖分为春节前和春节后两次发放。

不同阶层员工具有不同的需求，应有不同的激励方式。基层员工比较看重即期工薪收入，因此应该考核工作成绩，应注重物质激励；中层经理不只看重近期收入还开始注重职业发展，因此需要综合考虑工作能力和工作业绩，物质激励和工作激励相结合；高级经理比较注重长期收入和长期发展，应重点考核其与企业的价值观层面关系，与企业的愿景价值达成共识，从年薪、期权和股票收益等方面进行激励。年终奖励对于企业各类人员来说，都有激励作用，但对于基层销售人员和中基层销售管理人员来说，更为重要。

年终奖励是企业的一项非常重要的奖励制度，企业规模越大越重视年终奖励的稳定性和规范性，虽然每个年度市场状况和企业总体效益会有波动，年终奖励也应该随之调整，但大型企业均有一定程度上稳定年终奖、稳定队伍、稳定人心、稳定下一年企业经营预期的想法。因此，这些企业会将年终奖分成两个部分来发放。

（1）稳定性奖金。如外企普遍采用的 13 薪或 14 薪或更多，只要员工年底仍然在岗，无论他个人的表现如何，无论公司的业绩如何，均可享受，属于“普惠”福利性质，表示公司对员工一年来“苦劳”的感谢，发放规则是公开的，具体数额与每个人的基本工资水平相关。

（2）浮动性奖金。如根据个人年度绩效评估结果和公司效益状况所发放的绩效奖金，这时发放比例和数额的差距就体现出来了。通常情况下发放规则是公开的，如某级别的目标奖（即个人表现和公司表现均达到目标时对应的奖金）相当于多少月的基本工资（而且级别越高的人奖金占总收入的比例越高），但对每个人具体的绩效评估结果各个企业的处理方法不一样，有的对全员公开，有的不公开。

中小型企业和民营企业年终奖随企业年度效益变化和老板意愿变化浮动比较大，没有固定的规则和系统化的制度，员工与老板的亲疏、老板对员工的印象等都会影响到年终奖，奖金通常以红包形式直接发给员工个人，且通常不公开。

期望正规经营、长期发展的企业应该规范年终奖制度。做到稳定性年终奖与浮动性年终奖相结合。其中，稳定性年终奖意在稳定整体队伍，浮动性年终奖意在体现企业和员工的业绩。对于激发员工个人积极性来说，浮动性年终奖更为重要，这里更多介绍一些。

浮动性年终奖发放要体现三个导向：①体现公司年度业绩状况。鼓励员工更关心公司的业绩与效益，建立起员工与企业的利益共同体。②体现员工年度工作业绩。通过一定程序的年终评估，通过规范的考核方式做到公正公平、赏罚分明，减少由年终奖分配引发的种种矛盾和问题。③与年初业绩和激励计划保持一致。体现企业对员工的承诺和责任。

高质量的绩效考核体系是成功实施浮动性年终奖分配的基础。所以应与企业的关键经营绩效指标考核体系［关键业绩指标（key process indication，KPI）考核体系］相结合。企业管理层的 KPI 考核体系应该做到：考核指标一定要与企业的战略挂钩；考核指标不宜太多，以 3～5 个销售业绩、成本费用、盈利情况、品牌和市场建设等方面的关键绩效指标为好。基层销售管理人员和销售业务人员的考核指标应该更加清晰和简洁。

年终奖的发放应注意公平性。公平性包括外部公平和内部公平两种。做到外部公平可以使企业员工所获薪酬待遇与其他公司相比更富竞争力。企业确定年终奖，如有可能在绝对数量上可以高于行业平均水平，这对于提升员工对企业的满意度和忠诚度具有很大帮助。内部公平指员工对自己付出和收入的比值与其他员工的付出和收入的比值的衡量，如果两者是相等的，则员工会认为公平，否则会认为不公平。

为了使年终奖更好地起到公平作用，更好地发挥年终奖的激励作用，应该进行外部薪酬水平和内部员工满意度的调查，通过内部调查了解员工对年终奖水平、结构和决定性因素的看法及意见，再结合外部市场尤其是同行业企业的奖励政策、水平对本企业将要发放的年终奖进行针对性的设计和调整。收集外部数据时，企业可以通过多种途径尤其是非正式交流的方式来获得外部信息，因为非正式交流往往可以收集到正规渠道收集不到的有效数据。应尽可能客观公正地评价员工的工作业绩，避免工作绩效评价就是对员工人际关系的评价的误区。做到评价员工的行为而不是评价员工个人，这样才能使年终奖的数额和结构与绩效紧密联系起来，避免平均主义或多劳少得的不良现象。在测算和发放年终奖的过程中要与员工进行充分的沟通，收集员工的反馈，听取员工的意见，公开企业的报酬结构和计算方法，使员工了解薪酬决策的程序以判断其合理性。这样做的好处是不仅让员工感觉自己受到尊重，更重要的是可以减少在执行过程中的风险。

（二）年会激励策划

年会是企业总结全年销售工作、庆贺销售业绩、表彰销售先进单位和个人、庆祝新年到来的形式，也是激励员工士气、开展团队建设和企业文化建设的重要形式。中国企业年会一般在中国最重要的传统节日——春节前后召开，外资企业多在公历新年元旦前后召开，但也有顺应中国传统习俗在春节前后召开的。

根据年会参加人员范围，年会一般有纯企业内部员工参与的企业内部庆功娱乐式年会和企业内外人员共同参加的庆功联欢式年会两种，年会内容和流程也有所不同，下面分别进行介绍。

1. 企业内部庆功娱乐式年会

企业内部年会只组织企业内部人员参加，有些企业还邀请员工亲属参加，但不邀请外部合作单位人员参加，因此娱乐放松的气氛更加浓烈。内部年会一般包括以下三个阶段的内容。

（1）总结表彰。内部年会一般在下午召开，第一阶段是正式的总结表彰会，一般由企业内部人员主持，最高销售管理者要发表书面讲话，总结一年来的销售工作和销售业绩，表彰年度销售先进单位和个人。有些企业还针对销售人员长期在外出差的工作特征，为特别支持销售人员工作的配偶亲属颁发“十五月亮奖”。表彰会主要颁发锦旗、证书、奖杯和奖品，精神奖励是主要形式，但也有一些企业销售业绩和效益特别好，对获得突出销售业绩的销售功臣现场奖励轿车等重奖，年会之后就可以直接开回家，这种激励刺激是非常震撼的。

（2）庆功晚宴。年会的第二阶段是庆功晚宴，一年一度的庆功晚宴是比较丰盛的，菜品和酒水需要提前准备，晚宴上，销售管理者要逐桌向销售人员和基层员工敬酒，向辛勤工作的员工表示感谢。由于年会接下来还有项目，晚宴时间要注意控制，饮酒量也需要控制，不能豪饮醉酒。

（3）娱乐狂欢。这是内部年会最刺激、最高潮的部分，娱乐狂欢主要包括文艺表演、互动游戏和现场抽奖等三种形式。文艺节目有内部员工根据市场、行业和销售工作与生活自编、自导、自演的节目，这些节目外部人员可能不一定有感受、有体会，但内部人员一定有强烈的共鸣；还可以邀请专业人员表演专业节目助兴。企业销售管理者也可以出场表演一些令人意想不到的节目，一反正式场合领导者的身份，与普通员工同乐。员工也可以现场邀请领导参与节目表演或者互动游戏，无论节目如何无厘头、如何搞怪，领导都应与员工配合。穿插在节目之中的现场抽奖，与销售业绩无关，只与现场狂欢气氛有关，抽奖大部分是由领导事先决定的，但是现场主持人还有可能临时“煽动”员工要求领导增加现金或实物抽奖。因此，娱乐狂欢的主持人一般由企业内部有特长的员工担任，也可以邀请电视台或广播电台主持人客串主持，但不会完全交由外部人员主持。

2. 企业内外庆功联欢式年会

企业内外庆功联欢式年会不仅组织企业内部人员参加，还邀请外部合作单位人员参加，以借机感谢政府相关部门、新闻媒体、主要客户和物流配送等合作单位的支持，并展示企业文化氛围，因此会议格调在热情欢乐的基础上，还需要注意庄重正规，不能出现纯内部年会的搞怪搞笑。年会的内容和流程与企业内部年会基本一致，但是要注意有外部领导和合作单位来宾参加，要注意对他们的感谢和敬意，要注意他们的感受，以体现良好的企业风貌，需要给每个来宾准备一份礼品，并要与员工一样参加抽奖，需要邀请各主要方面的来宾代表在表彰会上讲话，但重奖轿车、搞怪游戏等项目就不要在内外联欢年会上出现了。

□相关知识

一、业务员和导购员的内部促销活动偏好

做好内部促销活动，需要了解内部促销对象的心理需求和期望，基于促销对象心理期望的促销活动，将会具有更好的成功基础。从企业内部销售人员的个人角色和个人利益方面来看，业务员和导购员有以下几种偏好，而这些偏好都是正常的。但是，从企业整体利益、企业营销策略和品牌建设的角度来看，这些偏好有合理的成分，也有不合理的成分，有需要采纳的地方，也有需要说服其放弃个人利益与观点来服从企业整体利益与整体策略的地方。

1. 偏好期限较短的内部促销

期限较长的内部促销活动容易让内部销售人员感到畏惧，难以让人尽快看到销售目标的实现并尽快得到销售成果的激励，因而产生畏难情绪和松懈情绪。而期限较短的促销活动能够让人尽快看到销售目标的实现，尽快得到销售成果的激励，因而更能激发销售人员的兴趣和干劲。

2. 偏好任务不重的内部促销

目标任务太重的内部促销活动，销售人员无论如何努力都无法达到，即使激励非常诱人，也会让人望洋兴叹。但是目标任务太轻的内部促销活动，销售人员无需努力就可以轻松完成，也会让销售人员觉得缺乏挑战性。而具有职场经验的销售人员也知道，企业不可能长期开展目标任务轻松的内部促销活动，这种轻松就可完成的促销活动只有在销售队伍整体士气不高的时候为激发斗志用一用。因此，理性的销售人员就会希望内部促销的目标任务不要太重，自己努努力，再加上利用企业相关方面的支持能够正常完成就好。

3. 偏好只奖不罚的内部促销

人都有趋利避害的心理，都有得到稳定收入的期望。销售人员的这种心理表现在内部促销活动上，就是希望促销活动的激励措施正激励多、负激励少，最好只有正激励没有负激励。通俗地讲，就是只奖不罚，或者重奖轻罚，不要不奖只罚，也不要轻奖重罚，更不要不奖重罚。如果出现负激励多于正激励的情况，而且目标任务明显偏高且肯定无法完成，两者叠加在一起，销售人员就会认为这肯定是销售管理人员和促销活动策划人员故意和他们过不去，就会形成对立情绪和对立局面，不是私下软抵抗就是公开硬抵制，如果销售管理者和决策者不予理睬，他们要么公开跳槽另谋高就，要么表面忍气吞声但

在私底下给企业制造销售陷阱。

4. 偏好系统支持的内部促销

在开展内部促销的情况下，企业的业务员和导购员更希望同时开展配套的外部促销活动，包括针对经销商的通路促销活动和针对消费者的终端促销活动，而不是仅仅单独针对他们开展内部促销。因为，同时配套开展外部促销会对业务员和导购员完成内部促销任务形成更系统、更全面的支持。

由于角色和职责及考核指标的不同，导购员首先希望有配套的终端促销支持，这样更有利于导购员完成内部促销分配给他们的终端销售任务；其次才是通路促销的支持，在零售商库存不足甚至断货影响导购员促销任务完成的情况下，导购员希望公司开展通路促销的意愿和要求会随之凸显出来、强烈起来。如果零售商库存不足，导购员为不丧失销售机会，需要采取其他商场调货，或者说服顾客预订产品的办法，但这毕竟增加了很多麻烦。业务员则首先希望公司配套开展通路促销刺激经销商进货，以直接对自己内部促销任务的完成形成支持。然后，当出现经销商销售不畅、回款不顺并影响到业务员回款任务完成和下一阶段销售任务完成的时候，业务员希望公司开展终端促销帮助经销商实现出货和回款的愿望及需求会明显强烈起来。

除配套开展外部促销活动外，业务员和导购员还希望公司同时配套投放广告以拉动市场需求，支持其内部促销任务的完成。同样是由于角色和职责的关系，业务员更希望公司以经销商为诉求对象投放广告，导购员则更希望公司以终端消费者为诉求对象投放广告。

二、内部促销的特性分析

1. 内隐机密性

与需要作线上大量传播的终端促销绝对不同、与需要经销商沟通的通路促销也有差异的是，内部促销活动只需要企业内部人员知道了解即可，而且不需要企业内部所有人员都知道。需要知道和掌握的人包括：①内部促销针对的业务员和导购员；②承担内部促销活动策划工作的市场人员；③承担内部促销活动决策的销售管理人员；④考核内部促销活动绩效的管理人员；⑤计算和发放内部促销业绩考核奖惩的财务人员等。因此，在某种程度上说，内部促销政策和内部促销活动是企业的商业机密，不需要也不能够对外公布和透露，对于竞争对手更应该保密。尽管行业内部促销的某些政策，如业务员和导购员的底薪、销售提成比例等，基本上是公开的秘密，但是不同企业、特定时期、特定阶段和特定产品的促销活动奖励措施及奖励标准，还是有很大差异的，是具有保密价值的。

2. 执行可控性

内部促销的对象都是企业内部人员，因此有非常好的执行控制性，意外因素和不可控因素相对较少。这是内部促销活动的特性，也是内部促销活动的优势。从这个角度来说，内部促销的执行成本是最低的，促销奖励都会转换成企业员工的经济收入和工作积极性，是投资效益最好的促销活动方式。

3. 效应放大性

成功的内部促销活动不仅可以取得产品销售促进的直接作用，还可以促进员工收入增长，激励员工的士气和斗志，打造优秀的销售团队，促使销售人员在经销商促销、消费者促销等工作中积极投入，从而创造更好的销售业绩。但是，问题的另一面也同样存在，不合理的内部促销活动，可能影响员工士气，挫伤员工锐气，使得销售人员对企业管理人员产生不满情绪，对企业的市场前景产生悲观情绪，从而无心工作，致使企业产品销售下滑，市场份额和市场地位下降。

4. 行业规律性

内部促销政策和促销活动对销售人员积极性的影响，或许与双因素理论一致，有一些是保健因素，有一些是激励因素。比如，基本底薪和销售提成是行业内公开的秘密，高于行业平均水平并不能起到很好的激励作用，但是低于行业平均水平，尤其是从原先的高水平下降到低水平，很容易引起销售人员的不满，严重挫伤其积极性。此外，业内普遍享有的员工福利待遇等内部激励，企业也应该有。从这个角度来看，内部促销有一定的行业规则性。

5. 企业特色性

不同的企业有不同的营销策略、不同的经营模式、不同的品牌地位，也处在不同的发展阶段，内部促销政策和促销活动完全与行业一样，就没有企业特色，就不能在同质化竞争中胜出。因此，内部促销还需要有企业自身的特色，符合企业所处的发展阶段，符合企业的营销策略需要，与企业的发展目标、发展路径相吻合，是能够激发销售人员潜力和斗志的激励因素。而这样一些具有企业特色的内部促销政策与内部促销活动，正是促进企业销售提升与市场拓展的独家秘籍之一，是竞争对手急于打探而企业需要严加保密的商业机密。

三、内部促销的策略要求

内部促销既是企业的一项独立的促销活动，同时也是企业整体促销活动的一个构成部分，还是企业整体营销规划和品牌建设的一个构成部分，因此既要有内部促销的针对性和实效性，又要有整体营销策略和品牌规划的一致性，需要系统考虑、全面安排，不能脱离整合营销全局单打独斗。

1. 整合员工促销偏好与企业营销策略

销售人员的促销活动偏好是内部促销活动策划需要重点思考与合理采纳的一环，但并不是全部。完全不受销售人员欢迎的内部促销活动，是很难取得良好促销效果的。但是完全迎合销售人员个体与短期促销活动偏好，也是会出市场问题的。必须整合销售人员的促销偏好与企业营销策略，找到两者之间的有机结合点，在内部促销活动中，实现员工利益和企业利益的双赢。

2. 整合行业规律与企业特色

内部促销包含影响销售人员积极性的激励因素和保健因素，因此需要与行业在保健因素上保持基本一致，以维持员工的积极性而不至于挫伤其积极性。但是，没有两个企业的营销模式和竞争模式是完全一样的，在制定内部促销政策和策划内部促销活动中，必须找到促进企业营销策略和推进品牌形象建设的内部促销方式，形成具有企业特色和竞争力的内部促销模式。

3. 整合内部促销与团队建设

内部促销需要激励到每一个具体的销售人员头上，否则不会产生具体效果。但是过多的个人激励会形成个人英雄主义，会形成销售人员之间为争夺业绩和销售激励的利益争斗，而不利于形成良好的销售团队氛围，打造优秀的销售团队。还不利于销售部门销售人员与企业其他部门其他人员的团结和融合，难以形成企业团队精神。因此，需要将内部促销作为企业团队建设的一个重要项目来看待，通过内部促销来打造一支团结向上的具有持续销售力和战斗力的营销团队，这才有可能形成企业的核心竞争力，否则内部促销培养起来的一个个唯利是图的“销售英雄”之间就会充满内耗和厮杀，成为影响企业长期发展的内伤和内乱。

4. 整合内部促销与外部促销

就促销活动而言，尽管内部促销有很好的作用和效果，但是也需要与通路促销和终端促销结合起来使用，这样才能发挥促销活动的系统效应和整合效果，因为销售人员自己并不大量购买企业产品自用，需要通过经销商才能大量销售产品，需要通过消费者购买才能实现产品的最终销售，所以在内部促销的同时或者前后需要采用通路促销和终端促销，形成系统的促销坦途，促进产品的全通路畅通销售。同时，内部促销活动还需要与市场类型结合起来策划和设计，在开拓型市场、成长型市场、成熟型市场和退出型市场中，都可以运用内部促销手段来达到市场营销的目的，但是具体的内部促销内容与方式各不相同。

□完成任务

康师傅控股有限公司主要在中国从事生产和销售方便面、饮品及方便食品。集团于1992年开始生产方便面，并自1996年起扩大业务至方便食品及饮品；2012年3月，集团进一步拓展饮料业务范围，完成与PepsiCo中国饮料业务之战略联盟，开始独家负责制造、灌装、包装、销售及分销PepsiCo于中国的非酒精饮料。目前集团的三大品项产品皆已在中国食品市场占有显著的市场地位。康师傅作为中国家喻户晓的品牌，经过多年的耕耘与积累，深受中国消费者喜爱和支持。

快速消费品销售体系的最大特点是销售的快速反应，康师傅集团一直实施“通路精耕”的渠道策略，公司销售人员多、销售体系完善，针对公司销售人员的内部促销非常重要。请查阅相关资料，为康师傅控股有限公司设计一次企业内部促销活动。

<table>
<tr><td colspan="6">任务单</td></tr>
<tr><td colspan="2">任务</td><td colspan="4">企业内部促销策划</td></tr>
<tr><td colspan="2">任务描述</td><td colspan="4">1. 根据背景资料确定策划的内容
2. 策划报告以书面形式完成
3. 选派组内代表上台汇报任务完成情况</td></tr>
<tr><td colspan="2">执行团队</td><td></td><td>时间</td><td></td><td>地点</td></tr>
<tr><td colspan="2">成员出勤情况记录</td><td colspan="4"></td></tr>
<tr><td colspan="2">任务执行情况记录</td><td colspan="4"></td></tr>
<tr><td colspan="2">任务汇报情况记录</td><td colspan="4"></td></tr>
<tr><td colspan="2">指导教师点评</td><td colspan="4"></td></tr>
<tr><td colspan="2">任务完成情况总结</td><td colspan="4"></td></tr>
<tr><td colspan="6">组内互评成绩</td></tr>
<tr><td>姓名</td><td>成绩</td><td>姓名</td><td>成绩</td><td>姓名</td><td>成绩</td></tr>
<tr><td></td><td></td><td></td><td></td><td></td><td></td></tr>
<tr><td></td><td></td><td></td><td></td><td></td><td></td></tr>
<tr><td colspan="4">组长签字：</td><td colspan="2">日期：</td></tr>
<tr><td colspan="4">指导老师签字：</td><td colspan="2">日期：</td></tr>
</table>

□知识拓展

如何通过企业内部促销拉动需求的提升

企业销售人员也扮演消费者的角色，同时，出于对自己所在企业产品的了解，销售人员也是向亲戚朋友销售的最好的推销员。如何通过企业内部促销拉动这部分需求的提升呢？从下面的案例中可以得到一些启示。

某美容连锁企业共有近200家连锁店。起初，公司只是为处理一小部分积压品，对内部员工以一个很优惠的价格出售，结果出人意料，积压品很快被抢购一空。最后很多员工还一再发牢骚：公司为什么不对所有产品都这么优惠，要这样，我们都会替我们的亲戚、朋友们购买。负责给这家公司做营销顾问的世纪良谋公司策划总监听了这话颇受启发，便策划了整个连锁机构所有连锁店员工的内部促销与内部创业。

内部促销是公司总部（或厂家）将所经营的产品品牌，针对公司内部所有员工及为这个品牌服务的各级代理商和终端美容院的所有员工的相对更加优惠的促销活动。

我们先来分析一下内部促销的需求。

内部员工也有作为消费者的一面，她（他）们也有追求健康、美丽的权利，也渴望使用化妆品保养自己的肌肤，渴望享受高贵的美容服务项目。既然这样，为什么不能购买使用自己整天推广的产品呢？听起来好像有点滑稽，“自己天天卖化妆品却还到处买别人的化妆品使用”已经成为美容从业者的一大“怪现状”！造成这种“怪现状”的主要原因可能是产品价格贵，即使打折销售，价格还是偏贵，毕竟美容师还属于“工薪一族”。因此，自己天天卖的化妆品看似近在眼前，其实远在天边。而实施内部促销就可以有效防止这种“怪现状”的发生。一旦开了这个口子，这种需求的能量就会大量释放。

企业内部促销具有以下特点及优点。

（1）操作方式简单、直接。内部促销不需要做大量的产品宣传，不需要大量的人员推广，只需要一纸文件的公布、一个政策的出台让所有员工知道这个消息就够了。因为内部人员大都很熟悉自己的产品。

（2）费用少、成本低、见效快。虽然说，内部促销的优惠程度很大，但相对节省了巨额的宣传费用、推广费用、售后服务费用等，成本较低，受干扰因素较少，见效非常快。

（3）几乎不会出现“促销疲软症”。内部促销出现因产品质量、包装、服务技术等问题退货的可能性较小，即使出现，也比较容易处理，基本不会出现一般促销意义上的“促销后遗症”。

内部促销不可能像一般促销那样，不可能高频率促销，不可能说搞就搞，也不是所有的企业都适合，那么，内部促销的时机和条件是什么呢？

（1）适合人员数量较大的企业。比如，连锁企业或营销网络较广，或营销渠道较长的企业。这样的企业一般能保证促销对象的数量。相反，如果促销对象较少，那似乎就会失去内部促销的必要性。因为是内部促销，几乎不存在“纳客难”的问题。

（2）适合在市场疲软、业绩不景气时。内部促销作为外部正常促销的一个有益的必要的补充，就是要成为炎热夏季的一阵凉风、平静潭水里的一个涟漪。

通过内部促销可以起到以下主要作用。

（1）促进销售，提升业绩。与企业外部促销相辅相成，形成互补。

（2）带动外部销售。如果内部人都使用自己的产品，效果显著的话，一方面会增加内部人对产品的信心，产品推广就会更有力、有效；另一方面会使外部顾客看到产品效果，增加顾客对产品的信心和购买欲。

（3）内部促销是给内部员工的一种福利，会增强员工的凝聚力和增强员工的归属感。

但在执行内部促销时应注意以下几个问题。

首先，内部促销要体现对“内”的优越性。这是内部促销成功的关键所在。内部员工要买自己的产品除了相信自己的产品外，还因为价格更优惠。成功的内部促销应该让员工的购买成为一种自豪。

其次，不能因为是内部就用“有缺陷”的产品。千万不能用一些质量包装有严重问题的产品（或客户退回来的产品或过质保期的产品），否则就会形成不好的口碑，产生负面影响。

最后，要坚持“一开一关”。既要开放，让内部员工趁机为其周围的亲戚、朋友们购买，但又要限量，防止窜货现象发生。

□角色转换

1. 在本任务的教学过程中，可运用哪些教学方法让学生感受到通路促销的重要性和必要性?

2. 如何合理组织本任务的课堂教学和实践教学?